中浦院教学案例之改革发展篇

ZHONGPUYUAN JIAOXUE ANLI ZHI
GAIGE FAZHAN PIAN

王友明　主　编
邹积超　副主编

人民出版社

目 录

一、党建和基层治理篇

二、经济发展和环境治理篇

三、社会管理篇

一、党建和基层治理篇

探索党政群共商共治的社区管理模式

——北京市朝阳区麦子店街道"问政于民"的实践与启示

（中共北京市朝阳区党委　案例研究组）

当前，我国正处在一个新的历史发展时期，面对社会转型的特殊性、利益诉求的多样性和社会结构的多元化，坚持党的群众路线，不仅是体现党始终保持政治本色的根本要求，更是磨砺广大党员干部践行党的宗旨的现实挑战。街道工作处在为群众服务的最前沿，面对服务群众工作的新特点新要求，如何拓展群众工作的新方法、新途径，真正做到在为人民群众服务中有作为、有实效，是基层工作面临的重大课题。北京市朝阳区麦子店街道近年来通过搭建"问政"[①] 平台，通过协商议事，使群众的合理诉求通过公平、公开的渠道得到重视和解决，实现基层党政群共商共治，为创新基层社会管理积累了经验。

[①]　问政：出自"哀公问政"的典故，讲述的是鲁哀公向孔子询问治国之道。随着时间的演变，"问政"成为治国古今体制内的执政官员向体制外的有识之士咨询讨论为政之道的一种特指。问政的目的在于搭建起一个政民互动、上下沟通的桥梁，有效地把政府和社会的需要结合起来，帮助老百姓解决实际问题。

一、案例背景

北京市朝阳区麦子店街道地处东三环和东四环之间的燕莎商圈内，面积6.5平方公里，下辖5个社区，有常住居民3万人，流动人口2万人，其中包括8000余名外籍居民，居民成分比较复杂。近年来，麦子店街道在为群众办实事的过程中，常会遇到办了"实事"群众却不买账的尴尬处境。在这种背景下，街道通过问需、问计、问政于民，围绕群众关心的难点、热点问题，以推进有序参与、加强议事协商、增强社区服务和资源整合能力、充分发挥群众参与社会管理的积极性为重点，探索形成了以问需、问计、问政于民为核心的党政群共商共治的"问政"模式，赢得了群众广泛支持和拥护，初步呈现出党政群共商共治、地区和谐发展的生动局面。以麦子店街道为典型代表的朝阳区党政群共商共治基层社会治理新模式曾获得由民政部颁发的"中国社区治理十大创新成果"荣誉称号。

二、主要做法

麦子店街道"问政于民"的过程，实际上就是政府搭台、社区唱戏的过程。政府作前期的准备和全程的主导，社区则是整个环节的主体。

（一）建立问政组织机构

麦子店街道的问政组织机构包括街道和社区两个层级。

一是街道问政议事机构。该机构包括街道问政工作领导小组和街道问政议事协商会。街道问政工作领导小组下设问政办公室[①]和建议案审查工作组；街道问政议事协商会是街道层面的议事协商平台，每年召开一次，议事代表由社区议事代表推选产生。街道问政工作领导小组是街道问政议事协商会的领导机构，实行双组长负责制，由街道工委书记和办事处主任兼任，负责街道问政议事协商会各项制度的建立、代表的推选、建议案的审核以及日常问政工作的组织和管理等工作，问政办公室和建议案审查工作组则承担具体事务。

二是社区议事协商会。该机构是社区层面汇集民智、形成共识的议事协商平台，接受社区党委领导，议事代表由社区党代表、人大代表、政协委员、居民常务代表、社会单位及物业代表等组成。在问政工作中，社区议事协商会负责推选街道议事代表、对社区居委会征集的建议案进行初步筛选、召开会议协商社区公共事务等工作，是社区居民参与社区建设与管理的重要平台。

（二）建立问政工作机制

麦子店街道的问政工作包含"问需"、"问计"、"问政"三个阶段，分别解决为民办实事"办什么"、"怎么办"、"办得怎样"的问题，并确保落到实处。通过三年问政工作的持续探索，麦子店街道逐步摸索出三个阶段、八个步骤的问政工作机制。其流程如下：

第一阶段：问需与调研

问需建议案的征集，是问政工作的第一个阶段，主要解决"办什么"的问题。这个过程主要包含以下三个步骤：

步骤一：征集建议案

征集建议案包括社区征集和社区归档两个环节。

---

①　2012年7月25日，街道办事处成立问政办公室。主要负责统筹、推进街道层面的日常问政、建议案初选协商、实地调研以及问政座谈会等各项工作，是各项问政活动的执行机构。

在年初开始问政工作之前，街道事先设计并统一印制《问政建议案表》，面向地区居民、社会单位、社会组织发放。在这张表上，除了有"姓名"、"电话"、"所在单位/社区"等基本信息之外，还单列出"需求"和"建议"项目。居民可以勾选需求类别，如"公共安全"、"交通出行"、"就医就业"、"文化娱乐"及"环境改善"等五大类，还可对政府工作提出建设性意见。《问政建议案表》最初是通过麦子店地区的报纸《读麦周刊》、网络、社区常务代表、社区党员代表、社区工作者、人大代表、政协委员、社会建设协调委员会物业分会、机关处（科）级干部专题走访驻区中央单位和部队等9个渠道进行的。随着工作的逐步开展，目前，问政工作已由街道主导转变为由社区主导。由社区党委统一部署，5个社区以分片包楼形式整理统计，按照一户发放一份问卷的原则，发动热心楼门长和党员志愿者将《问政建议案表》送到居民家中，同时还要向居民做好解释工作。征集工作结束后，形成《社区建议案征集报告》，在对建议案进行归类、建档后形成《社区建议案归档报告》。

步骤二：评审建议案

评审建议案包括社区评审、街道集中、行政计划、街道评审和实地调研五个环节。

社区评审：由社区党委、社区居委会主持召开年度社区议事协商会，听取并审议《社区建议案征集报告》、《社区建议案归档报告》，按照《麦子店街道有效建议案标准》[1]，排除无效建议案，并对建议案进行排序，最终形成共识。

如何从大量建议案中"海选"出具有共性、居民呼声高的"建议案"？枣营北里社区在工作中形成了"三下三上"的工作方式，即：社区向居民下发建议案征求表，然后收集汇总至社区；社区将建议案提交六大专职委员合并同类项，然后上交社区党委审核；召开社区议事协商会对项目进行协商、筛选、排序，然后将建议案上报街道问政办。

---

[1] 有效建议案：是指符合四性标准的建议案——公共性（所提事项事涉公共利益）、客观性（所提事项真实客观）、可行性（所提事项符合实际，且在街道、社区职责范围内）、合法性（所提事项符合法律法规）。

街道集中：街道问政办收纳各社区建议案后，按照同项合并、同类综合的原则，形成跨社区建议案汇总，并向街道办事处主任办公会提交，形成当年度街道协商问计的《本年度街道问需工作报告》。

行政计划：街道办事处根据建议案拟定《本年度实事工程计划（征求意见稿）》，由街道问政工作领导小组召集专题会议，研究形成《本年度实事工程计划（征求意见稿）》。

街道评审：由社区推荐、街道邀请，组建并召开本年度地区建议案评审委员会（性质为第三方机构，成员至少包括：社区代表、人大代表、政协委员、专家代表），审查街道问政办所作《本年度街道问需工作报告》，审议并修订街道问政工作领导小组所作《本年度实事工程计划（征求意见稿）》。

实地调研：街道问政办组织街道办事处主管主任、科长、评审委员会委员就《本年度实事工程计划（征求意见稿）》开展可行性实地调研，修订并形成《关于本年度实事工程计划的意见》。

步骤三：确认建议案

这一步骤包括受理建议案、答复建议人两个环节。

受理建议案：街道办事处召开主任办公会，正式受理建议案，修订并完善《关于本年度实事工程计划的意见》，形成《关于本年度实事工程计划的报告》；之后，由街道办事处副主任认领实事项目，提出办事方案和办事日程表。

答复建议人：街道办事处和社区居委会在社区报、社区网等媒体刊登公告或在各社区橱窗、宣传栏张贴海报，发布《关于本年度实事工程的公告》，公开答复建议人。

第二阶段：问计与决策

第二个阶段是"问计"，主要解决"怎么办"的问题。这个过程包含以下两个步骤：

步骤四：筹组问政议事协商会

筹组问政议事协商会工作包括四个主要环节：推选问政议事代表、问政议事代表资格审核、问政议事代表规则培训和优秀建议人评选。

推选问政议事代表：由社区党委和社区居委会组织召开社区议事协商

会，通过差额选举，推选代表，准备参加街道问政议事协商会。

问政议事代表资格审核：各社区党委将社区议事协商会推选的问政议事代表名单上报街道工委，街道工委召开会议，研究审核代表名单。

问政议事代表规则培训：街道问政办组织议事规则培训会，邀请专家学者向问政议事代表讲解议事规则，以确保议事规范有序、科学有效。

优秀建议人评选：由地区报纸《读麦周刊》开展民调，刊登上年度惠及居民的建议案，发动居民投票，评选上年度优秀建议人。

步骤五：召开问政议事协商会

包括召开社区民政建设资金项目协商会和问政议事协商会两项内容。

社区民政建设资金项目协商会由街道组织召开，各社区问政议事代表就所在社区民政建设资金申报项目进行陈述与答辩，由全体问政议事代表票决社区民政建设资金项目入围资格。

为了充分调动和激励社区自主解决社区公共事务，街道建立了社区民政建设资金项目竞标机制。街道首次设立了"社区民政建设资金"，制定并出台了社区民政建设资金的项目申报、评选、资金使用办法等配套制度。资金划拨采取项目评选方式，即各社区上报争取社区民政建设资金的项目，街道组织召开项目协商会，通过各社区议事代表之间的动议、辩论、投票表决争取项目，获得资金支持。涉及社区建设项目的资金使用效率和激励导向，对资金拨付设定了2个"不超过"限额，即"社区民政建设资金"总额不超过200万元，当全部申报项目资金总额未达到200万元上限时，最终选定项目资金总额不超过全部项目申报金额的80%。如申报项目争取到社会资金支持，可以优先立项。

麦子店街道出台了《"社区民政建设资金"使用管理办法》，激发了各个社区的申报热情。他们认识到，要想让社区申报的项目在街道的"社区民政建设资金"项目协商会上赢得各界代表的认可，必须把握"迫切性、普惠性、合理性和可行性"的基本原则，经社区议事协商会反复研讨、协商、表决后确定申报项目。在进行项目可行性研究时，社区发动议事代表、党员、群众骨干和物业公司专业人员，分头展开可行性调研。枣营北里社区为获取小区太阳能路灯改造最权威的依据、最准确的资料，聘请专业公司讲解路灯的种类特别是太阳能路灯的特点、种类以及后续维修保养等问题，通过比较，选择了符合需要的型号。在确定社区灯杆数量时，社区的大成苑物业公司用尺子一点一点地丈量社区周长，反复计算灯杆的最佳间距。在自筹资金问题上，社区党委以项目化运作的方式，采取"电话沟通、预约商谈、详备资料、定期跟访、协议跟进、资金紧盯"六步工作法，积极协调社会单位出资出力，在较短的时间内，共撬动社会单位支持资金47万元。最后，"社区民政建设资金"协商会上，经过社区议事代表的陈述和答辩，该项目和另外一个项目共争取到街道32万元的民政建设资金支持。

问政议事协商会（"问政大会"）①：问政议事协商会每年召开一次，主要有四项议程：一是由问政议事代表审议街道办事处主任所作《关于上年度实事工程完成情况的报告》，以现场亮牌的方式，对街道办事处上年度工作进行满意度测评；二是街道办事处对《读麦周刊》评选的优秀建议人进行表彰；三是街道办事处就《关于本年度实事工程计划的报告》（含"问需工作情况说明"）同问政议事代表协商；四是形成《关于本年度实事工程计划的决议》。

第三阶段：行政与问政

这一阶段主要解决"办得怎么样"的问题，包含以下三个步骤：

步骤六：公示

街道问政办通过在社区《读麦周刊》、社区网等媒体刊登公告和在各社区橱窗、宣传栏张贴海报的方式答复建议人，并向地区公示《关于本年度实事工程计划的决议》和《关于社区民政建设资金项目名录的决议》。

步骤七：办理

街道办事处和社区党委、居委会、服务站分别履行年初承诺，办理"一五一十"工程②：一是街道办事处执行本年度问政议事协商会决议，在规定时间内完成本年度实事工程，同时执行本年度社区民政建设资金支持计

---

① 原名为"问政座谈会"，在街道工委的领导下开展工作，是街道工委、政府派出机关、社区、辖区居民、社会单位、社团组织等共同协商本街道重大公共事务的工作平台。

② 街道2011年"问政"工作中，确定办实事的项目总共是15项，正好是"一五一十"，这个名称得到了大家的认可。后来，办的实事虽然逐渐增多，但是"一五一十"作为一个为民办实事的项目品牌逐渐沿用下来。

划；二是在街道机关部门及社区党委纪检委员的审查与监督下，启动社区民政建设资金项目。

步骤八：问政

这是街道办事处和社区居委会本年度实事工程办理工作完成后接受街道、社区问政议事代表评议与问责的过程。具体做法是：

街道办事处本年度实事工程办理工作完成后，形成工作报告，在下一年度街道问政议事协商会召开期间，接受街道问政议事代表评议与问责。在问政议事协商会上，由街道办事处主任报告上一年度实事工程完成情况，接受问政议事代表的质询和评议；提交《街道年度实事工程的实施方案（草案）》，经与会问政议事代表的充分协商、讨论、表决，最终形成《街道年度"一五一十"实事工程决议》。

社区本年度实事工程办理工作完成后，形成工作报告，在下一年度议事协商会召开期间，授受社区议事代表评议与问责。另在街道问政议事协商会召开期间，接受街道问政议事代表评议与问责。

通过以上3个阶段8个步骤，麦子店街道的问政工作已初步形成了一套比较完整的机制：每年1—3月为"问政季"，以"知忧"、"忆忧"为工作内容；4—9月为"解忧季"，以落实为工作任务；10—12月为"收获季"，以评审问责为主要内容。随着时间的推移，面对服务群众工作的新特点、新要求，麦子店街道也在不断总结拓展群众工作的新方法，"问政"工作在实践中不断完善。经过三年的实践总结，目前，问政工作在"三问"的基础上已发展到"四问"，即在"问需、问计、问政"之外，又增加了"问效"环节。"问需、问计、问政、问效"已逐渐成为新的工作理念。

（三）建立制度，实现问政工作规范化

为规范问政工作，提高问政工作的效果和质量，麦子店街道制定了一系列规章制度与管理办法，如《麦子店街道问政议事代表选举办法》、《麦子店街道社区民政建设资金项目协商会流程与规则》、《麦子店街道社区民政建

设资金使用管理办法》等等，并在实践中不断完善。《麦子店街道问政议事代表选举办法》规定：街道议事代表由无记名投票、差额选举产生，任期三年，以确保选举的公正性和履职的严肃性；《麦子店街道社区民政建设资金管理办法》规定：在项目立项资格评审阶段，社区代表要对申报项目进行陈述与答辩，经全体议事代表两轮票决，决定项目的重要性排序，以确保立项公平和公正；所有通过评审的"社区民政建设资金"项目都必须明确项目责任人和项目监督人，并严格按照街道办事处财务、工程建设项目管理等相关规章制度办理，并通过社区公示栏、《读卖周刊》等渠道进行公示，接受公众监督。目前，一个党委领导下的社区议事制度已初具规模，问政工作已步入规范化轨道。

三、主要成效

麦子店街道多年来的问政实践，取得了综合成效，主要表现在以下几个方面：

一是通过将实事办到群众"心坎里"，密切了党群干群关系。麦子店街道通过问政工作确定了街道为民办实事项目，解决了增设社区摆渡车、老街小区错时停车、增设社区蔬菜直通车、设置路口综合信息双语指示牌、居民楼二次供水改造等群众关心的实事。社区摆渡车开通几年来，日平均800人次乘坐，得到居民的赞誉，人们形象地比喻说："社区摆渡车走在群众路线上"。

二是推动了基层民主政治建设。通过搭建社区、街道两级议事平台，建立社区议事协商会，引导居民参与实事项目的提炼、筛选、论证、决策、监督等协商，实现了从"行政管理"向"协商治理"的转变，提高了民主决策的科学性和民主监督的广泛性，也提高了居民自我服务、自我管理、自我监督的积极性。

三是促进了基层社会治理能力的提高。通过组织化建设，充分调动居委会、小区管委会、物业公司、社会单位等主体协商解决问题，一方面实现了政府、社会单位、居民共同治理的目的；另一方面，党员干部在问政过程中学会了运用民主协商整合社会资源，发动群众参与社会建设的工作方法，社会治理能力明显提高。

麦子店街道的问政工作自开展以来，得到了多方面的关注和认可。北京电视台、有关报纸杂志等媒体对此进行了深入报道。麦子店的"'政社共商共治'基层社会治理新模式"曾获年度"中国社区治理十大创新成果"荣誉；朝阳区被民政部确定为2014年"全国社区治理和服务创新实验区"，也是基于麦子店社区治理模式已取得成功经验。问政工作还受到了中央党校、清华大学、复旦大学等多位党建理论专家的关注，对完善问政机制发挥了重要作用。以麦子店街道"问政"实践为基础的"党政群工商共治工程"已被北京市委组织部立项，成为北京市党建重大研究课题。

四、分析与启示

综合分析麦子店街道问政于民的探索实践，可以得到以下几点启示：

（一）为群众办实事，是坚持群众路线的最好体现

作为承担政府管理职能最基层的单位，围绕如何坚持党的群众路线，履行我党全心全意为人民服务的根本宗旨，麦子店街道摸索并创造了以为地区居民办实事、办好事、解难题为根本目的的问政模式，解决了广大居民最关心、最直接、最现实的利益问题，得到了群众的支持、拥护和热情参与，巩固了基层党组织领导的核心地位，促进了党组织、政府与群众之间的共识与互信，密切了党群干群关系。

（二）搭建基层协商民主的平台，是创新社会管理、促进社会和谐的有效路径

问政模式畅通了政府与百姓之间沟通对话的渠道，搭建了一个政府百姓共商共治的平台，通过这个平台，一方面，政府通过征求群众意见，与群众协商，引导群众参与公共服务决策和监督，体现了一个责任政府的应有作为，而且，政府从居民群众中获得解决问题的方法和智慧，提高了自身科学决策的水平；另一方面，社区居民通过自主调研、立项和票决实事项目等，提高了自身参与公共事务的素养和能力。

（三）以问政方式开展协商民主必须坚持两个原则

一是坚持党的领导原则。在问政过程中，街道工委应掌控整个流程，注重发挥党员的骨干作用，动员社会形象好、热心社区事务的党员成为社区议事协商会代表和街道议事代表，保持议事代表中的党员比例，另外还应依托党代表任期制，通过开展党代表联系党员、党代表接待社区居民等工作，充分发挥党代表的桥梁纽带和示范、引领作用；二是坚持广泛性原则。一方面要体现议事代表"从群众中来"，在居民中有一定知晓率和支持率，并能切实履行代表职责；另一方面还要利用已有的制度优势，整合资源，在议事平台上有效衔接，充分保障协商民主的包容性。

（四）建立长效机制，促进基层协商民主不断发展和完善

基层协商民主的前提是有序协商、合理公平，只有建立制度，使问政工作有案可依，有据可查，群众有序参与，才能确保问政实践能够持久地发挥积极作用。在整合现有制度资源的基础上，把社区协商议事制度与人大代

表、政协委员联系选民制度、社区党代表任期制度、社区自治等制度有效衔接起来，形成长效机制，是基层协商民主得以健康发展的保障。

思考题

1. 问政制度的实践在完善基层民主制度上有哪些可资借鉴的经验？

2. 麦子店民政建设资金项目为推进参与式预算改革提供了哪些启示？

夯实"学习型、服务型、创新型"基层党组织的创新实践

——以浙江省缙云县推行"事不过夜"作风机制为案例

（中共浙江省缙云县委党校　郑功帅）

一、案例背景

党中央要求从思想、组织、作风、反腐倡廉、制度建设诸方面全面加强党的建设，建设"学习型、服务型、创新型"的马克思主义执政党，明确提出建设"服务型政府"。无论是建设"服务型政党"还是"服务型政府"，乡镇干部都因其直接服务群众的工作属性，发挥着无法替代的作用。为加强乡镇干部队伍建设，缙云县在乡镇全面推行"事不过夜"作风机制，要求乡镇干部做到为群众办事马上就办"不过夜"，为了"事不过夜"定期在农村"过夜"。通过"事不过夜"机制的建立和实施，进一步增强了乡镇干部一心为民的办事意识，养成了乡镇干部立说立行的办事态度，强化了乡镇干部紧贴群众的办事作风，增进了乡镇干部与群众之间的鱼水之情。"事不过夜"机制已经成为建设"服务型政党"和"服务型政府"的创新载体，成为基层干部践行党的群众路线的有效抓手。

二、主要做法

"事不过夜"包括两层意思，一方面，是要求乡镇干部立说立行，对群众的事坚持快办好办，提高乡镇干部办事效能，最终实现"事不过夜"；另一方面是要求乡镇干部主动到群众中去，坚持住夜值班、夜议夜办，依靠群众智慧群策群力，最终实现"事不过夜"。缙云县把"事不过夜"作为"作风建设年"活动的一个重要载体推出后，深受群众欢迎。后来又对此进行了深化和完善，把"事不过夜"作为乡镇开展"双先双创"活动的具体举措，乡镇干部"住村联心"和"五好"服务型乡镇创建的重要内容。出台了《关于以"事不过夜"为要求切实加强乡镇干部队伍建设的实施意见》、《缙云县"事不过夜"实施细则》、《关于开展"两比两问强执行"，深化"事不过夜"作风建设活动的实施意见》等一系列文件，明确"事不过夜"的工作要求，落实具体的工作措施，有效地转变了乡镇干部的办事作风，增强了与群众的联系。主要做法是"四五六七"：

（一）"四个不过夜"是工作目标

一是受理群众诉求事项不过夜。对信息咨询、政策落实、困难救助等事项，涉及群众利益、影响社会稳定的矛盾纠纷和群体性、突发性事件，第一时间办理答复或处置。二是办理职责规定事项不过夜。对健康服务证、用火许可证等涉及农民生产生活的审批事项，以及职责范围内的事项，第一时间办理。三是办理代办导办事项不过夜。对涉及生活保障、养老保险、身份证、残疾证、农村建房用地审批等，需要乡镇代办导办的事项，第一时间审核报批。四是反馈办理情况事项不过夜。对群众咨询、行政审批、代办导办的事项，特殊情况不能在规定时限内办结或不在办理范围的事项，第一时间告之办理结果、说明原因。纪检、组织部门对"四个不过夜"情况不定期进行督查，达不到要求的，一律进行问责问效。2014年以来，有6名乡镇干部因没达到"事不过夜"目标要求被问责问效，受到相应处分。

（二）"五不讲"是工作要求

一是不讲"不知"。对不知道办理程序或如何办理的事项，不推托、不推诿，不说不知道，要主动向其他乡镇干部、分管领导或有关部门工作人员询问，及时答复群众或办理。二是不讲"不管"。对不属于职责范围内、不能办理的事项，群众找上门来时，不能不管不问，要热情接待，做好解释说明工作，同时帮助群众联系相关部门，并告知办理事项地点。三是不讲"不行"。群众办事手续、材料不齐全，或对不符合规定、无法办理的事项，不能简单说不行，应一次性告知所需手续和材料，或者相关法律法规以及政策规定，做好解释说明工作。四是不讲"不理"。对群众多次上门、没有解决的事项，或者较难解决、偶遇群众纠缠，不态度冷漠，不顾自走开，要耐心细致做好群众工作，不因小事不理、难事不理，不说不属于你管、不是工作时间不理。五是不讲"不办"。对属于自己职责范围内的事项，不能说不办。杜绝小事情不屑办，杜绝难事情不想办，杜绝该办的事拖拉不办，严禁推诿扯皮、吃拿卡要。各乡镇对"四个不过夜"和"五不讲"张贴上墙，时时提醒干部做到热情服务，高效办事。借鉴银行窗口的评价系统，在乡镇每个便民服务中心窗口设立即时评价器，由办事群众对办事人员落实"五不讲"情况进行评价。如壶镇还由镇干部根据壶镇特点，自主设计研发了一套群众即时评价软件，供办事群众查看壶镇政务动态信息，并对窗口人员的服务态度进行即时评价，把是否达到"五不讲"要求的话语权交给群众，受到群众的欢迎和称赞。

（三）"六办"是工作机制

一是能办即办。能够马上办理的事情，不推不等，第一时间为群众办好。二是实事快办。建立健全 AB 岗制、首问负责制、限时办结制、限时协调解决制等制度，以最快速度帮助群众办好事项。三是琐事代办，把每周三作为驻村干部固定下村日，要求干部在村便民服务中心接待来访群众，或上门征集待办事项，不在职责范围内、但群众有需求的事项也积极代办。四是急事急办，对重大事情和紧急事情，开通绿色通道，方便办事。五是难事包办，对重点项目、难题实行乡镇班子成员包干制度，透过组建工作组、竞赛排名等方法，激发干部积极性，形成工作合力。六是大事联办，对涉及面较广、事关群众切身利益的大事项，采取"乡会村开"的形式，乡镇班子成员到一线现场商办。对乡镇难以办理的事项，由县分管领导通过开协调会的方式办理。

（四）"七夜"是工作方式

一是驻乡夜办。针对群众白天忙没时间，晚上有时间没人办事的情况，在各乡镇开展机关党员干部"三小时志愿办事"服务，每晚由一名班子成员带队，统筹配备干部，在乡镇便民服务中心开展组团式志愿服务，使群众的事能在当天办成。据统计，每年夜间办事占乡镇办理事项的 15%。二是进村夜值。明确规定每名乡镇干部每周在乡村住夜不少于 2 夜，特殊情况要连续住夜值班。三是入户夜访。明确要求每名乡镇干部每星期至少有一夜到农户家走访，重点是访能人、贫困户、信访户，及时掌握民情民意，送上便民联系卡、意见征求卡、服务代办卡，增进与群众感情。四是与民夜谈。每周由乡镇党委书记或乡镇长与驻村干部一起安排一个晚上轮流到村，组织部分党员、村民代表召开"与民夜谈"会，积极宣传党的路线方针政策，解决群众生产生活中迫切需要解决的问题。五是要事夜议。坚持重大事项与村民商量，利用晚上村民在家的时间，由驻村干部召集部分村干部、党员和村民代表在村开展夜议，商量解决办法，能办理的当即办理。六是定期夜学。坚持每月安排一个晚上开展集中夜学，每个领导班子成员轮流"讲课"、上台宣讲，让每位干部及时、全面地了解掌握工作中涉及最多的政策、法规、程序以及工作方式方法和新的上级要求，打造"全科干部"。七是驻村夜考。纪委、组织部不定期到各乡镇、村检查驻村干部有没有按规定到村驻村，有没有在工作室接待群众，考驻村干部的驻村工作开展情况，包括驻村干部对村情民情的掌控程度、工作的深入程度、对重点工作的落实程度、促进发展与维稳的基本工作方法等。

三、主要成效

缙云县"事不过夜"机制得到了省委及市委主要领导的充分肯定，认为这是抓乡镇的好经验，并在全市进行了推广。《浙江日报》、浙江电视台、《丽水日报》等新闻媒体纷纷进行了跟踪报道。省委组织部《综合与督查》、《共产党员》、《丽水基层党建交流》等都作了刊发介绍。通过三年的"事不过夜"作风建设，在乡镇干部中强化了干事意识，提高了干事能力，锤炼了工作作风，"立说立行、勇于任事"在缙云乡镇干部中已成常态。其主要成效表现为以下几个方面。

（一）第一时间把群众的事情办妥办好，实现了三个"一流"的工作目标

一是树立了一流的责任意识。通过"事不过夜"，在广大干部中树立了强烈的责任意识。这种意识，是只争朝夕、抓铁有痕、踏石留印的实干精神，是工作未竟就寝不安席、食不甘味的责任精神，是敢于较真碰硬、勇于

攻坚克难的进取精神。如壶镇镇党委针对低丘缓坡开发中征地拆迁任务重、时间紧的情况，由班子成员主动认领项目难题，仅用一个多月时间就顺利完成了6200多亩土地的征迁任务。二是实现了一流的办事效率。建立健全高效的工作机制，严格的督促管理机制，使党员干部自觉主动地去办好事情，努力提高办事效率，实现"四个不过夜"的目标。石笕乡乡镇干部主动上门，帮助地处偏远山区的100多名老人代办了二代身份证，受到群众好评。新建镇联新村白塘自然村由于持续干旱，村里不能正常供水，影响了群众正常生活。驻村干部在了解相关情况后，马上行动帮助寻找水源，当天就通过向邻村借水的方式，解决了村民饮水危机。三是养成了一流的服务态度。群众对服务要求越来越高，不仅希望能把自己的事情办成，更希望在办事的过程中能感受到热情。"事不过夜"要求干部在面对办事群众时，亮出一张笑脸、道出一声问候、端上一把座椅、捧上一杯热水、做出一个明确答复，让群众感受到了"态度"的温暖。工作积极，不推诿、不拖拉，落实好"六办"，更让群众感受到了"速度"的欣喜。

（二）在第一现场解决好群众的事情，缩短了党群、干群之间的"距离"

一是远离了"身不在基层"的现象。通过落实"事不过夜"，坚持"七夜"工作方式，让群众随时找得到干部，让干部随时服务到群众，从根本上扭转了"身不在基层"的不良现象。曾经由于连续强降雨，仙都街道仙源村发生山体滑坡事件，造成48间居民住房倒塌。街道干部白天进村入户做好防灾工作，晚上坚持在村住夜值班，巡视险情、转移群众，有效避免了人员伤亡。如大洋镇针对白天群众忙没时间，推出晚上"三小时志愿办事"服务后，深受群众欢迎，月均夜间办理事项达65件。二是远离了"心不入基层"的浮躁。"事不过夜"让干部真正把心思放了下去、沉了进去。民情日记里记民生，打着手电走访农户，干群齐心攻坚破难，把群众的事放在自己心上，把自己的心放在群众身上，"事不过夜"紧紧联结着干群感情。舒洪镇党委针对岭口、昆洪、蟠龙三个村集体经济薄弱问题，通过镇村干部白天去现场调查情况，晚上夜议，及时制定了三个村联合开发白水山项目的方案，推动了村集体经济发展。三是远离了"干群不信任"的危机。说出的话不能兑现，答应的事拖了再拖，遇到的难题不予解决，让干群之间陷入了重重的信任危机。"事不过夜"让这些现象得到根本的改善。挑灯夜办，再小的事，也要按时办结；彻夜讨论，再难的事，也要全力解决。只要干部视群众为力量之源，先当"学生"、后当"先生"，勤访民情、勤思民生、勤问民计，争取群众对我们工作的最大支持，便没有办不了的事情，就没有群众不满意的结果。

（三）第一速度解决了一系列问题，增强了群众对干部作风的满意度

一是解决了"服务本领不强"的问题。基层存在一种较普遍的现象，年轻干部历练不够，不会做群众工作，年老干部能力不足，不善做群众工作，致使群众不满意。在"事不过夜"活动中，缙云县通过引导乡镇干部争当"学习型、服务型、创新型"干部，使其做到跟群众有话说、遇问题有办法。通过推行"一天一日记、一月讲一课、一季一总结、一人学一技、一线育一批、一老带一少"的"六个一"干部培育方式，极大地提高了干部的服务能力，提高了为群众办事的效率。如壶镇近年来通过"六个一"，全面打造"开口善说、提笔善写、好学善思、遇事善办，会干有能力、敢干有魄力、勤干有活力、廉干有定力"的"四善四力"型干部队伍，为工作的推进提供了强大的能力保障。二是解决了"工作纪律不紧"的问题。一些干部大局意识不强、有令不行、有禁不止，让政策要求得不到有效落实，群众意见很大。缙云县通过在全县深入开展以"两比两问强执行"为主要内容的"事不过夜"主题作风建设，取得明显成效。通过比业绩开展工作问效，解决精神懈怠、办事拖拉等问题；通过比廉俭开展纪律问责，解决脱离群众、奢侈浪费等问题；通过强执行开展作风问虚，着力解决推诿扯皮、避重就轻等问题。加强对乡

镇干部落实"事不过夜"情况的检查，明确第一次被查到违反"五不讲"要求或不按规定住村住夜的，进行提醒；第二次被查到进行诫勉谈话；第三次被查到个人年度考核评为基本称职以下。一年内，已有8人被诫勉谈话，6人考核被确定为基本称职以下。对20名不遵守上下班纪律的干部集中开展作风学习教育，进行通报和处理。三是解决了"制度落实不力"的问题。一些干部讲面子不讲规矩，使一些规定变成了"稻草人"，使一些制度变成了"塑料花"，中看不中用，群众反响很大。通过切实加强对相关制度的监督检查，采取明察暗访、回访服务对象、民主评议等形式，对干部落实制度情况进行严密督查，严格实行问责问效，使"事不过夜"真正成了转变工作作风、推动工作落实的"利器"。为抓好"事不过夜"作风建设相关制度的落实，还明确规定乡镇干部津补贴标准比县级机关同类同职级人员上浮20%，其中上浮10%将由乡镇根据干部执行"事不过夜"制度情况发放，促使形成正确导向。

四、案例启示

（一）"事不过夜"是提升干部队伍整体素质的有效载体

随着经济社会的快速发展，群众的生活节奏越来越快，对办事的效率要求也越来越高，不仅要求把事办了，而且要求把事办好。乡镇干部身处服务群众的前沿阵地，是党委政府最直接的"形象代言人"。他们的一言一行直接关乎党委政府的公信力。但由于多方面的原因，在部分乡镇干部中还存在着遇事扯皮、办事拖拉等一些不良现象。这与群众对"办事高效率"的期待和要求形成强烈反差。究其因，主要在于"三个不适应"：一是观念不适应，部分干部等、靠、管的思想严重，对服务型党组织的认识不到位；二是能力不适应，部分干部面对新形势、新问题，缺少应对的知识、手段和方法，无法为群众提供高效的服务；三是机制不适应，没有一套好的工作机制，行之有效的奖惩办法，无法激励乡镇干部提高办事效率。基于此，全面推行"事不过夜"作风机制，对于理顺服务体制，强化干部队伍服务意识，提升干部队伍服务能力，具有重要意义。

（二）"事不过夜"是增进基层党群干群关系的重要途径

随着改革开放的日益深入和市场经济的快速发展，整个社会呈现出一种前所未有的"逐利心态"，这使得一部分乡镇干部也渐渐不安于现状并开始浮躁起来，群众观念有所淡化，主要表现为"三不入"的不良作风：一是身不入基层。现在办公设备先进了，通信方便了，交通便利了，但下村次数却少了。二是脚不入农户。下村时，或浮光掠影，或蜻蜓点水，或"三过群众家门而不入"。三是心不入基层。乡镇干部虽然身处基层，但在乡村住夜的少了，下班就往家跑的多了，始终进入不了群众生活和感情的"圈子"。脱离群众是我们党执政后面临的最大危险，这种状况不改变，势必会动摇我们党的执政基础。"基础不牢，地动山摇"，长此以往我们将会失去群众，进而失去江山，因而决不可掉以轻心，听之任之。为此，缙云县及时通过"事不过夜"，建立夜办、夜访、夜谈、夜议等机制，把干部往"下"推，推动乡镇干部在乡村"过夜"，第一时间响应群众需求，第一现场解决群众困难，不断缩短党群、干群之间"距离"，切实加深了干部与群众的"鱼水之情"。

（三）"事不过夜"是基层践行党的群众路线的有力抓手

群众路线是党的生命线和根本工作路线。践行党的群众路线，就是要从群众中来，到群众中去。对基层党员干部来说，从群众中来，就是以群众利益为工作引领，到群众中发现利益诉求；到群众中去，就是以群众满意为工作目的，到群众中解决利益诉求。道理上不难理解，难就难在落实上。制度最具有长远性。缙云县通过及时推出"事不过夜"工作机制，第一时间推动乡镇干部进村入户，第一时间为群众解决急事难事，使之成为落实党的群众路线的有效抓手。通过"事不过夜"，在提高乡镇干部服务意识、增强服务自觉性的同时，更重要的是加强了制度建设，以制度为引领，引导乡镇干部自觉走到群众当中，使工作深入、服务到位，让群众从心底里满意。

思考题

1. 本案例中"四个不过夜"的主要内容是什么？

2. 本案例中"事不过夜"的工作机制有哪些？

3. 本案例中"事不过夜"的工作机制是什么？

党的群众工作方法的创新实践

——上海市奉贤区"一二三四"群众工作法的探索与启示

（中共上海市奉贤区委党校　杜学峰）

一、案例背景

群众工作具体应该怎么做？不同历史时期不同形势任务的情况下，我们党探索了许多行之有效的方法。同各地一样，改革开放以来，奉贤区在党的群众工作方面进行过不断的探索和实践，形成了很多在全市乃至全国都有影响的好经验好做法，如"群众工作下乡员"、"周末走访党员群众"、"党员承诺制"、"联系服务群众三张卡"等做法，在顺民意、解民忧、惠民生上取得了一定成效。近年来，在总结和整合原先形成的一些群众工作方法的基础上，提出了以"一堂、二站、三卡、四会"为抓手的群众工作的新方法，它汇集了奉贤区近几年基层党组织在实践中积累的群众工作的有效做法和成功经验，逐渐成为奉贤区基层党建的一个品牌，并被上海市委有关部门及众多媒体所关注。

二、主要做法

"一堂"是指宅基课堂（居民区叫邻里课堂）。作为村居民（社区）学校的延伸，在村居民居住的宅基上设置宣讲点，组建由机关干部、离退休干部、教师、专业技术人员等组成师资队伍，面向村居民包括外来务工人员开展政策宣传、答疑解惑、技能培训、收集民情等活动。

"二站"是指村居民服务指导站，来沪党员、人员服务指导站。作为为群众提供公共服务和指导的平台，"二站"落实办公场所，一般设在村居委办公地，指定专人负责接待，负责社会基础信息的采集和录入、接待群众来访来电、协助开展劳动就业、社会保障等社会事务、提供咨询服务、协助开展便民服务等活动。

"三卡"是指联系服务卡、需求记载卡、结果问效卡。联系服务卡印有村居"两委"班子成员姓名、分工、办公电话、手机号码和服务内容，分发给村居群众和来奉人员。需求记载卡采用一事一记的方式记录群众诉求、负责接待受理的基层干部姓名、初步处理意见和反馈情况等。结果问效卡一般在每半年一次的问效评议会上使用，由党员代表、村居民代表和服务对象代表无记名填写，对村居"两委"和基层干部处理诉求情况进行测评。

"四会"是指决策听证会、矛盾协调会、信访代理会、村居务评议会。决策听证会一般结合村级重大事项议事规则或居民区党员代表议事会进行，主要听取群众对村居委重大事项决策的意见建议。矛盾协调会主要调解处理组织与群众、群众之间的利益矛盾。信访代理会是由村居委信访代理员受理群众上访事项，在第一时间协调相关部门解决群众诉求。村居务评议会一般在年底结合"三测评"、"双述双评"进行，对村居干部全年工作进行评议。

三、主要成效

奉贤"一二三四"工作法是新形势下群众工作方法的创新和发展。总体上看，推行"一二三四"群众工作法有几方面的效果：

1."一二三四"工作法实现了在面对面宣传引导群众中动员群众、组织群众。实践中，"一二三四"群众工作法通过贴近群众需求，设置宣讲内容，便于群众参与，创新工作方式，服务大局工作，理顺群众情绪，在干部与群众面对面的沟通和交流中，使群众的思想认识与党委政府的决策部署同频共振，营造了全区心齐气顺劲足的良好局面。

2."一二三四"工作法实现了在上对下联系服务群众中了解群众诉求、满足人民意愿。针对下情上传通道狭窄、群众需求多样化、村居服务群众资源少的实际情况，"一堂二站三卡四会"建立起民情民意自下而上反馈机制，打造公共服务由上往下传送网络，构建村居组织发挥作用有效平台，联系服务群众平台，这为区镇政府有效提供公共服务和公共产品畅通了渠道。

3."一二三四"工作法实现了在心贴心维护群众利益中推进群众自治、基层民主。针对群众参与村居重大事项决策不充分、群众利益矛盾难协调、部分村居干部服务意识不强的情况，发挥"一堂二站三卡四会"协调群众利益，保障群众权益的作用，通过重大事项群众参与协商、利益矛盾组织出面协调和工作成效群众自主评议，建立群众参与公共事务决策的机制，从源头上化解矛盾、维护稳定，促进了群众自治和基层民主。

4."一二三四"工作法构建了全面做好群众工作的制度保障。"一二三四"工作法不是一句简单的口号，而是由一系列的工作制度所构成的。首先，从工作内容上，整合了党和政府的一系列相关制度，如"党员教育制度"、"村民学校制度"、"外来流动人口管理制度"、"重大事项议事规则"、"信访代理制度"等等，在此基础上，又涌现了各具自身特色的制度，如金汇镇的"六必访"制度，四团镇的"周末走访"制度等等。其次，"一二三四"工作法自身也由一系列的制度构成，保证了工作的正常运行，如"宅基课堂"就有课堂的设置原则、教学计划的生成、师资队伍的建设、日常运行等一系列制度构成。制度是带有根本性的东西，做好群众工作建立起制度保障，既要不断研究新形势下群众工作的新特点新要求，把基层创造的好做法上升为制度；又要紧密结合实际健全服务群众制度、联系群众制度、党和政府主导的维护群众权益机制等，使群众工作更加科学、更有活力、更富成效。

当然，奉贤区的探索还刚刚开始，许多实践与举措还需要及时总结经验教训，并在改进中不断完善。

四、分析与启示

奉贤"一二三四"群众工作方法其经验的价值在于：一是加强和改进群众工作的需要，为服务群众打造了一个系统性、操作性、功能性的平台；二是推动发展、维护稳定的需要，各级党组织依靠群众、宣传群众、服务群众的过程形成了一个有可行性、有操作性、有实践性的工作链条；三是提高基层党组织凝聚力的需要，使村（居）党组织成为有血有肉、充满生机活力的战斗堡垒；四是保障全局性工作顺利开展的需要，为全区上下抢抓机遇、加快发展奠定了群众基础。

1."一二三四"工作法实践了党与人民群众同呼吸共命运心连心的马克思主义群众观点。密切联系群众是中国共产党的优良作风，也是中国共产党的最大政治优势。做好新形势下的群众工作，就要牢固树立群众利益无小事的观点。党员干部真心为民，群众就会民心向党。要始终把群众的利益作为第一利益，把群众诉求作为第一信号，把为民解难作为第一追求，把群众满意作为第一标准。任何时候任何情况下，群众观点都不能丢、不能忘。

2."一二三四"工作法站稳了维护群众利益的群众立场。"交通工具发达了，下基层的时间少了；通讯工具进步了，与群众的交流少了。"群众中流传的这些顺口溜，也从一个侧面反映出一些党员领导干部对群众疾苦的漠不关心，对群众呼声的置若罔闻。久而久之，自觉不自觉就把对上负责与对人民群众负责对立了起来。为了群众，就会得到群众拥护；依靠群众，就会拥有无穷动力。我们想问题、作决策、做工作都要从群众立场出发，充分考虑群众利益，不干劳民伤财、违反群众意愿的事，多办顺民意、解民忧、惠民生的实事。

3.“一二三四”工作法创新了提高群众工作的针对性和实效性的群众工作方法。长期实践中，我们党形成了许多行之有效的群众工作方法。但随着形势的变化，一些群众工作方式逐渐“失灵”，用基层干部的话说，就是“老办法不管用，新办法不会用，软办法不顶用，硬办法不敢用”。“一堂二站三卡四会”构建了收集反映诉求——协调解决问题——下移服务资源——协商疏导矛盾的工作回路，逐步形成群众有所呼、组织有所应，基层资源少、上级组织补的上下联动、左右联合的区域内党组织共同做好群众工作的网络体系，在做好群众工作上形成抓手和合力，使村居基层一级党组织有愿望、有能力、有资源做群众工作。“一二三四”工作法拓展了基层党组织的功能，巩固了党在基层的执政基础，也是当前党为做好群众工作探索出的行之有效的好方法。

思考题

1. 奉贤区“一二三四”群众工作法给了我们哪些启示？

2. 当前党的群众工作方法如何在与时俱进中创新和发展？

构建基层管理新格局
创新社区治理新机制

——上海市梅陇三村以"绿主妇、我当家"新理念创新社区治理

（中共上海市徐汇区委党校　王晓芸）

一、案例背景

梅陇三村位于上海市西南部徐汇区凌云街道，是一个建于 20 世纪 90 年代初的老式居民区，建筑面积 10.8 万平方米，绿化面积约为 3.3 万平方米，辖区内居民以动迁安置户为主，有 2300 多户居民，常住人口 6500 人左右。

梅陇三村有"五多"：楼幢多、房型多、老人多、困难人群多、房屋出租多，60 岁以上老人有 1800 多人，约占常住人口的 27.7%，残疾人 90 多人，其中患精神疾病 40 多人，"两劳"释放人员 140 多人，党员 200 多人。

就是这样一个居住人员复杂，利益诉求多样，社区治理矛盾多、困难大的小区，却走在了"乐活"、"善治"的前列。"零废弃卡"、"立体空间种植"等听上去新潮的名词，成为居民们亲身体验、参与的日常生活。梅陇三村创建成为"上海市社区建设和谐示范居委会"，居民区获"上海市平安小区"、"上海市民主与法治小区"等荣誉，连续多年被评为"上海市文明小区"，居民区党总支荣获"上海市创先争优世博先锋行动'五好'基层党组织"称号等。

这些成绩主要源于社区治理的不断创新。在凌云街道党工委、办事处的关心支持和居民区党总支的领导下，梅陇三村居委会根据社区治理新要求，不断探索社区自治新模式，拓展社区治理新路径，提升社区治理新水平。

二、主要做法

（一）找准社区治理切入点

社区是城市的细胞，建设和谐文明社区必须找到治理的切入点。梅陇三村以倡导低碳环保的社区生活理念为切入点，发动社区女性成立"绿主妇、我当家"行动小组，开展社区垃圾分类、利乐包回收，实现垃圾减量等活动，并发动一名女性带动一个家庭，辐射一个楼组，有序开展小区自治管理工作。如今，"居民煮妇"变成了"绿主妇"，绿主妇骨干队伍也从最初的10人发展到260多人，每月28日为垃圾回收日，绿主妇们通过智能终端"零废弃回收卡"对每户家庭回收量进行记录、跟踪和管理，回收可再利用的家庭废弃物达13.8千克，截至2013年年底，实现垃圾生活源头减量超过45吨。低碳环保行动充分激发了社区居民参与社区治理的积极性。

（二）借力社区学校建构"低碳环保"理念

梅陇三村内有一所凌云社区学校，不仅为社区居民举办法律援助、心理咨询、文化科普沙龙、亲子活动等社区文化活动，而且还是区老年大学分校以及各公益组织的为民服务点。社区学校也是梅陇三村绿主妇们"低碳环保"行动的培训平台、展示平台、宣传平台。

曾参与凌云社区学校培训的三村居民发现教室内有一张用废弃利乐砖包装、经过特殊加工处理后制成的简单轻巧却又十分坚固的长凳。"废旧塑料和利乐砖包装家家都有，为什么不把生活中可回收利用的'垃圾'有组织地收集起来，做成像环保椅一样有用的物品，倡导低碳环保生活理念？"三村居民向居委会提出了建议。

　　"教育一位母亲等于教育一个家庭，要让更多的居民了解低碳环保不仅是一种行为方式，更是一种素质、一种责任、一种公德。"梅陇三村的党总支书记为"绿主妇"们请来环保专家，联系社区学校安排时间、场地，进行专业环保知识培训。通过培训，"绿主妇"们第一次知道，上海每天的垃圾量堆起来有一个金茂大厦那么高，拖拉机只是垃圾山上的一个玩具车；"绿主妇"们获取了垃圾分类、利乐包回收等市县垃圾减量的方法；绿主妇们了解了智能终端"零废弃回收卡"的使用等等。"绿主妇"培训班逐步形成规模，每周二上午的"居家小生态"培训讲座已成为社区学校的固定节目。此外暑假期间环保专家为青少年特别开设的"绿主妇——牵手青少年促垃圾减量"教育课程，更是体现了大手牵小手、手手相牵促环保的力量。

　　为了吸引更多居民参与社区环保行动，"绿主妇"们借力社区学校，开展了系列"废物再利用，绿色我当家"主题展示、宣传活动。"绿主妇"将回收再利用的垃圾样本如各类塑料包装袋、利乐包，以及经创意制作的各种生活用品——环保手提包、遮阳帽、围裙等——陈列摆放在最醒目的位置，造型独特、形状美观的实用作品吸引了前来社区学校参观学习的居民，形成社区学校一道独特靓丽的风景线。居民不仅获得了视觉上的直观感受，在与"绿主妇"的答疑互动中更是增长了低碳环保知识，体会了变废为宝的乐趣，增强了参与社区垃圾减量活动的兴趣。

　　凌云社区学校的"绿主妇"们除了培训垃圾回收利用知识外，还建立生态校园，包括建造"低碳屋"、种植体验基地，建立"菜园坊"未来知识及课程系统，"绿主妇"能力培训项目等。凌云社区学校建构了从绿色环保知识汇聚和传播到体验、记录、整理和创造的课程开发和实施不断循环递进的完整过程，建构了自然生态与人际生态、社会生态有机融合的新理念。

（三）利用社区社会组织力量拓宽实践领域

社区自治需要依靠各方力量，需要整合各种社会资源，为小区提供公共事务管理服务。梅陇三村"绿主妇"在开展低碳环保自治家园行动中，与北京某环境教育中心签订垃圾减量回收合作协议，与团市委绿梧桐公益组织建立合作伙伴关系，不仅解决了垃圾回收处理的难题，而且进一步拓展了低碳环保的实践范围。"一平方米小菜园"激发了居民种菜添绿的兴趣，小菜苗作为垃圾分类的"奖品"奖励给居民，使垃圾减量活动与种菜活动形成了良性循环。与此同时，一些社会公益组织也带着创意和资金主动前来加强与"绿主妇"们的合作，诸如"低碳创新屋"、"菜园坊"、"家庭一平米小菜园种植体验分享"等一批科普体验场所纷纷建立起来，居民们在体验科普、参与科普中融入科普。

在凌云街道和梅陇三村党总支的支持、指导下，梅陇三村自己的社会组织"凌云绿主妇环境保护中心"成立，中心下设绿主妇创意工作室、绿主妇环保行动小组、家庭一平方米菜园教育团队、绿主妇爱心编结社等，并在其他居委成立小分队。如今"绿主妇"环保科普活动已经发展到整个凌云街道28个居民区，低碳环保理念已逐渐拓展到浦东新区、闵行区、闸北区、宝山区、松江区以及外省市。国家专项评估检查组专程实地考察了梅陇三村，对其结合社区实际、结合居民需求开展科普工作的做法给予了充分肯定。

（四）构建"大"字社区自治家园新格局

在梅陇三村党总支的领导下，居委会成立了由居民区党员骨干、小区群众文化团队骨干和志愿者骨干为主要成员组成的"绿主妇议事会"，形成了居委会指导下的民主自治小组、"绿主妇议事会"、社区学校等共同参与的社区自治新格局，自治家园建设呈现出鲜明的"大"字格局。

在这一社区自治格局中，居委会是小区自治管理的指导者和核心，承担小区自治的总体设计、小区资源调配与整合、居民区重大事务决策、小区群文团队的组织推进和领导等职能。民主自治小组由小区党员骨干、业委会成员、物业经理、楼组长、社区志愿者、小区民警等组成，是发扬居民当家作主、民主决策的互助团队。社区学校是小区自治管理中的共享资源。而"绿主妇议事会"是协助小区服务管理的重要载体，是居委会联系居民的重要渠道，是支持、配合、参与居委会各项管理工作的重要力量。这些组织与"绿主妇"议事会相互配合，共商共议，充分发挥各自的自治功能和作用。

作为社区自治格局中重要力量的"绿主妇"议事会由两个强有力的居民自治管理团队组成："绿主妇、我当家"行动小组和"绿主妇"创意工作室。一方面"绿主妇、我当家"行动小组携手小区内老年读报组、三村侨联合唱队、花卉兴趣小组、凌梅梅艺术团、夕阳互帮服务队等群文团队，开展丰富多彩的社区文化活动，使社区居民在自我学习、自我创作、自我表演、自我娱乐中融入社区，在互动交流中构建团结和谐的人际关系。另一方面"绿主妇"创意工作室成立了专门的环保创意设计组、垃圾减量活动组等，主要承担环保作品的创意制作、社情民意的收集与小区服务的推进等工作。

"绿主妇"议事会在社区规划、建设、管理、服务等方面充分发挥了自治功能，他们听取居民诉求，及时将各种问题和困惑归类整理、汇集反馈至居民区党总支、居委会、业委会、物业公司，并将他们的意见反馈给居民，做到公开公平公正。

典型故事一：侧石翻修、道路拓宽

"绿主妇"们在宣传活动中听到和看到：由于私家车数量的递增，使小区原有的通道路面已不堪重负，停车难已是不争的事实，还时有私家车把绿化带的侧石撞坏，不仅损坏道路、破坏绿化，增加维修支出，还给路人行走带来安全隐患。其次，老小区的道路布局和路面宽度已经无法确保应急车辆的畅通。针对这些情况，"绿主妇"们在议事会上提出要对小区内的侧石进行翻修，并打通两处断头路，拓宽部分路面的建议。这一合理建议在居委会、业委会、物业公司，尤其是街道办事处的支持下，得到了落实。"绿主妇"们又主动承担起发放意见征询表的工作，协助推进道路侧石翻修、路面拓宽工程的建设。在意见征询过程中，居民对"7号楼旁的绿化带进行移植并将门前道路开通至主干道"的项目存在不同意见。多数居民要求开通道路，有利于消防车、救护车及特种车辆的通行。也有部分居民担心道路开通后，影响其居住的宁静和安全，反对工程的实施。"绿主妇"议事会了解情况后，召集"绿主妇"们与居民自治小组成员一起向持有反对意见的居民进行宣传，摆事实，讲道理，耐心说服劝导，通过居民与居民之间的多次沟通，得到了大家的一致认可，工程得以顺利开展。居民们高兴地说："绿主妇"议事会与居委会、业委会、物业公司又为居民办了一件大实事。

典型故事二：给80岁以上独居老人献爱心，送温暖

关爱老人，一直是中华民族的传统美德。有一天，在"绿主妇"工作室里，"绿主妇"们一边制作着环保用品，一边拉着家常。一位"绿主妇"说："我给婆婆买了一件羽绒服，准备过年的时候送给她"，随意的一句话，激起了"绿主妇"们为小区老人献爱心、送温暖的热情，"关心老人，帮老人打扫卫生，这些一直都有夕阳助老结对志愿者在做，那我们做什么呢？"议事会讨论商议后，有的出资，有的出力，平时一些喜欢乐于助人的居民也纷纷加入了这次爱心活动。短短一个多月，"绿主妇"们利用空闲时间编织了几十套帽子、围巾、袜子、手套。他们利用春节之际，居委会邀请40位80岁以上的独居老人参加的"迎新年　团拜会"上，"绿主妇"们将自己编织的毛线织品亲手送到老人手中，祝愿他们健康长寿。老人们既开心又感动。

（五）完善社区自治家园建设新机制

梅陇三村在构建"大"字社区自治家园管理新格局的基础上，不断完善创新自治建设新机制。

一是居民需求为导向的议事机制。梅陇三村自治管理立足居民的实际需求，向政府职能部门有组织反馈居民的诉求，解决居民各种物质和文化的合理需求。居委会指导下的"绿主妇"议事会在收集民情、汇集民意的过程中发挥重要协助作用，汇总、归类、讨论、分析各种诉求后，定期和不定期地召开全体成员会议，拟订方案，提出合理化建议，并报告居委会、物业公司、业委会等，相关社区自治组织根据居民反映的需求，在各级政府部门的指导下提供各类服务。

二是社区组织的培育机制。居民区党总支充分发挥党组织的领导核心作用，充分发动小区居民，积极引导、培育发展不同功能的自治管理组织，发挥它们在社区自治中的协同作用，并且整合小区内有效资源，合作互补，推动自治管理组织的制度化和常态化建设。

三是居民参与的协调机制。居委会在"绿主妇"议事会的协助下，通过引导群众参与各类群文团队和"绿主妇"创意工作室活动，以一个主妇带动一个家庭的女性特有的工作方式，提高了居民的社区意识和参与服务意识，激发了居民参与自治家园建设的热情。

四是民主决策的监督机制。对于居民群众关注度较高的问题，以及与居民切身利益相关的重大事项，居委会组织议事会进行讨论，听取意见和建议，在各级政府部门的支持、指导、帮助下，为居民群众提供相应的服务，并向全体居民公示。同时，居民对各项公共服务管理工作进行监督，议事会工作由居委会进行监督管理，从而具备了"自下而上、自上而下、多层监督"的特点。

三、治理成效

（一）从"垃圾三村"变"花园三村"

在梅陇三村党总支的领导下，在全体居民的不懈努力下，昔日环境杂乱无章、动拆迁矛盾丛生的出了名的"垃圾三村"发生了翻天覆地的变化。原有的各种矛盾与问题逐步得到解决，小区物业费收缴率从 60% 提高到 78%，10.8 万平方米的平改坡工程、3.2 万平方米的绿化翻新整治等民生实事项目顺利完工。"垃圾三村"变成了"花园三村"，小区道路整洁干净，草坪被绿色栅栏分割成片片小块，均匀地分布在楼宇之间，居民楼的阳台被点点绿意装扮一新，小区内供居民驻足阅读的科普宣传栏随处可见，休闲椅上，人们交谈、休憩，惬意十足。"垃圾三村"成了"全国科普示范社区"，倡导"低碳环保"理念的"绿主妇、我当家"科普活动已闻名全国。

（二）从"绿色行动"到"家园自治"

"绿主妇、我当家"行动小组通过携手小区各个服务团队，开展"绿色行动"聚集了居民参与社区活动的人气。居民们在"垃圾减量回收"活动中、在"家庭一平米菜园"种植活动中，交流利乐包小制作、种植养护小心得等等，彼此交流协作、包容和谐，"熟人社会"的氛围日趋浓厚。

"绿主妇、我当家"议事会的主妇们在小区服务管理中发挥着重要作用。小到邻里纠纷，大到修建改造工程，"绿主妇"们定期聚会讨论居民诉求、调节争端、参与小区管理，争当小区自治管理的热心人、有心人、好心人，为居民排忧解难出力，为小区建设献策。居民有需求时，"绿主妇"们将关爱、温暖及时送达；居民有矛盾时，"绿主妇"们和风细雨，化于无形。"绿主妇"们在小区自治建设中起着承上启下、凝聚各方合力的作用。

社区居民在绿主妇们社区责任意识的感召下，不再窝在自己的小家，而是融入社区这个"大家庭"中，绝大部分家庭都能做好垃圾分类，超过80%的小区居民都参与到"绿主妇"绿色环保科普活动中，参与"家园自治"行动。自治行动的参与居民如滚雪球越滚越大，"小区事务大家议，小区事务大家管"的意识在居民心中扎根。人的心态好了，家庭和睦了，为鸡毛蒜皮琐事争吵的声音少了，谈公益、谈健康、谈学习的话题多了。

（三）从"小区自治"到"社区共治"

梅陇三村通过"绿主妇"自治行动，有效整合了居民区群文团队、社区服务团队和其他资源，最大限度组织和发动居民参与小区事务管理，实现了从"小区自治"到"社区共治"的发展。

一是"小区自治"实现了从"请我参加"到"我要参加"的蜕变。在参与小区事务管理中，居民积极建言献策、沟通协调，在自我管理中增强对小区的归属感和认同感。在小区组团式服务和网络化管理中，他们提升了社会责任意识。在小区的自助、互助活动中，有能力的居民为有需求的居民提供服务，不断提升自我服务能力。

二是小区自治行动内容进一步拓展、延伸。梅陇三村"绿主妇议事会"进一步完善议事会的职能范围，如通过听证会收集小区舆情，根据大多数居民意见寻求解决问题的办法，通过协调会化解小区内矛盾。

三是"小区自治"助推"社区共治"。梅陇三村以"低碳环保"为切入点的小区自治形式已推广到凌云街道 28 个居民区，各居民区根据自身实际，积极探索多种居民自治形式，调动社区内各种资源服务于居民生活实际，以"自治"推动"社区共治"。

四、思考和启示

（一）发挥社区党组织的领导核心作用

梅陇三村在创新社区治理中积极发挥社区党组织的领导核心作用。一是提出"树正气，讲文明，比奉献，顾大局，促和谐"的社区治理理念，凝聚社区各方共识。二是建立以社区党组织为领导核心，居委会、业委会、物业公司、社区民警"五位一体"共同合作，社会组织和群团组织广泛参与的基层工作网络。三是夯实区域化党建、物业管理党建联建、精神文明共建等工作载体，探索把物业公司、业委会、区域单位、社会组织等各方代表纳入居民区党总支，支持党员通过法定程序进入居委会、业委会。

（二）创新自治载体，拓展自治容量

自治形式影响自治内容，自治载体决定自治容量。生动有趣的自治形式可以提高居民参与社区事务管理的积极性，切实可行的自治载体可以保证自治活动的持续性和扩展性。梅陇三村"绿主妇"以低碳环保行动为载体，在专业环保团队的辅助下，搭建起"回收、培训、交流、制作、兑换"为一体的绿色平台，为居民参与小区活动提供了方便快捷的途径，居民在参与小区公共事务管理中提高了公共意识和合作意识。"绿主妇"议事会借助这一载体不断探索深化，从居民关注的停车难、文明养狗等问题入手，有效解决居民需求与公共供给之间的错位问题，进一步拓展小区事务管理的参与渠道。

（三）培育社区社会组织参与自治

根据中央精神提出的"适合由社会组织提供的公共服务和解决的事项，交由社会组织承担。支持和发展志愿服务组织"，社区治理主体不再只是政府一家，社区治理的过程应该是政府、社会组织、居民等多元主体的协同治理过程。梅陇三村的"自治家园"建设是一个渐进过程，在这一过程中，从街道到居委会，都非常重视社区社会组织的引导、培育。"绿主妇、我当家"行动小组发展为正式的民间公益组织"凌云绿主妇环境保护中心"，并在徐汇、闵行、闸北等地开花结果，成为中小学、医疗卫生、科技园区、商务写字楼、社会公益组织等竞相合作开展环保活动的专业组织，展示了"草根"组织生长发展以及参与公共事务的路径。政府、街道、居委鼓励支持社区社会组织发展，尤其重视发掘培育社区文体团队、志愿团队负责人和能人名人等"草根领袖"，发挥他们社区治理的参与者、组织者和代言者的正能量作用。政府通过购买服务向社区社会组织赋予服务管理的资源，充分发挥社区社会组织作用，并鼓励其他社会组织和社会工作专业人才进社区开展服务管理工作。

（四）建立相应的社区自治支持机制

社区自治不仅依靠内容和形式，更需要外部支撑。凌云街道、居委会给予了充分支持，不仅建立了场地共享、培训共办的合作机制，而且在人财物上托底保障，帮助"绿主妇"团队克服困难，推动自治行动向纵深发展。社会环保组织则通过专业培训、技术指导、回收废品等方式，支持"绿主妇"的低碳环保行动持续推进。更重要的是社区自治还需建立一整套运作机制，如议事机制、社区组织培育机制、协调机制、监督机制等等，为社区自治的科学性、实效性提供有力的支持保障。

思考题

1. 社区治理中如何发挥社区党组织的领导核心作用？

2. 在社区治理中如何激发社区社会组织活力？

3. 社区治理中如何创新治理载体，实现多元主体参与社区治理？

整合社会资源 创新社会治理

——江苏省南通市"大调解"机制的实践探索

（中共江苏省南通市委党校 陈 朋）

现代社会的不确定性，尤其是不断增强的流动性，使秩序对于社会治理来说弥足珍贵。然而，秩序建构对资源整合程度有较强的依赖性，能否积极开发并整合资源是社会治理创新的逻辑起点。南通市"大调解"机制通过机构整合、功能整合、制度整合、政社整合、诉调整合，极大提升了社会治理水平。其资源整合的创新实践表明，它从理念创新层面推动了社会治理从"管控"向"治理"的转变，从技术手段层面健全完善了社会治理体系，从实际效果层面预防化解了社会矛盾纠纷，从时代诉求层面巩固提升了地方政府的公信力。南通市实践的启迪是，能否重新审视政治稳定的本体价值引领着社会治理的发展航向，技术手段的创新和资源的有效聚集直接影响着社会治理的绩效和水平，资源下沉的力度和强度则决定着社会治理活动的进程。

经验表明，创新的理念、积极的态度和科学的制度体系固然是影响社会治理的重要因素，但是，从效率和过程的视角看，社会治理创新则要受制于资源配置及整合的效度。能否积极开发各类资源，并随之进行有效整合，是社会治理创新的逻辑起点。江苏省南通市探索"大调解"的机制，可以看作是借资源整合之路来实现社会治理创新之举。

一、南通社会治理创新实践的成长背景

秩序的重要性预设了它在社会治理中的重要地位。无论是转型社会带来了日益增多的社会不稳定因素使人们的安全感不断降低而凸显秩序之重要性的客观现实，还是其他发达国家社会治理的经验启示和理论研究而形成的基本共识，都一再表明秩序之于社会治理的重要性。没有良好的社会秩序，社会治理将丧失正常开展的基础，反过来，不以建构秩序为目标的社会治理也是不存在的。

当社会治理创新的逻辑起点定位于秩序构建时，问题就转换到了如何实现秩序构建。国内外的实践经验表明，在正确的思维观念得以确立的情况下，技术手段成为关键性因素。因而，当明确构建秩序具有显见重要性之后，如何运用科学合理的技术手段以形成秩序则成为众望所归。在这个过程中，开发利用并有效整合治理资源至为重要，资源整合成为社会治理创新的重点。

资源整合之所以成为社会治理创新的重点，主要源于两个层面：其一，资源整合是实现社会治理可持续发展的关键。只有实现资源整合，才可以将公众、政府和社会组织等相关主体的能动性集约化地开发和运用起来，才可以集中更多的财力、物力和人力，有效化解社会矛盾纠纷、提供公共服务。一些地方的探索实践表明，社会治理绩效高的地方，其资源整合能力必然高，社会治理创新的依赖因素很多，但是资源整合是关键。

其二，资源整合是实现社会治理创新的支持网络从单打独斗到合力互动的基础。传统的管理活动主要是依靠政府的作用，其他主体很难发挥应有功效。因此，如何顺势而为地构建合力互动的支持网络成为社会治理创新的重要基础。而构建合力互动的支持网络，则离不开积极有效的开发多重资源并实现资源整合。通过资源开发和整合，可以实现社会治理创新从单纯依靠政府到寻求多元主体的互动合作。

被誉为"中国近代第一城"的南通，位处沿海经济带与长江经济带 T

型结构交汇点和长江三角洲洲头，它隔江与中国经济最发达的上海及苏南地区相依，被誉为"北上海"。现辖9个县(市、区)，全市常住人口729.7万人，共有122个乡镇（街道）。伴随改革进程的深入推进，南通的经济社会发展速度日益加快，一般预算收入曾位于全国前10强。

经济的快速增长带来了社会结构的深刻变革、利益格局的巨大变化和思想观念的嬗变。呈现区域性、阶段性和经济利益性的一系列矛盾和纠纷既严重干扰着人民群众的日常生产生活，也成为摆在地方政府面前的一大突出难题。面对这些难题，传统治理思路越来越显得捉襟见肘。如何开发新的治理方略以妥善化解这些矛盾纠纷、维护社会秩序，成为政府与群众的共同关切点。

经过深入调研、反复思考和多方借鉴，自2003年始，南通市政府决定整合资源以提升社会治理绩效。随后，在全国率先建立了以"党委政府统一领导、政法综治牵头协调、调处中心具体运作、司法部门业务指导、职能部门共同参与、社会各方整体联动"为主要特色的社会矛盾"大调解"机制。十多年来，累积化解各类矛盾29.7万件，有效避免越级上访4374件、群体性事件4690件，超过1/3的乡镇（街道）实现了"无民转刑案件、无越级上访、无群体性事件"的"三无"目标。得益于"大调解"机制的不懈探索，曾捧得全国社会治安综合治理"长安杯"，被中央确定为全国社会治理创新综合试点城市和全国社会治理创新典型培育城市，并先后获得中央综治委、民政部等部门的充分肯定和专家学者的高度赞誉。

二、资源整合与社会治理创新的和谐共进：南通的实践探索

调研发现，南通"大调解"机制的创新之处和鲜明特色即在于资源整合。总体上看，其资源整合主要体现在五个方面：

（一）机构整合

面对社会治理的新形势和新任务，能否设置科学合理的组织机构成为重要环节。在创新"大调解"体系之前，南通虽然也设立了一些组织机构，但客观而言，这些机构多是分散设立、孤立运作，难以形成合力。

针对这一顽疾，南通决定从整合机构入手，形成"市—县（市、区）—乡镇—村（居）—小组"的运作机构：市层级建立"大调解"指导委，县（市、区）乡建立调处中心，村（社区）建立调处站，小组建立十户调解小组和基层调解信息员的六级"大调解"工作网络。目前，全市9个县（市、区）均建立了直属于党委政府的正科级事业单位，调处中心主任由党委分管领导担任，主要发挥对基层各类调解组织、调解人员履行统筹协调、业务指导、督查考核、综合管理等职能。县（市、区）还建立了"大调解"培训学校，定期组织对各类调解员业务培训，不断提升各类专职调解员的业务能力、综合素养。作为"大调解"体系的主体支撑，122个乡镇（街道）的调处中心各配备不少于2名专职调解员。2255个村级调解组织与村（居）综治办、警务室三位一体，各配备1名综治专干、1名驻村民警、2名专职调解员。村民小组内部则按照10户为一个单元设立"十户联调长"，设立矛盾纠纷信息员，在纵向上建立起一道针对矛盾纠纷不留盲点的防范处置网络。

处于南通市区的崇川区在机构整合方面的探索更为彻底。它以搭建区级社会治理平台为契机，将区委政法委、区委610办、区司法局、区外口办等部门共计92名工作人员全部纳入区社会治理服务中心，并进行有机整合。按照工作职责不同，重新整合为办公室、信访接待科、信息管理科、矛盾调解科、帮教管理科、应急协调科、网络监管科、督查督办科、秘书科、后勤服务科等十大职能科室，每个科室除科长外，均安排3—8名工作人员，其中矛盾纠纷调处科，作为直接参与社会矛盾纠纷调处化解的科室；特殊人群帮教管理科，作为直接参与特定人群帮教管理的科室。各科室工作人员在履行原有职责基础上，安排相当精力投入社会治理工作，有效解决信访、社会矛盾纠纷调处等一线工作人员力量不足的问题。

南通整合多方资源，建立了纵向到底、横向到边的"大调解"组织网络

（二）功能整合

出于对机构功能之重要性的现实考虑，南通在大力推进机构整合的同时，还同步进行了功能整合。总体上看，全市"大调解"机制承担有矛盾纠纷"交办转办、督查考核、指导协调、情况通报、人事建议、一票否决建议"的六大功能。

当然，具体到不同层级的调处中心而言，其功能略有分殊。比如，县（市、区）调处中心矛盾突出纠纷排查、重大纠纷调处、组织听证对话、社会舆情研判、稳定风险评估、对下管理考核等八大综合功能。乡镇（街道）调处中心主要负责调处自身受理、上级指派的矛盾纠纷和村（居）协调解决不了的疑难复杂矛盾纠纷，并对本辖区内各类矛盾纠纷预防、排查、调处等工作实行统筹。村（居）调处站则依托村级公共服务中心设立，主要承担预防、排查、调处、回访四项职能。这样，全市矛盾纠纷的化解呈现"金字塔"型格局：75%左右的矛盾纠纷在村（居），12%左右的矛盾在乡镇，8%左右涉及跨行业、跨地区的矛盾在县（市）区级得到化解。

（三）制度整合

制度是一种规则，有助于减少行为的不确定性，进而促进秩序形成。南通在探索"大调解"机制的过程中，也很重视制度建设。当其探索进行到第二阶段时，其重点就在于实现制度建构，而制度建构的重点又在于形成制度合力。总体上看，制度整合首先体现在宏观制度设计上实行"党委政府统一领导、政法综治牵头协调、调处中心具体运作、司法部门业务指导、职能部门共同参与、社会各方整体联动"的整体架构。显然，这种体制架构在强调发挥党委政府领导优势的同时，也肯定了司法部门的专业性和综治部门的综合协调性，以及相关职能部门齐抓共管和社会组织广泛参与的优势。

为实现这一整体制度架构的落实，南通随之建立健全了矛盾纠纷排查零报告制度、听证对话制度、社会稳定风险评估制度、绩效考评制度等系列制度设置。在具体运作过程中，这些制度并不是孤立存在的，而是相互支持、互动共进的。具体而言就是，矛盾纠纷排查零报告制度：县（市、区）每月、乡镇（街道）每半月、村（居）每10天排查一次矛盾纠纷，实行"零报告"制度，对越级上访、群体性事件、民转刑案件的排查率和矛盾纠纷在规定时限内的化解率达到98%以上。

听证对话制度：官民对话的渠道是否畅通，直接影响着矛盾纠纷的数量和状态。因而，南通在大调解体系中，要求各县（市、区）和大部分乡镇（街道）调处中心都要设立听证对话厅（室），对即将出台的相关政策措施开展开诚布公的对话交流，听取群众意见。听证制度的贯彻落实，有效防止了"政府政策一出台，矛盾纠纷跟着来"的怪圈现象。

社会稳定风险评估制度：针对城建、拆迁、教育、医疗、环保等容易引起群众反映强烈的重大项目工程建设，南通早在2008年就出台了《重大工程建设项目稳定风险预测评估制度》，明确规定，所有涉及这些领域的重大建设项目和改革措施，都必须交由第三方机构进行科学合理的风险评估，并将问责机制、渎职查究和前置程序随之引入评估体系。

绩效考评制度：建立科学合理的绩效评估体系是社会治理创新的题中应

有之义。南通把"大调解"工作绩效考核既纳入年度综治考核，又实行专项考核制度，把矛盾纠纷的调处率和调处成功率、民转刑案件的下降率、越级上访和群体性事件的调处率、法院对调解协议的采信率、法院受理民事案件的下降率、同一矛盾纠纷110重复报警下降率和人民群众的满意率等作为考核重点。与此同时，市委市政府每2年开展一次"十佳调处中心"、"十佳调解员"评选表彰活动，市综治委已连续五年组织开展"三无"（无民转刑案件、无群体性事件、无越级上访）乡镇评选，各县（市、区）则将"大调解"表彰列入党委政府表彰项目。

（四）政社整合

能否推动政府与社会实现良好合作是社会治理创新的重要议题，也是决定社会治理绩效的核心要素。社会组织是社会治理的中坚力量。因此，南通在打造"大调解"机制的过程中，充分发挥社区社会组织的积极作用。南通现有登记备案的社会组织5600多家，这些社会组织在志愿服务、社区建设、化解矛盾纠纷、调和社会关系等方面发挥了积极作用。其中最大的特色就是，2008年就组建了江苏省首家由政府主导管理下独立的第三方专门医患纠纷调处中心，开创了社会力量参与医患纠纷调处的先河。从参与力量看，市医患纠纷调处中心由卫生局、司法局、医院、医疗事故处置协会等多方主体共同组成。中心建立了多方支持的资源整合机制、社会公认的事故鉴定机制、规范有序的调处预防机制、科学合理的纠纷理赔机制。鼓励社会组织参与医患纠纷调处的最大效能是重建了医患之间的互信，减轻了政府的调处压力。原先经常在医院、卫生局门前上演的极端行为明显减少，90%以上的医患纠纷自愿转移到医患调处中心协商解决。越来越多的调处案例让当事人日渐明白，医患纠纷的解决依靠的不是道德制裁，而是心平气和的协商化解。此外，实现政府与社会组织之间的合作在社区治理中也很常见。南通"南园义工联合会"是崇川区成立较早、运作较为成功的一个社区社会组织。义工联合会不仅在社区内提供社区志愿服务，而且还积极促进社区与驻区单位的合作，实现资源整合和文化认同。

数据表明，通过政府与社会组织力量的合作，实现二者资源整合后，南通累计成功化解劳资纠纷 508 件、医患纠纷 114 件、拆迁纠纷 256 件、环保纠纷 150 件、涉海涉滩纠纷 46 件，涉及群众 3428 人，兑付理赔 2575 万元。

（五）诉调整合

多样化的经济交往、多层次的经济关系、多角度的经济交往，势必对社会矛盾的解决方式提出多样化的要求，以满足不同主体在不同经济社会关系中对公平与效率的不同需求。从解决纠纷、化解社会矛盾的主要方式看，走诉讼程序被看作"最后一道防线"。但也正如此，公检法部门一直是各类矛盾纠纷的汇集地，案多人少矛盾日益突出。从这个意义上讲，加强司法诉讼与大调解机制的有机衔接，实现二者之间的协调互动，是建立多元化纠纷解决机制的必然选择。

南通在诉调整合上迈出了坚实步伐。南通将社会矛盾纠纷调处中心与法院、公安局、检察院有效对接。在公调对接上，实行县调处中心与县公安局、乡镇调处中心与派出所、村（居）调处站与警务站三个层面的对接，设立专业机构，安排专门场所，落实专职人员，规范矛盾纠纷移交的类型、程序和方法，促进大调解的社会资源和政法综治自身专业资源的有机整合，充分发挥政法综治系统化解矛盾纠纷的主力军作用。

全市两级法院成立诉前调处中心，从法院和调处中心抽调精干力量专职专事，实行分流和调处相结合，推动诉调对接从窗口运作变为实体运作，不断拓展诉调对接的广度和深度，成效明显。比如，海门市法院将对案件事实清楚、权利义务关系明确、争议标的不大的案件和新型群体性纠纷等，立案前通过引导释明，进入诉前调解程序，7 日内调结，出具人民调解书或民事调解书；如未达成协议，进入速裁程序。这样，节约了诉讼成本，减轻了法院负担，有效化解了矛盾纠纷。截至目前，该院诉前调解中心已调解抚养、赡养、民间借贷、人身损害赔偿、各类合同等民事纠纷 983 件，占同期民商事结案总数的近二分之一。

诸多事例表明，诉调对接机制的不断深化在有效实现社会资源与政法资源整合的过程中，不仅成功化解了大量矛盾纠纷，而且减少了矛盾纠纷进入司法渠道的流量，真正实现了双赢。

三、资源整合中的社会治理创新："大调解"机制的突出成效

（一）从理念创新层面推动了社会治理从"管控"向"治理"的转变

由于我国社会组织的发育尚处于起步阶段，政府在很多工作中仍然发挥着不可或缺的重要作用。然而，也正是这种思维使一些地方依旧沿用传统的"管控"思维来对待日益变化的新问题。但事实证明，这种管控思维下的管理并不能有效解决问题，相反还会起反作用。南通"大调解"机制的设计者从革新理念入手，用"治理"的思维来架构"大调解"机制。这表现在两个方面：

从参与主体看，多元、互动的治理格局显现。如前所述，南通"大调解"机制不仅注重发挥政府的主导作用，而且也不忽视已经出现且作用日益彰显的社会组织的积极作用。在全市 11000 多个社会组织中，已有 7000 多个参与了各类矛盾纠纷的化解和调处，尤其是在社区，像义工联合会、亲子俱乐部这样的社会组织在化解邻里纠纷、家庭矛盾等方面的作用十分明显。社会组织参与矛盾纠纷的化解说明，南通的创新探索不是演政府的"独角戏"，而是积极畅通政府与其他主体的合作互动。

投身"大调解"机制的主体不仅有社会组织等多元化的力量，而且还实现了主体内部的互动。这种互动正是传统管控思维所不具备的。"拿我们社

区的矛盾调处来说，不仅有居委会、街道办、民政局、管委会等单位参加，而且还可以邀请当事人所在单位来参加，这在过去是不可想象的。现在我们做到了，多部门齐心协力地化解社会矛盾，没有哪一个部门推诿。"这是一位社区支部书记对其纠纷调处中心运作机制的简要说明。这一解释实际上透露，作为矛盾纠纷的多元调处主体，不仅数量多而且内部整合优。

从治理过程看，沟通、协商的治理特征明显。依靠"大调解"机制化解矛盾纠纷不是运用权力的强制和命令，而是着眼于沟通和理解。比如，传统的依靠法院诉讼来解决矛盾纠纷，虽然具备法律效力，但也有一个不容忽视的问题——案结事不了。其主要原因就是缺乏双方当事人发自内心的理解和体谅。而"大调解"机制带来的结果是，不仅使矛盾纠纷在法律的框架内得以处理，而且通过客观公允、设身处地的劝说、"换位思考"，让当事人彼此体谅、互相理解，从而做到"案结事了"。

（二）从技术手段层面健全完善了社会治理体系

如果说理念是创新的灵魂，那么技术手段则是保证创新得以落实的基础和平台。近年来，很多地方都在积极探索社会治理，但真正具备可持续性的并不多见。其重要原因就在于有些探索虽然设计了较好的框架，但是缺乏行之有效的技术手段，以至行之不远。

南通市在创新其治理体系时就牢牢抓住这一点：以理念为统领，以技术为支撑。事实证明，南通市的做法达到了预期目标。它从资源整合这一技术层面入手，将原来在矛盾纠纷调处过程中看得见而摸不着的资源全部整合在一起，化零为整，统一口径，统一方略，进而实现让矛盾纠纷在看得见管得着的框架中得以化解。调研过程中，常听说"整合资源、整体联动、形成合力"是南通市"大调解"的最大特色和鲜明之处。从技术手段上实现资源整合，实际上就是在政府与群众之间形成了"缓冲带"。全市各层级的矛盾调处中心成了社情民意的"中转站"，所有的涉及社会矛盾纠纷的政府部门与群众在这里集合、沟通、互动。

崇川区社会治理服务中心是南通"大调解"机制中的一个得意之作。2011 年 7 月，这个整合 24 个政府职能部门、办公面积 5000 平方米、工作人员 90 多名的中心正式开始运作。如同大型综合医院一般的服务中心，通过资源整合形成了矛盾调处中心、法律救助中心、应急指挥中心等十个大平台。"社会治理服务中心的建立，不是机构的叠加，而是通过技术革新实现职能的有机整合。"崇川区社会治理中心的负责人介绍说。从技术手段革新的层面看，它由核心层（政法委、司法局等 9 个部门组成）、紧密层（宣传部、公安分局等 7 个部门组成）、联动层（人保局、民政局等 8 个部门组成）三大层面构成。初步形成了职能聚合、一站服务、关口前移、有机衔接、多方联动的五大效应，行使了通畅诉求表达、调处社会矛盾、及时应急预警、管理公共安全、创新人群服务、加强网络监管六项职能。

（三）从实际效果层面有效预防化解了社会矛盾纠纷

南通市"大调解"机制主要是通过三种途径来实现矛盾纠纷的预防和化解。首先是将矛盾消除在萌芽状态。比如，在县（市、区）建立矛盾纠纷排查零报告制度，最短县（市、区）每月、乡镇（街道）每半月、村（居）每10 天排查一次矛盾纠纷。在热点单位（如建设局、城管局、街道办等）建立矛盾纠纷排查处理联络员制度，每季度召开会议，通报市区重大矛盾纠纷的预警、排查能力，研判矛盾纠纷的发生趋势，让所有热点单位随时应对可能发生的突发性事件。

其次是钝化已经发生的矛盾纠纷。由于"大调解"机制实际上是架通了政府与群众之间的桥梁，一种出于相互理解、相互体谅、相互支持的信任网络在政府与群众之间随之产生。群众将问题反映到矛盾调处中心，调处中心则秉持客观公允的态度将矛盾妥善处理，这好比把即将爆炸的"火药桶"冷却下来，通过调解使矛盾双方达成和解。

再次是拓展了矛盾纠纷的解决渠道。一种错误的观念认为，法治就是要使所有的矛盾纠纷都进入法院来解决。尤其是"有困难找警察"的公安口号，给群众的印象是大事小事都可以拨打 110。然而，虽然诉讼方式具备更强的法律效力，但是它较为被动且耗时费力；虽然预防化解矛盾是法院的主要职责，但法院不能包办一切。而"大调解"机制是将人民调解、行政调解和司法调解融为一体的矛盾纠纷解决方式。由于矛盾纠纷化解的渠道得以拓展，大量的矛盾纠纷得以在基层化解，减少了矛盾纠纷升级恶化的隐患。

（四）从时代诉求层面巩固提升了地方政府的公信力

治理的实质是政府与公众围绕公共事务展开的合作互动。而政府与公众之间的合作乃是建立在双方互信的基础之上。信任是人类社会的润滑剂，也是社会治理活动的基础。虽然南通市"大调解"机制直观反映的是社会矛盾纠纷的化解和减少，但其背后的逻辑关联是：健全"大调解"机制——提供了官民互动的平台——官民实现互相理解、互相体谅——预防化解社会矛盾纠纷——官民互信度提升——构建良好的社会秩序。由此巩固提升了地方政府的公信力。调研发现，这种作用通过三个途径实现：

首先是畅通民意表达渠道。政府之所以有公信力，是因为群众能相信它是为其谋福利的，相信其利益诉求能得以合理顺畅的表达。"大调解"机制通过整合机构、整合职能、整合制度、整合调处手段，畅通了民意诉求的表达渠道，使群众在家门口就可以反映意见，解决问题。

其次是密切干群关系。"大调解"机制在整合广大的党员干部巨大政治资源的同时，也让干部更加熟知基层情况，更加了解群众的疾苦，干群关系得以改善。干群关系的改善在无形之中巩固提升了地方政府的公信力。"以前，政府不管怎么说老百姓都不相信，现在搞了大调解，在调解过程中，双方当事人不仅互相理解了，而且也都理解政府的难处，体谅干部的艰难了。干群关系确实比以前要好很多"，一位镇党委书记认为干群关系改善是"大调解"工作的最大感触。

最后是切实解决群众的现实利益难题。能不能满足群众的利益诉求，将直接影响着社会秩序和社会的和谐稳定，进而培养出对政府的信任态度。通过整合各方资源，"大调解"机制解决了改革进程中群众关心的重大现实利益问题，以多赢的策略化解了矛盾纠纷。利益诉求的满足、利益纠纷的化解，群众发自内心地信任和支持政府。

四、南通市"大调解"机制的经验启示

作为一种地方探索，不仅应该对所在区域的经济社会发展产生积极影响和有效推动，而且还应彰显出对其他地方的参考价值和借鉴意义。不具备参考和借鉴意义的探索实践，其价值终究是有限的。因而，在客观解读南通市"大调解"机制积极作用的同时，亦不可忽视它所体现出来的经验启发，以体现出它的启示性。调研发现，南通市"大调解"机制所传递出来的经验启发主要体现在三个方面：

（一）重新审视政治稳定的本体价值引导着社会治理的发展航向

秩序对于社会治理及其创新实践来说极为重要。对稳定的理解和感知并不能仅仅局限于它对于社会治理的保障性作用，还应当看到稳定所具有的本体价值。对于任何地区而言，稳定是其理应坚持的基本价值。在本体价值的高度认识稳定的意义，地方政府要真正将"稳定"提高到战略性高度，并进行相应的顶层设计，进行全局性和整体性的战略思考。事实一再证明，地方政府在多大程度上从本体意义上认识稳定的价值，将根本上影响和制约这个地区社会治理的整体方向。南通市"大调解"机制之所以能开花结果，就在于它没有过多地纠结于"稳定"这一问题之上。

（二）技术手段创新和资源有效聚集直接影响着社会治理的绩效和水平

南通市"大调解"机制的生动实践充分说明，社会治理创新并不仅仅依赖于先进的理念。在执政理念不断更新的大环境下，如何有效开发和整合资源则更为重要。

在社会治理创新实践的探索过程中，地方政府应该坚持一种务实态度，充分开发和整合已有资源，在资源整合和技术革新的过程中实现治理水平的提高。这正是南通探索实践能够不断成长发展的重要原因。比如，其"大调解"机制不仅科学区分了人民调解、行政调解、司法调解等不同调解机制的作用，根据各自不同的特点，分门别类地加以规范和施行，而且还合理考量了不同纠纷解决机制的功能，通过制度设计实现纠纷解决机制的资源整合和配置，使每一种解决机制都能在自己的范畴内发挥作用，以明确的制度规范对各类调解的性质、程序、组织形式、人员素质要求、受理范围及与其他程序衔接的问题作出清晰说明和界定。这一客观务实的做法，极为有效地提升了社会治理的水平。

（三）资源下沉的力度和强度决定着社会治理活动的进程

在资源开发和整合具有基础性作用的前提下，资源能否下沉以及下沉的力度和强度直接影响着治理进程。对于很多地方来说，社会治理不仅缺乏应有的资源，而且在开发资源以后，还面临着如何实现资源下沉的难题。是在公众的利益诉求日益增多、与政府沟通互动的渴望不断增长的社会转型期，资源下沉在社会治理活动中的重要性日益突出。

南通市"大调解"机制能够不断成长，同其努力实现资源下沉不无关系。比如，它有力打造社区治理平台，让大量的利益诉求在社区产生、在社区反映、在社区满足、在社区化解。此外，它还充分发挥政府职能部门的积极作用，将其触角有效延伸至农村、企业等生产生活。

事实表明，这种资源激活后的全力下沉，有效化解了社会矛盾纠纷，有力促进了治理活动的顺利开展，有效提升了社会治理绩效。

思考题

1. 如何有效实现从社会管理向社会治理转变？

2. 如何在社会治理中开发、整合有效资源？

建设基层服务型党组织的
启示与思考

——广西河池市宜州安马乡探索"党领民办、群众自治"的创新机制

（中共广西壮族自治区委党校　朱　懿　韩　勇）

一、案例背景

为改善广西全区乡村群众生产生活条件、创造良好人居环境，广西壮族自治区党委办公厅、自治区政府办公厅曾于2013年4月至2014年12月在全区开展"美丽广西·清洁乡村"活动。活动以清洁家园、清洁水源、清洁田园为主要任务。一是清扫垃圾，清除杂物，清洁房屋，开展乡村垃圾分类、收集、转运和处理工作，整治农村环境卫生。二是清淤治理乡村水井、水塘、小河流、排水沟、下水道，清理水面漂浮垃圾，处理厕所、畜禽场（圈、栏）污水排放。三是清收和处理各种农业生产废弃物，控制农药、化肥等过量使用，大力推广农业清洁生产实用技术，防治农业面源污染。活动要求达到清洁环境、美化乡村、培育新风、造福群众四个目标，既着力解决当前的突出问题，又着眼长远，进一步提升乡村规划建设、生态建设和乡风文明建设水平，努力使广西乡村环境面貌发生根本性改变。

广西河池市宜州安马乡位于宜州市西北部，西与环江连接，北与罗城相

邻。乡政府驻地距宜州市区36公里，属宜州市偏远的大石山区贫困乡。全乡下辖12个村委(社区)，157个自然屯，209个村民小组，总人口2.559万人，其中贫困人口1.414万人，占总人口的55.3%。共有党总支9个，党支部56个，党员663人。

　　在深入开展"美丽广西·清洁乡村"活动中，广西河池市宜州安马乡始终把党的群众路线贯穿其中，以建设基层服务型党组织为重点，针对乡村环境"脏、乱、差"的现象，采取"乡引导、村管理、屯实施、户参与、人行动"的做法，既充分发挥基层党组织和党员的战斗堡垒和示范引领作用，又充分调动村民的积极性、主动性和创造性，引导广大群众在"清洁乡村"活动中发挥主体作用，在广西全区率先探索创新实践了"党领民办、群众自治"的常态化、规范化、系统化的清洁乡村群众自治长效机制。

二、主要做法

　　安马乡"党领民办、群众自治"清洁乡村群众自治长效工作机制，其主要内涵是：乡镇党委率领乡、村、屯基层党组织推进"服务型"基层党组织建设，打造执政为民骨干队伍，提升党员"双带"能力，以惠民实绩树立亲民为民新形象。同时，在工作中，重点把主体责任、自主权、惠民利益交给群众，突出群众依法民主议事决策，实现群众自我教育、自我服务、自我管理、自我监督。其主要做法可概括为"引、放、议、评"四字诀。

（一）"引"就是狠抓基层"服务型"党组织建设，强化党的引领作用

　　一是抓班子强队伍，以"为民形象"引领群众。村民富不富，关键看支

部；村子强不强，要看"领头羊"。乡党委和村（屯）支部班子能力的高低、形象的好坏，直接影响农村基层党组织的凝聚力、号召力和战斗力。安马乡党委始终把加强领导班子和干部队伍的自身建设作为落实党建工作责任制的首要工作来抓，扎实提高党政领导班子成员驾驭全局的能力和处理复杂问题的能力，切实提高党员干部队伍执行力。为此，乡党委做到了四个"始终坚持"：首先，始终坚持加强自身建设。建立了集体学习制度，结合各阶段重大活动，班子成员每半个月集中学习研判政策，学习新理论、新知识。建立了农村党建工作制，设立副科以上领导为基层党组织上党课、农村无职党员设岗定责等制度，努力提高领导干部驾驭农村工作的能力。其次，始终坚持选优配强班子。以村"两委"换届为契机，坚持德才兼备，注重群众公认、实绩突出选干部。曾选出33名致富带头人进入村"两委"班子，使村干部的年龄、文化结构进一步优化，村支两委人员大多是村里带领群众共同致富的能手，还发展了致富带富能力较强的新党员21名，全乡村级党员干部队伍的整体素质和能力得到有效增强。再次，始终坚持打造过硬队伍。以开展创先争优活动为契机，广泛开展农村党员设岗定责和公开承诺活动，给无职党员压担子、亮承诺，扎实为群众办实事、办好事。无论是扶贫攻坚、产业发展、抗洪救灾，党员总是走在最前头，抢在第一线。真正做到了村屯党员"平时看得出、关键时候站得出、讲话有人听、号召有人应、干事有人跟"，树立了村（屯）党组织和党员干部在群众中的威望，为引领群众参与"清洁乡村"活动奠定坚实的群众基础。最后，始终坚持夯实基层基础。抓党建阵地建设，12个村（社区）党支部有活动中心和规范的党员干部远程教育培训场所，形成了每年一次党建工作表彰奖励、每季度大规模的农村党员干部培训、每月入党积极分子专题教育等机制，有效地加强了全乡党的基层组织建设。

二是抓项目引资金，以"惠民实效"引领群众。安马乡以深入开展"红卡进百企千村万户"活动为契机，以"党员红卡"为纽带，建立了基层党员直接联系群众制度，乡党委、政府坚持工作重心下农村、扶持资源下农村、科技成果下农村、致富信息下农村，帮扶带动农村经济社会发展。支部出主意，党员带头干，积极整合上级各部门的帮扶资源，加大经费投入。上级部门帮扶资金、群众自筹及投工投劳，曾投入交通、水利、饮水等基础设施建设资金 6142 万元，较好地解决了群众反映强烈的饮水、行路、看病等难题。全乡 12 个行政村（社区）有 6 个村通了水泥路，112 个自然屯实现了屯内道路硬化，完成了 6 个村级组织活动场所规范化建设。村民群众读书看报不出村、小病不出村、大病有医保，提高了生活质量，也切身体会到了党的惠民政策给他们带来实实在在的好处，党员干部真正成为群众致富奔小康的"主心骨"。农民群众深怀一心向党的情谊，广大群众跟着党走已蔚然成风。

三是抓典型树标杆，以"党员带头致富"引领群众。安马乡大力推进农村致富产业发展，实施党员能人带动工程，推行"专业合作社＋支部＋能人＋农户"的创业模式，加大农村党员培训和扶持力度，努力推动农村一线党员能人由"经验影响型"向"科技引导型"转变、由"门前扫雪型"向"抱团发展型"转变、由"小农经济型"向"市场开拓型"的"升级版"转变。安马乡先后在合作社成立单独党支部或联合党支部 6 个，落实扶持农村党员能人发展产业贴息贷款政策，提升党组织和党员"双带"效果。木寨村党员能人靠种养致富后，不忘带富村里群众，率领本村 23 户村民以土地入股的方式，创新"小块变大块"土地集约方式，调整、集中各家耕地 120 多亩进行规模化经营。如今木寨村甘蔗合作社年产值达 50 多万元，群众按土地入股分红，农民不再直接投资经营，每亩也能赚上千元，大幅增加了收入。木寨村党员带头摸索，画图设计，发明了用潮湿有机物垃圾和蚕粪生产沼气，焚烧后可燃烧干燥垃圾的"沼气池＋焚烧炉"分类循环配套处理模式，在全乡清洁活动中，破解了瓜果皮、病死蚕等潮湿垃圾燃烧不了、无法处理的大难题。在安马乡 123 座屯级垃圾焚烧炉的建造过程中，党员和村干部很好地发挥了骨干带头作用，焚烧炉在短时间内得以遍及全乡，发挥作用，背后是党员繁忙的身影、党员的无私奉献、党员的实践创造。通过党员带头，群众干有方向、学有标杆，农村党员的先锋形象清晰确立，模范作用得到充分发挥，增强了党在"三农"工作中的民意向心力，夯实了党在农村工作的坚实根基，做到了党有号召，全民行动。

（二）"放"就是充分放手发动群众，强化群众的主体地位

一是坚持群众的事群众办，把主体责任放给群众。清洁乡村活动需要投入大量的人力、财力、物力。为此，安马乡提出"化整为零，还责于民"的工作思路，采取"乡引导、村管理、屯实施、户参与、人行动"的做法，把清洁乡村的主体责任下放给作为活动主体的村民群众，让责任回归真正的主人。突出强化村民推进"美丽广西·清洁乡村"活动的主体意识，充分发挥村民"自我规划、自我筹措、自我修建、自我管理、自我监督"的群众自治优势，调动村民群众的主动性、创造性，实现了垃圾集中分类处理不出屯的目标。

二是坚持群众的权利群众使，把自主权放给群众。安马乡党委充分尊重群众的自主权，在如何搞好清洁乡村活动问题上，只把法规政策、只定目标方向、只做宣传发动、只供技术指导，坚持做到"三放三不"，即把依法决策权放给群众、把资金合法使用权放给群众、把农村事务管理权放给群众，在法规许可的范围内，不插手村级基础设施项目的承包承建、不插手项目筹集资金的使用、不插手干涉村屯民主事务。让群众享有充分的自主权，调动了村屯群众的积极性和创造性，纷纷自我规划村容村貌建设方案、自我筹资开展清洁卫生、自我修建垃圾处理设施、自我实施垃圾清运、自我管理清洁卫生设施、自我监督使用资金。如安马乡索敢村福佑屯群众了解到修建一个焚烧炉，请人施工需6000元，群众自己投工投劳仅需4000元后，村民小组长迅速召开户主会议，商讨建设方式。最后，群众商定自己干，把省下的2000元用做保洁员报酬。群众自主权的最大化实现了群众利益的最大化。

三是坚持群众的利益群众享，把惠民利益放给群众。安马乡十分重视群众利益的落实到位，在涉农资金和涉农项目上坚持做到"五个凡是"，即：凡是群众的集体收入全部由村委依法安排，凡是群众的财政奖补资金全部按时足额发放，凡是扶贫项目资金全部用到群众身上，凡是群众可以组织实施的项目全部放给群众来干，凡是上级部门下拨的清洁乡村活动经费全部分解直拨村委。安马乡曾以政府奖补和群众筹资投劳方式投入基础设施建设

6142 万元，农村低保、新农合、危房改造三项投入达 778.4 万元，有力地改善了群众生产生活环境，真正做到还利于民、保利于民。

（三）"议"就是突出群众依法民主议事决策，发挥群众自治作用

在推进"美丽广西·清洁乡村"活动中，安马乡既注重加强党组织引领，又注重发挥村民集体议事决策在村级社会事务管理中的重要作用，在法律法规的框架内，把多数群众的意愿以制度的形式固定下来，约束和规范全体村民的行为。

一是村民代表大会议定村规民约。遵循自上而下把关和自下而上议定的原则，先由乡党委就全乡各村群众的普遍愿望提出议题，再由村"两委"组织召开专题会商议村规民约，最后由村民召开群众大会议定村规民约，始终把依法依规和民主协商结合起来，制度、规约充分体现党群两方面的声音。安马乡党委根据全乡有过半村有集体经济的实际情况，引导各村围绕"如何实现乡村清洁常态化"这一主题，商议修改村规民约，将各户的集体收益、家庭声誉和清洁卫生进行"捆绑"，列入新时期村规民约的重要内容。清洁卫生抓得好的各村各户受益，反之则声誉下降，利益减少，使村规民约成为群众自愿、村民自治的依据。安马乡 12 个村（社区）曾对村规民约进行了 27 次修订，增加了关于遵守卫生公约、保护环境、维护清洁设施等条款共计 72 条，对推动"清洁乡村"活动的快速有效开展发挥了重要作用。

二是党群理事会议定屯级事务。安马乡创新成立了"屯级党群理事会"这一最基层的自治组织，明确屯级"一事一议"议事会的主体地位，实行"理事联户"工作法，确保屯级事务决策充分体现党群双方意愿。具体做法，就是以屯为单位，按照党支部、党小组推荐，村民推荐，屯级村民代表推选的"两推一选"办法，选出威望高、处事公道正派、号召力强的 1—2 名农民党员代表，与一并选出 4—5 名群众骨干代表、群众致富能人和离任老村（组）干等共同组成屯级党群理事会，设理事长 1 名，理事若干名，专门负责商议

屯级经济社会事务，成为把党的声音转换为群众声音、把党的政策转换为群众自觉行动的"转换器"和"助推器"。同时，对尚无党员的少数自然屯，则采取由村支部委员包屯，担任党建指导员，结对参与，并具体指导和组建屯党群理事会，引导、帮助无党员自然屯的群众充分民主决策，合力推进工作。如：安马乡小隘村拉回屯只有 18 户，全屯没有党员，在家的村民以空巢老人和留守儿童为主，村里一位支委被支部委派为该屯包屯村干和党建指导员后，他定期到屯里传达上级精神，了解群众意愿，共同研究落实"清洁乡村"各项工作，及时制定好本屯的村规民约，短时间内建好了本屯的垃圾焚烧炉。目前，安马乡 157 个自然屯全部成立了屯级理事会组织，屯级事务决策和管理实现高效化，屯级党群理事会这个"小桥梁"正在发挥着"意想不到"的大作用。

三是户代表会议定筹资投劳。在推进清洁乡村活动中，对于群众筹资投劳等问题，根据各村、屯、户的收入和劳力状况的不同，通过召开户代表会议，商定出资额度、投劳方式。如索敢村板才屯有 125 户群众，有的经济条件较好，有的十分贫困，有的劳动力较为充足，有的长期外出务工。理事会集中全体户主开会商议出资和投劳的具体事宜，拿出了既考虑平衡各户投入又切合实际情况的方案，有钱出钱、有力出力，按照不投劳的出资 150 元，投劳的出资 100 元的办法，免集体所有公益林补偿金再统一补贴 50 元，贫困户、长期外出务工户免出资的办法，妥善解决了垃圾焚烧炉建设资金和劳力问题，得到全屯群众的认可。

（四）"评"就是突出上下左右联评联动，强化群众自我监督

一是推行"利益扣除法"，组织群众自评。由屯党群理事会成员按照《环境卫生村规民约》，每周轮值一次开展自查，看各户"门前三包"落实情况。对违反环境卫生规定、乱扔废弃物、损害村屯环境卫生的村民，先责令限期整改，逾期不整改的，由屯党群理事会聘请专人清理，所需经费从个人在村集体资金或生态公益林资金份额里扣除。北关村韦某一户因为乱堆乱放蚕

沙，影响公共环境卫生，村理事会责令队长促其整改无效后，聘请了专人对乱堆的蚕沙进行清理，所需 800 元费用从其本人享有的集体资金中扣除，起到了惩处警示的作用。

二是推行"声誉减损法"，组织村屯互评。注重发挥群众之间的相互监督、相互影响作用，通过"四个相互"，即通过村与村、屯与屯之间相互监督，户与户、人与人之间相互提醒，并由乡党委组织全乡"两代表一委员"、村"两委"一把手、各村 1—2 名群众代表组成"互查评议团"，每季度开展一次互查评议活动，将评议结果进行排名，并在所在的屯、行政村和乡政府人流聚集处进行公示，褒优示劣，以社会舆论监督，促使各村屯珍惜荣誉，自我加压，力改不足，迎头赶上。

三是推行"优胜受益法"，进行上级考评。安马乡通过政府、社会、群众三个一点的筹资办法，设立乡村清洁活动"专项基金"，作为以奖代补资金。每年评比"清洁村、清洁屯、清洁户"，予以精神及适当的物质奖励，有效调动了群众的积极性。如通过企业捐助，外出创业人士资助，对干得快、干得好的村屯、农户，为其添置垃圾桶，带动其他卫生设施的投入建设，以"小基金"撬动"大资金"，达到"四两拨千斤"的效果。同时，对"清洁工程"达到优秀等级并且靠前的村屯，乡政府在项目、资金的安排上优先考虑，对落后的村形成有力鞭策，在全乡范围内形成了"比、学、赶、超"的浓厚氛围，促进了"清洁乡村"活动扎实深入开展。

三、主要成效

安马乡"党领民办、群众自治"清洁乡村群众自治工作模式不仅改善和提高了党群和干群关系，提升了乡党委政府公信力和形象；而且充分挖掘和释放了群众的活力，提高其社会建设和社会治理的积极性、主动性和创造性。其经济和社会效益主要体现在：

第一，"党领民办、群众自治"的创新机制，既改变和美化了群众的农村生活环境，又提高了群众的收入。例如，仅桑蚕一项，由于环境的改善，减少了桑蚕病虫害的发生，每亩产量增加约 12.5 千克 500 元以上，全乡人均增收可达 240 元以上，让群众获得了"真金白银"。

第二，"党领民办、群众自治"的创新机制，释放了群众的无限活力。2013 年 1—8 月，全乡 11 个村委和 1 个社区，群众自筹资金 109.8 万元（其中建焚烧炉资金 69.8 万元），建成投用垃圾焚烧炉 123 座（其中已有 20 座改建成垃圾分类循环利用无害化处理设施），推选保洁员 137 人，落实保洁费 40 万元，新建蚕砂池 260 个，共开展清理行动 258 次，清理水源 150 多处，水沟 123 公里，清除垃圾 2820 吨，购置村屯公共垃圾桶 300 个、家庭垃圾桶 7179 个，村屯垃圾实现"屯收集、屯清运、屯处理"，彻底改变了乡村环境"脏、乱、差"现象。

第三，"党领民办、群众自治"的创新机制，为以党的基层组织建设带动其他各类基层组织建设提供了突破口和抓手。"党领民办、群众自治"的创新机制激励党员呈现出带头示范、冲锋在前的工作劲头，农民群众呈现出主动参与、自觉行动的好局面。安马乡结合偏远乡村山多地少的实际，稳定发展粮食产业，积极发展蔗桑产业，重点发展烤烟特色产业，大力推广发展核桃产业，努力提高农民收入。

四、分析与启示

党中央提出要建设服务型政党，是党建适应时代需要的必然要求。学习贯彻党中央的精神，非常关键的一条，就是把服务型基层党建工作落到实处。安马乡"党领民办、群众自治"的长效工作机制，有效地推进了"服务型"基层党组织建设，实现了群众自我教育、自我服务、自我管理、自我监督。其"引、放、议、评"四字诀的主要做法启示如下：

第一，建设基层服务型党组织是我党密切联系群众的基础。基层党组织以及基层党员的言行和举止作风直接体现党在人民群众心目中的公信力和形象，直接反映人民群众对党的认识，直接影响党与人民群众的血肉联系。安马乡坚持加强基层服务型党组织建设，以"为民谋利、和谐发展"为根本和主线，较好地倾听群众的呼声，把握群众的思想脉搏，了解群众的情绪，掌握群众的生产、工作和生活状况，有力地把服务群众与基层党建工作创新紧密结合起来，既为基层党组织建设提供了新的载体，也为服务群众创造了平台。

第二，建设基层服务型党组织可以领导和带动其他各类基层组织建设。例如，安马乡村屯党组织和广大党员充分发挥先锋引领作用，组建了"清洁乡村"党员志愿服务队，建立了党员示范户、示范片、示范区，有力推进了清洁乡村活动的开展。广大村民按照"自我规划、自我筹措、自我修建、自我管理、自我监督"原则，自行选举组建"清洁乡村"屯级党群理事会，自行规划本村屯的环境建设，自行筹措清洁资金，自行聘请和管理保洁员队伍，自行选点修建垃圾处理设施。

以党的基层组织建设带动其他各类基层组织建设。党领民办、群众自治的长效工作机制，确实全面推进了各领域基层党建工作，真正实现了村党组织引领有舞台、党员争先有抓手、群众参与有平台的局面，扩大了党组织和党的工作覆盖面，充分发挥推动发展、服务群众、凝聚人心、促进和谐的作用，起到了以党的基层组织建设带动其他各类基层组织建设示范作用。如古育村党支部带领群众以"合作社＋基地＋能人＋农户"的合作化经营模式发展烤烟，走出了"产供销"一体化产业化发展致富新路子。

第三，建设基层服务型党组织可以改善和治理乡风文明建设。"党领民办、群众自治"的长效工作机制，在加强基层党组织建设、教育引导群众、凝聚民心民力、巩固基层政权、促进产业升级及维护社会稳定等方面都取得了明显成效。近年来，安马乡由于有了基层党组织的坚强领导，有了党员骨干的带头示范，广大村民群众的切身利益得到了较好维护，村民自觉接受党的教育影响，思想觉悟、健康文明意识不断提高，广大村民主动参与到"清洁乡村"活动中来。如今的安马，全乡上下形成了齐抓共管的浓厚氛围，村民们自觉讲卫生、保清洁、除陋习、树新风已成为导向和习惯。走进安马，农村旧貌换新颜，处处呈现和谐新景象。

第四，建设基层服务型党组织要有长效机制保障。为确保"党领民办、群众自治"的长效工作机制有效实施，安马乡建立了《屯级党群理事会章程》、《环境卫生村规民约》、《清洁乡村经费筹措和管理办法》、《垃圾分类循环利用处理流程》、《保洁人员管理实施办法》等制度，形成了用制度管人、按制度办事、让群众自治的长效保障机制。

思考题

1. 安马乡建设基层服务型党组织的"党领民办、群众自治"长效机制如何有效实现党的领导？

2. 安马乡建设基层服务型党组织的"党领民办、群众自治"长效机制如何释放群众活力？

加强社区廉政风险防控体系建设的实践与思考

——上海市闸北区临汾社区（街道）党工委从源头上健全重点领域监管机制

（中共上海市闸北区委党校　徐振光　杨景明）

上海社区（街道）是城市两级政府之下的第三级管理平台，是党和政府改善民生、服务群众的前沿阵地，也是城市社会管理和社区治理的落脚点。社区财政性民生保障支出数额大，各类资产管理任务重，项目监管要求高，特别是对于经济基础较为薄弱的街镇来说，还承担着发展社区经济的重要任务。如何确保管理有序、项目优质、干部廉洁，切实做到能干事、干成事、不出事，迫切需要从源头上预防腐败，加强廉政建设。近年来，临汾街道按照上海市委、闸北区委的要求，聚焦重点领域，在搭建统筹管理平台、完善监管机制上，进行了有益探索，并取得了一些值得总结和推广的经验。

一、案例背景

从临汾社区的实践来看，廉政风险防控的重点领域主要集中在经济招商、资产管理和财务监管等领域。

（一）经济招商领域存在一定的廉政风险

一是招商部门权力过于集中，导致廉政风险加大。招商工作是社区的一项重要工作，但由于体制的不顺和制度的不规范，制约监督不够，致使招商引资领域存在着一定的廉政风险。历史上，临汾社区主要以投资经营有限公司为招商管理平台，公司共有14名经济招商人员，属于集体企业的职工。在管理上，主要通过成立一个招商部对经济招商和工作人员进行管理。这样的权力配置决定了招商经理有较大的自由裁量权，招商部经费使用、人员管理和具体业务工作都由其集中管理，难以形成相互监督制约的机制，从而加大了廉政风险。长期以来，招商经理下面的招商人员缺乏足够的管理、指导、培训，没有有效的激励机制，新招聘的经济社工发挥才能的平台和机会匮乏，以致职工工作效率低下，整体招商工作活力严重不足，这种局面既制约了经济工作的开展，也增加了廉政风险的不确定性。

二是企业扶持政策缺乏规范，导致廉政风险加大。过去在招商过程中，由于政策执行随意性较大、不规范，加之缺乏监督，加大了招商工作廉政风险的不确定性。招商主体不明确、多元化，招商引资工作的分管领导、经济科长、招商经理、招商人员等都能与企业接触洽谈，在洽谈过程中，由于对企业扶持政策的比例缺乏统一的规范和管理，优惠政策的实施主观性、随意性较大，企业扶持政策的合同也没有专人保管，存在一定的廉政风险。

（二）资产管理领域存在一定的廉政风险

一是出租房多头管理，导致廉政风险加大。过去街道遗留下来的联建房、搭建房由于来源不同、种类复杂，存在街道多科室多头管理的现象，每个科室都安排专人管理出租房屋和收取租金，导致管理成本大大增加；另一方面，在管理过程中，由于缺乏制度的规范，加之对市场信息变化不敏感、法律法规不了解，导致租金标准高低不一、合同时间长短不一，不符合市场规律，同时有些出租房屋多层次转包，存在消防等管理安全隐患，街道也无法确保科室收取的租金是否一定全部上缴街道，导致廉政风险性加大。

二是采购监管制度缺乏，导致廉政风险加大。过去街道的采购工作，基本上都是以各个科室自行采购为主，当业务科室需要采购相关设备时，业务科室现行提出申请报告，由分管领导和主要领导审批后自行采购，这样不利于行政办进行资产登记和管理，更严重的是导致资产管理漏洞多，存在一定的廉政风险。

三是工程实施各自为政，导致廉政风险加大。过去街道工程管理缺乏统一的制度规范，街道相关科室若需要实施工程，则由该科室自行联系施工单位，缺乏相应的事先询价、合同审定、安全监理、廉政合约等监管和报备手续，甚至有时会遗漏政府采购手续，工程管理无序导致廉政风险加大。

（三）财务管理领域存在一定的廉政风险

一是账户多、资金分散，导致廉政风险加大。过去街道除了本部的财审科之外，部分科室也都有自己相对独立的财务，管理着本科室的部分业务经费以及一些民间组织、社团、万人就业项目等账户。这种资金、账户分散管理的状况既不便于街道财审科的资金和工作的统筹管理，更不利于街道领导及时掌握第一手的资料，甚至个别账户由于缺乏业务科室以及上级部门的监管，存在可能衍生为小金库的风险。

二是经费审批权限不合理，导致廉政风险加大。过去街道的经费审批权限不尽合理，审批权限过小，限制和影响了科长和分管领导甚至是主要领导的工作效率。而由于街道财务未统筹，临汾投资经营公司（经济科）的经费则全部是由经济科长审批，其他的民非、社团等账户也大都由法人签字，审批权限又相对过大，缺乏相应的监督和制约，存在很大的风险。

三是备用金制度不合理，导致廉政风险加大。过去由各科室在街道财务借取一定数量的备用金，以便于开展工作。但是这样一来，往往是工作开展完毕、经费用掉之后，才交由领导审批，街道主要领导只能是被动事后签字，这种先使用经费后审批的备用金制度使得审批手续流于形式，无法进行有效的事前监管，未能起到应有的监督制约作用，加大了廉政风险。

二、主要做法

近年来，临汾社区在重点领域着力于管理体制的改革与创新，坚持用制度管权管事管人，积极构建科学有效的权力制约和协调机制，加强重点领域廉政风险防控体系建设。

（一）搭建管理平台，强化对重点领域的统筹监管能力

一是搭建整合性财务集中管理平台。针对街道原来由科室自行管理下属组织资金账户、财务人员分散办公的情况进行了规范和归口管理，所有资金账户统一由街道财审科进行集中管理，取消了科室的备用金制度。对财务管理人员采用集中办公方式，调整扩大财务的办公场地，为财务管理人员创造了良好的工作环境。街道调整充实了财务人员队伍，高度重视财务人员队伍的专业能力建设，定期对财务人员进行专业培训，开展业务研讨，组织财务人员参加每年举办的全市会计人员继续教育和年检工作。

二是建立统筹性的资产集中管理平台。街道整合原有人员力量，统筹成立了街道资产管理办公室。为加强对资产办的管理，更好地发挥资产办的职能作用，街道调整充实了资产办人员力量，明确了资产管理分管领导，选调有管理经验、有责任心的管理人员负责具体工作，进一步优化资产办的管理模式，实行统一办公、统一管理。同时进一步明确了资产办的管理职责，由其全面负责街道的财产登记、财产归口管理、设备采购、房屋出租、工程统筹等事项。

三是创新竞争性的经济招商工作平台。街道大力改革招商体制，进一步

加大了招商引资工作，增强了对企业服务的力度。曾投入专项资金对临汾投资经营公司14名企业职工劳动关系进行了剥离和身份置换，以转聘、自谋职业、就业安置为导向进行了人员分流。同时，街道将招商引资业务与临汾投资经营公司脱钩，加大了经济科的改制力度和内部管理，成立了三个招商部，一个办公室，将原经济科招商职工身份全部置换转为社工，全面分解到"三部一室"中去，并新招部分社工增强了招商服务人员的力量，出台招商引资考核奖励办法，激发了招商队伍的内部活力，形成了三个招商部招商引资、服务企业良性竞争的氛围。

（二）完善监管制度，健全社区重点领域廉政风险防控机制

一是建立健全民主决策制度。凡涉及"三重一大"的内容，都必须经党工委会议集体讨论决定。在审批环节中，重大事项实施必须填写《临汾路街道重大项目经费支出申请表》，经由分管领导审批后，报送街道财审科复核，街道财审科根据报告的内容、结合实际状况及历年情况，提出复核意见，注明资金来源、核定经费额度、是否纳入年初预算等，再提交街道主要领导审批，相关的资金使用由财审科全过程跟踪监督管理。为了便于更好地进行重大项目资金监管，纪工委和财审科还列席街道的党政领导联席会议，这样纪工委和财审科就能直接参与到监管的全过程，避免了以往事后监管的局面。

二是建立健全预算管理制度。街道曾对原来的财务管理制度进行了修订和完善，明确了银行账户的管理，报销的规定，预算管理，聘用人员的管理、办公设备的采购、土建、装饰和改造等工程的管理，强化内审巡查制度等规定，加强了资金的管理工作。重新明确了审批权限，科长（科室负责人）负责审批300元以内，必须有经办人和科长同时签字。分管领导负责审批1500元以内，必须有经办人、科长和分管领导同时签字。1500元以上由办事处主要领导签字，必须有科长、分管领导、主要领导签字。临汾投资经营公司的财务审批，科长负责审批500元以内，经济分管领导负责审批3000元以内，3000元以上由街道办事处主要领导审批。经费使用之前必须

先请示，取得审批人的同意后方可使用。跟原来的审批权限相比，既加强了监管，又大大提高了科长、分管领导和主要领导的工作效率。

三是建立健全工程项目建设管理制度。街道建立健全了工程项目的建设管理制度，严格项目管理，实行"四统一"管理，即统一申报、统一审核、统一监管、统一审计，实现了工程项目实施与科室的脱钩。规定各类土建、装饰、装修、改造等工程项目内容，工程项目实施前必须提请党工委会议或街道党政联席会议商讨，经会议讨论通过后方可着手实施。工程开始前，必须要求施工方编制详细的预算、施工图纸，所用材料的规格、品名，必要时，还会委托社会专业中介机构对该项目的预算和合同进行仔细的审核。金额相对较大的项目，施工前先要委托专业机构进行招投标选择施工单位，施工过程中委托专业机构进行全程跟踪投资监理。工程项目结束后，对于施工方编制的决算报告，委托社会专业机构进行审价，工程金额最终按照审价结果进行支付，并按照有关规定留存10%的质量保证金，待一年质保期满后再行支付。审计合格后，报主要领导审核，行政管理办公室方可办理竣工手续，并转财务审核科备案。

四是建立健全固定资产管理制度。街道出台了《固定资产管理办法》，对街道的固定资产实施统一的规范化管理，凡科室、街区、居民区固定资产采购和报废实行统筹管理，"一条龙"服务流程，即：部门申报—行政管理办公室拟办—分管领导把关—主要领导审批—纳入政府采购序列—资产管理办公室采购—财务审核科登记备案。资产管理办公室每年年底填报街道固定资产分类汇总表。建立"一房一档"管理制度，行政管理办公室设房屋信息库。房屋租赁实行管理、收费两条线，出租房屋管理由行政管理办公室负责，房屋租赁费由财务审核科收入。每年年底核对一次，由财务审核科填报房屋出租收费汇总表。进一步规范了房屋租赁合同，合同定为一年一签，签订合同要求租金逐年递增，并且所有合同都交街道行政办登记备案，实现了房屋出租管理的规范化。加强了考核，每季度考核一次，绩效考核等次与职级调整、收入分配挂钩。主管资产的部门领导岗位变动，实行先交接、后调离制度。

五是建立健全居委会经费使用管理制度。区委推行"两提高一改善"（即逐步提高居委会工作经费、提高居委会干部待遇、改善居委会办公条件）以后，居委会的办公经费有了较大的提高，街道也相应加大了对居委会工作经费使用的监督、管理与指导，建立健全了居委会经费使用管理制度。临汾街道每当居委会进行换届选举工作时，对上一届居委会的经费使用情况进行了内审，对于存在的一些问题和不足提出了改进意见，并且开展了专门的业务培训和指导，帮助居委会更加合理有效地使用经费，切实把钱用在刀刃上。对居委会主任届中离任，街道也加强了离任审计。

（三）强化管理监督，确保廉政风险防控的实效性

一是加强招商引资企业扶持政策的管理与监督。街道规定，对于招商引资企业扶持政策合同的签订，扶持政策比例符合区政府规定的范围的，由经济分管领导签订合同，超过区政府规定比例范围的，提交街道党政领导联席会议讨论决定，然后由街道办事处主要领导签订合同。每年签订的企业扶持政策合同报送街道行政办备案，档案室归档。企业扶持政策的兑现，全部由财政直接拨付企业。同时，还规范了招商工作经费的使用范围和标准，严格审批程序，完善内部监管制度。

二是加强预算编制和执行的管理与监督。街道建立了严格的预算编制管理办法，建立健全了预算编制责任制，由科室负责人为预算编制和执行的第一责任人。建立健全了内部审查制度，进一步加大了对预算执行情况的审查，特别是对重点科室（如经济科）、民生资金、重点项目加大了审查力度，如发现问题及时整改。对各科室的经费使用和预算执行情况，由财审科在每季度的党政领导联席会议上针对三大类、十小项的内容进行点评，同时进行评级。评级分为优良、合格、不合格三类，如连续二次评级为不合格的，相应科室的科长和分管领导的审批权限下调三分之一，如今后再次出现连续二次不合格的情况，审批权限再度下调三分之一。审批权限下调后，如果有连续三次评级为优秀的，则给予恢复原先的审批权限。审批权限的调级"对人不对岗"。每季由财务审核科报告经费使用情况和考核意见。

三是加强对经济招商、资产管理等领域工作人员的考核激励。为了调动社区重点领域工作人员的积极性，防止廉政风险的发生，临汾社区切实将监管措施与提高工作效率紧密结合起来，加强了对经济招商、资产管理等领域工作人员的奖励与考核，先后制定了《临汾街道招商部门考核奖励办法》、《临汾街道协税部门考核奖励办法》和《临汾街道资产管理奖励办法》，将招商引资绩效、资产管理的规范和保值升值作为对相关工作人员考核的重要依据，并与奖金收入挂钩，在招商引资工作的总体部署与安排、重大项目的规划与审批、优惠政策与奖励措施的制定、落实、兑现，特殊项目优惠条件与标准的落实或变更等方面进行细化、量化和明确，防止个人或少数人专断，切实减少腐败发生的机会。对于成绩突出者，以评先评优等形式，进一步加大激励力度；对于工作懈怠、难以胜任工作岗位者，以半年度和年度考核测评为依据，实行岗位调整和末位淘汰制，给予员工一定的压力，全面激发他们的积极性，进而提高工作的效率和部门效益；对于渎职和以权谋私等行为，则实行一票否决制，以零容忍的态度有力地抑制重点领域腐败现象的发生。

三、主要成效

从临汾社区着力于三大重点领域廉政风险防控的实践来看，无论是经济发展和招商引资领域，还是资产管理和财务监管方面，都取得了实实在在的成效，主要体现在以下三个方面。

（一）对各类资产的统筹管理发挥了社区资产的公益效能

资产管理平台统一后，畅通了固定资产的管理信息，彻底摸清、核准了固定资产、房屋面积和工程项目的底数。建立健全了资产管理的动态信息库，实现了固定资产"账、卡、物"动态管理，使固定资产在采购审核、资产调拨、报废管理、工程项目审计、出租房屋合同管理操作上做到了统一规范，为资产的广泛利用奠定了基础，特别是极大地提高了固定资产使用的经济效益和社会效益。为了更好地将现有固定资产用于民生项目建设，社区收回了2000多平方米的出租房，用于改善居委会办公用房，取得了较好的社会效益。

（二）对财政资金的统筹管理促进了社区财务制度的规范化建设

财务管理平台统一后，一方面使资金的管理、使用、审批、结算和监督程序更加透明，监督管理更加实效。特别是在资金管理方面，以预算管理为中心，实现了预算控制和资金计划的严格执行。在专项经费使用方面，实现了专项经费严格管理。特别是市、区部门下拨的救助帮扶资金，资金统一归口财务管理平台，由民政部门落实帮扶对象，从而避免了重复帮困现象，使关怀的范围更加宽泛。另一方面提高了财务人员整体素质，增强了财务人员的工作责任心和廉政风险意识。对财务人员进行集中办公后，特别是通过定期对财务人员进行专业培训、开展业务研讨、组织财务人员参加每年举办的全市会计人员继续教育和年检工作，使财务人员的专业能力得到了进一步加强。

（三）对招商工作的统筹管理推动了社区经济的健康发展

"3+1招商服务"模式的建立和招商激励措施的实施，有效激发了招商队伍的内部活力和工作热情，在招商队伍中出现了"比、学、赶、超"互竞互促的良好氛围，招商人员的积极性更高了，为企业服务的意识更强了。特别是企业改制后，招商成本明显下降，招商质量和招商数量大幅提升。社区招商人员通过"抓转型、抓服务、抓资源",有力推动了社区经济的快速发展。由于加强了制度规范,增强了招商引资工作人员廉洁招商、规范招商的意识,防止了以向客商争取和提供优惠政策为筹码而出现的权力"寻租"等腐败现象的发生。

四、分析与启示

(一)分析评价

1. 加强重点领域廉政风险防控推进了社区的工作创新

对街道而言,要把党的群众工作落到实处,必须要有坚实的财力保障。从社区发展的历史阶段来看,加强招商引资、统筹财务和资产管理既是社区各项工作的基础,也是社区建设管理创新的现实需要。要确保有限的财力能够用在民生项目上、有限的社区资产能够用在公益服务上,必须创新传统的经济招商模式以及传统的社区资产和财务监管模式,不断提升经济发展质量和管理效益,切实发挥社区财政资金和社区资产的公益效用。临汾社区(街道)党工委、办事处聚焦社区三大重点领域,创新三大管理平台,为加大民生项目投入、推动社区各项工作的创新发展奠定了坚实基础。

2. 加强重点领域廉政风险防控规范了社区的权力运行

社区重点领域廉政风险防控就是在腐败现象易发多发的社区重要领域,找准可能发生腐败行为的节点,通过科学的措施和方法对廉政风险实施有效防范,以规范和制约权力运行为核心,对廉政风险实施科学化、系统化管理,从而实现反腐关口前移,从源头上防控腐败行为不发生或者少发生。相对而言,招商引资、资产管理和财务监管是社区廉政风险较大的领域,民生投入覆盖广、财政支出数额大、资产管理种类多,如果缺乏可操作的具体制度,则难以确保相关领域权力运行的规范性,导致腐败现象易发高发。针对这种现象，临汾社区（街道）党工委坚持把制度建设贯穿于社区重点领域的方方面面，制度建设覆盖面广，规范性和操作性强，做到事事有规可依、人人按章办事，切实将权力运行的制约和监管落到了实处。

3.加强重点领域廉政风险防控保护了社区的党员干部

一般来讲，从事招商引资、资产管理和财务工作的社区党员干部，往往掌握一定的财权和资产管理权，不同程度地面临着诱惑和考验。如果相关领域的工作人员掌控的资源越多，而制度建设又相对滞后的话，廉政风险就会加大。因此，加强社区重点领域廉政风险防控也是教育保护党员干部的有效手段。临汾社区（街道）党工委针对权力运行的重点领域和关键环节，在宏观层面进行微观控制，查找可能发生腐败行为的风险点，并通过建章立制，寻求防范办法，制定有效措施，及时预警、防范，力求将腐败消灭在萌芽状态，最大限度地降低腐败现象和不正之风发生的概率，能够提高广大党员干部的风险防范意识，督促其在思想上筑牢拒腐防变的道德防线，促进党员干部的廉洁自律，从而有效地避免重蹈覆辙，这是对党员干部的有力保护。

（二）启示

临汾社区（街道）党工委、办事处加强三大重点领域统筹管理的做法和经验，也为新形势下社区党风廉政建设带来了一些启示：一是社区党风廉政建设必须与街道各项工作紧密结合起来。临汾的实践表明，社区党风廉政建设不能仅仅停留在廉政教育学习上，而是要与中心工作紧密结合起来，贯穿于街道行政工作的方方面面，才能把社区党风廉政工作做深、做实、做出成效。二是社区党风廉政建设必须突出重点领域的风险防控。社区的工作千头万绪，党风廉政建设同样必须抓重点、破难题、敢创新，临汾社区对重点领域的统筹和监管，起到了一定的廉政传导效应，在街道各科室、各居民区和各个社会组织之间形成了一种无形的廉洁正能量。三是社区党风廉政建设必须坚持制度先行。制度建设带有根本性、全局性、稳定性和长期性。临汾社区始终把制度建设贯穿于三大重点领域的各个环节，通过街道层面的统筹设计，将重制度的规范性和可操作性有机结合起来，既充分调动了干部的积极性，又推动了社区各项工作健康发展。

思考题

1. 社区（街道）党风廉政建设的重点领域有哪些？

2. 围绕社区（街道）党风廉政建设的重点领域，如何建立健全监管机制？

集思广益有章法　联通四海暖民心

——上海市长宁区探索搭建涉外基层民主协商平台

（中共上海市长宁区委党校　张天竞）

一、案例背景

上海市长宁区 H 街道 R 居民区占地 1.41 平方公里，居住着来自近 50 个国家和地区的 30000 多名中外居民，其中境外人士占居住人数的 50% 以上，是上海最早规模化开发的高标准国际社区，素有"小小联合国"之称。R 居民区党组织成立于 1996 年，是全市乃至全国第一家成立于国际社区的基层党组织。

基于国际社区的特殊性，R 居民区的区情和普通居民区有着诸多差异不同，一是涉外居民区的境外人士国籍、信仰、习俗不同，二是小区的住户居民普遍具有较高的文化层次和法律意识，对于人居环境、社区服务有着较高的要求。三是社区境外居民中的 70% 都是租户，人口流动性极高。以上三大因素导致社区各项工作的开展难度陡增。

在党的群众路线教育实践活动中，R 居民区党总支发现传统基层工作法在国际社区有些"水土不服"：一是"门难敲"，居民区的"四重门"（小区门、楼栋门、电梯门、住家门）让上门走访的居委干部头疼不已；二是"人难近"，国际社区居民隐私观念强，许多人不知居委会为何物，轻易不愿与生人接触；三是"事难办"，国际社区居民具有较强的维权意识，涉及他们切身利益的社区事务如不事先充分沟通，按传统思维操作很可能会"好心办坏事"。

由此，寻找国际社区治理的突破点成为摆在 R 居民区党组织面前的当务之急。

二、主要做法

（一）党组织寻贤访能，社区有了议事厅

经过认真分析总结，R 居民区党总支认识到国际社区具有居民价值观念多维化、文化习俗多元化、利益诉求多样化、人口流动常态化的特点，这些特点导致党组织、居委会与居民之间沟通互信要比普通社区困难得多，而这恰恰是传统基层工作法遭遇尴尬的原因。

国际社区该如何治理才能"上接天线，下接地线"呢？R 居民区党组织注意到，国际社区内的境外居民虽然平时与居委会来往不多，但他们中热心社区公益的人士并不少，如来自菲律宾的 W 女士就曾发起"乐贤荟"公益组织专门救助先天性心脏病患儿，又如来自澳大利亚的 A 先生也曾多次通过邮件或微信等方式向居委会反映社区服务问题，这些人都是开展社区自治的潜在有生力量。

R 居民区党组织经反复讨论后认为，社区居民参与社区事务的热情并不低，缺乏的只是介入社区治理的媒介和必要的支持。因此，党组织必须主动转变社区治理的工作方式，深入挖掘沉淀在社区内的居民自治资源，将热心公益事业、具有群众威望和办事能力较强的华洋居民骨干请出家

门，通过搭建市民议事厅这一在国际社区"接地气"的基层民主协商平台，鼓励居民主动参事、议事、监事，从而让国际社区的各项事务"叫好又叫座"。

市民议事厅的核心是议事员，在 R 居民区党总支领导下，居委会多管齐下寻访优秀的议事员人选：一是利用组团式走访、电子日志走访和社区活动等机会，通过面对面交流考察候选人；二是在社区内张贴中英日韩四国语言的招贤榜，鼓励居民中的积极分子毛遂自荐；三是发挥网络平台作用，借助古北市民网、"古北生活"居委会官方微博等新媒体平台发布招募启事；四是与社区建设促进委员会和社区各民间团体合作，让他们帮忙推荐候选人。

功夫不负有心人，依靠长期积累的群众基础，居委会顺利召集了 6 名大陆居民和来自台湾地区、菲律宾、澳大利亚、荷兰、西班牙、日本等 6 名境外居民担任华洋市民议事厅议事员。这些人或是邻里称赞的"老娘舅"，或是热心公益的"啄木鸟"，或是熟谙区情的"中国通"，他们时而分头走访，时而齐聚一堂，共同就 R 居民区居民普遍关注的问题、社区自治共治力量能解决的问题和与社区建设发展密切相关的问题代表辖区内 30000 余中外居民发声。

华洋市民议事厅的成立标志着 R 居民区在党总支的领导下，以 R 居委会为主体，以各干事站和古北新区建设促进委员会为依托，以市民议事厅为辅助，以社区共建单位为"外援"的社区治理网络已成形。

（二）众居民集思广益，议事处事有章法

市民议事厅成立以来，R 居民区党总支指挥居委会引导本土议事员和境外议事员通力合作，充分发挥不同国籍议事员在联系多元居民群体方面的特有优势，以集思广益、群策群力为宗旨，逐步探索出一套以"自主提事、按需议事、约请参事、民主评事、跟踪监事"为特色的议事厅运作规则：

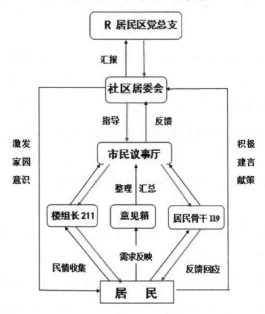

华洋市民议事厅流程图

1. 自主提事

居民可通过楼道里的意见箱、211 名楼组长和 119 名居民骨干等渠道反映问题，市民议事厅定期对其进行整理汇总，确定议题并通过居委会向居民区党总支报告。

2. 按需议事

议事厅采取定期议事与不定期议事相结合的方式，除每月召开一次例行会议之外，亦可视实际情况特事特办，在通知居民区居委会和党组织后随时开会讨论对策。

3. 约请参事

议事厅可约请相关方如小区物业经理、业委会主任、政府部门代表、党代表、人大代表等各界人士参与共同议事，集中多方智慧达成圆满应对方案。

4. 民主评事

议事员可针对议题自由发表意见，议事表决时实行民主集中制，少数服从多数,但少数人可以持保留意见。如制定社区文明养犬公约时,就有议事员在大型犬遛狗时间问题上持不同看法,初稿经表决通过后,议事厅没有忽略这寥寥几声不同意见,而是做了有针对性的调研,最终对文明养犬公约做了更人性化的修订。

5. 跟踪监事

议事厅的所有决议都必须向居民公示,居民反映问题的处理结果则由居委会向居民进行反馈,接受社区内广大居民监督。上文涉及的事件均在古北市民网、"古北生活"居委会官方微博等新媒体平台上全程跟踪,议事结果全部有据可循,居民还可以在网上对议事厅评头论足,以对其起到监督作用。

三、主要成效

辖区居民自主"点单",议事厅集中"审单",党组织把关"批单",有关部门最终"买单"——随着华洋市民议事厅的有序运转,辖区居民对社区事务的参与度,对基层党组织、居委会的认同感和满意度均显著上升,不仅议事厅所在的古北市民中心时常出现慕名而来求助的境外居民的身影,不少往常属于"疑难杂症"的社区难题也得以顺解。

例如,居民反映富贵东道松坊超市门口常有违章停车和毁绿现象,议事厅讨论后决定通过伊犁南路干事站约请区绿化市容局、街道市容科、古北物业停车管理处、中央花园物业及商家负责人多方协商,最后决定在超市门口到人行道边树立红白隔离桩,同时加强周边停车引导,以消除安全隐患。

又如,市民议事厅接到居民反映银珠路、玛瑙路一带的绿化带设置欠妥,经实地查看属实便立即列为正式议题上报。居委会闻讯后协调市政部门加设隔离带,一方面保护绿化带不受破坏,另一方面也杜绝了安全隐患。

再如,R居民区业主曾因争议公共区域与耀中国际学校管理人员发生争执,110几次出警也未能解决,事态有上升苗头。议事厅闻讯后立即启动紧急预案，一边安抚业主情绪劝阻上访，一边约请街道市容科、综治办协同居委会、民警召开协调会。协调会上，议事员们苦口婆心地劝双方换位思考，让双方渐渐没了火药味，最终耀华方面答应维护公共通道的安全和清洁，并对小区业主进行合理经济补偿。

除此之外，R居委近年来还逐渐建立起了一支支华洋居民文化、体育、护绿自治队伍，结合市民议事厅的平台，充分挖掘和调动华洋居民的"家园意识"，让他们积极为社区治理建言献策，共同投身于社区大家庭的建设与发展之中。

四、分析与启示

R居民区党总支积极创新领导社区居民自治的工作方式，充分调动中外居民的"家园意识"，请出12名中外居民担任古北市民议事厅议事员，搭建起嗅觉敏锐、上下联动、开放灵活的协商议事平台：一方面，鼓励社区居民开展民主协商积极为社区治理建言献策；另一方面，协调有关部门快速将群众意见切实转化为社区治理行动。

华洋市民议事厅的成功运作得益于党的领导、居民自治和社区共治在国际社区层面的统筹兼顾。它既坚持了党对社区事务的领导作用，又避免了过度行政化对居民主动性和创造性的束缚，是国际社区党组织开展居民自治工作的一项大胆创新举措。借此，R居民区党总支不仅为居民营造了文明、和谐、舒适的人居环境，更实现了党的群众路线与居民自治、社区共治在国际社区层面的融合互动。

议事厅虽小，却填平了文化和国界的鸿沟，覆盖了中外居民的多元化需求，呼应了居民当家作主的迫切愿望，为新形势下党组织如何在国际社区"问政于民、问计于民、问需于民"交出了一份令人满意的答卷。由此，党的群众基础和执政基础在涉外居民区得以进一步巩固，古北国际家园建设也谱写了新的和谐篇章。

思考题

1. 和普通社区相比，国际社区有哪些特殊区情？

2. 在国际社区内，要发动涉外居民积极投身社区各项事务，需要做哪些前期准备工作？党组织又应在其中发挥何种作用？

3. R 居民区的国际社区华洋市民议事厅在社区事务中发挥了什么作用？它和社区党组织又是如何沟通协调的？

4. 国际社区华洋市民议事厅的成功经验对我国进一步深化基层民主协商有何启示？

创新群众教育平台
提升新区公民素质

——浙江省舟山市定海区公民素质讲习所的创新实践

（中共浙江省舟山市委党校　丁友良）

在当前社会转型时期，如何加强公民素质教育，提高基层群众的法制意识、责任意识与道德意识，促进基层社会和谐稳定，是摆在各级党委和政府面前的一大现实课题。为此舟山市定海区积极创新群众教育平台，通过建立和完善公民素质讲习所来加强公民素质建设，取得了有益的成功经验。

一、案例背景

定海区公民素质讲习所是因应社会环境变化、实现新区发展蓝图、加快定海开发建设进程的现实需要而创建的。

（一）社会环境变化需要加强公民素质教育

我国改革开放四十多年，经济发展虽然取得了举世瞩目的成绩，但是市场化取向的改革和日益扩大的对外开放程度对我国公民素质的冲击也是巨大的。伴随着对外开放，西方的意识形态和文化透过各种渠道不断冲击着我们民族的道德伦理。而随着市场化取向改革的深入和市场经济体制的建立，传统高度集中的计划经济体制、单一化的公有制与分配上的平均主义被打破了，经济成分和利益主体更加多样化。与此相伴的是人们利益意识的觉醒与强化，为了个人利益，不顾社会基本道德的现象愈益增多。公民素质的提升与经济发展水平不相适应，公民素质的提升相对滞后已是一个不容回避的问题。所以探索创新群众教育平台、提升公民素质势在必行。

（二）新区蓝图实现需要加强公民素质教育

自 2011 年 6 月 30 日设立浙江舟山群岛新区，国务院批复的《浙江舟山群岛新区发展规划》就明确了新区的"三大战略定位"（即浙江海洋经济发展的先导区、海洋综合开发的试验区和长江三角洲地区经济发展的重要增长极）。围绕战略定位，该规划又提出将新区全面建设成为我国大宗商品储运中转加工交易中心、东部地区重要的海上开放门户、重要的现代海洋产业基地、海洋海岛综合保护开发示范区和陆海统筹发展先行区等五大发展目标。而新区发展目标的实现，既需要引进高端人才，也需要培养高素质的群岛新区公民。高端人才能够在推进舟山群岛新区经济发展中作出贡献，而高素质的公民则是舟山群岛新区经济发展与社会稳定的坚实基础。通过加强群众教育，培育诚信、守法、有公德心、有责任感、讲文明的新区公民，能改善投资环境，提升舟山群岛新区形象，增强群岛新区的城市软实力和新区社会发展的内驱力，从而能促进新区规划蓝图的早日实现。

（三）定海加速发展需要加强公民素质教育

当前时期，舟山群岛新区开发建设工作已经全面启动。而定海区作为舟山本岛的核心区块，面临着加速开发建设进程、充当新区建设排头兵的现实使命。但是开发建设中涉及大量的征地拆迁、集体资产处置等利益问题及其他与社会稳定相关的问题需要妥善处理。为此一方面需要加强教育来提高党员的道德素养、法律水平，增强大局观念，另一方面也需要加强教育，提高群众的公民素养与法制意识，引导群众依法表达利益诉求，营造支持发展的良好局面。同时对那些外来务工人员、寻衅滋事人员和其他社会闲散人员等，也需要加强教育，提高他们的道德素养和法制观念。所以创新群众教育平台，加强公民素质教育，提升定海全区广大党员群众的道德水平和公民素养，促进社会和谐稳定，成为定海加速发展的一项基础性工程。

二、主要做法

定海区以城东和岑港为试点开设了公民素质讲习所，组建了公民素质教育讲师团，侧重围绕法治、道德、责任等内容，开展各种"讲"、"习"结合的公民素质教育实践活动。随后，在定海全区各乡镇（街道）全面展开，建立起了以乡镇（街道）为总站、以各社区为分站的基层宣教阵地——公民素质讲习所，分层分类开展公民素质教育实践活动。总的来看，作为群众教育创新平台，公民素质讲习所的运作呈现以下几大特点。

（一）体系化的管理架构

完善的管理体系是搞好群众教育的前提和基础。为此定海区上下联动，明确三层责任，形成体系化的教育管理模式。由区委宣传部开展公民素质讲习所的筹建指导、监督和服务工作，明确讲习所职责，建立健全讲师团管理制度，出台《乡镇街道公民素质教育讲师团考核办法和细则》，并以实地旁听、走访、问卷、查看台账等方式，每年对各乡镇（街道）公民素质教育讲师团宣讲活动的次数、规模、效果等情况进行调研督查，并进行考核评比，适时对优秀讲师团和宣讲员进行表彰；各乡镇（街道）负责建立讲习所教学制度、全年学习计划、宣讲员守则，做好经费保障工作，并从丰富内容、创新载体、强化队伍等入手，扩大宣教覆盖面，提升宣教质量；各社区负责讲习所具体操作运行，组织开展各类学习教育实践活动等。

（二）多层次的教育网络

建立一个多层次的社会教育网络并将资源整合，统筹开发，建立起终身学习的网络和服务平台，才能使基层群众教育真正成为全民参与的弥补学校教育和家庭教育不足的教育形式。为此定海区因地制宜，一是整合阵地资源。即整合现有的基层党校、成校、农渔民课堂、农村文化礼堂、社区文化活动中心、现代远程教育点、青少年成长护航基地等活动场所及设施，在全区各乡镇（街道）、社区设立两级公民素质讲习所，实现社会教育阵地的横纵全覆盖。二是整合师资队伍。即整合业余讲师团、草根讲师团、道德典型宣讲团、法制宣讲团等各类宣讲团队资源，组建区、乡镇（街道）、社区三级公民素质教育讲师团。三级公民素质教育讲师团在全区范围内实现优势互补、资源共享。

（三）针对性的教学内容

基层群众教育不同于学校教育，它既不需要像高校那样进行专业化的知识培训，也不需要像中小学那样进行应试教育来追求升学率。它更侧重于通过针对性的教学内容来提升民众的素质，以更好地适应社会需要。因此定海区公民素质讲习所以倡导"爱国、奉献、务实、进取"的新区时代定海人价值观，营造和谐稳定的社会环境、公平正义的法治环境为出发点，着重加强公民法治意识、道德意识、责任意识等教育。

一是法治意识教育。以与群众密切相关的法制法规为重点，深入宣讲征地拆迁、食品药品安全、集体资产处置、有关新农村建设等政策法规。教育群众自觉维护法律权威和尊严，以理性、合法的方式表达利益诉求，维护合法权益。

二是道德意识教育。围绕社会主义核心价值体系建设，加强社会公德、职业道德、家庭美德、个人品德等教育。提高公民的道德判断能力，进一步形成弘扬正气、惩恶扬善的良好社会风气。

三是责任意识教育。围绕公民政治责任、社会责任、公共责任等内容，以爱国、敬业、奉献为重点，教育公民自觉维护公共利益，处处以大局为重，积极主动参与本地区经济社会建设，推进新区时代定海现代化建设。

在此基础上，本着群众"想学、能学、用学"的原则进一步丰富宣教内容。比如种养殖实用技术、致富技能、卫生保健、养生、书画、戏曲等优秀传统文化传承等内容。

（四）分类化的教育对象

群众教育对象面广，个体差异性大，要取得教育的实效性，必须加强教育培训的针对性。为此定海区公民素质讲习所对教育对象进行分类，因材施教。

一是突出基层党员教育。以打造优秀基层党员为标准，重点加强新党章、党风廉政建设教育和安全生产、征地拆迁、食品药品安全、涉农涉渔权益等与群众生产、生活密切相关的法律法规和政策教育，进一步增强基层党员的党性修养，树立为民服务的宗旨观念，发挥好模范带头作用。

二是突出普通群众教育。强化社会主义核心价值体系宣传教育，通过开设"道德讲堂"、"道德门诊"等平台，重点曝光不道德行为，倡导文明新风，达到群众自我反思、自我教育、自我监督的目的。同时加强征地拆迁、集体资产处置等与开发建设密切相关的政策法规及刑法、治安处罚法、信访案例等法律法规的宣传教育，引导群众依法表达利益诉求，最大限度减少不和谐因素，构造支持发展的良好局面。

三是突出特殊人群教育。针对村民代表，重点加强有关新农村建设和依法开展村民自治活动的教育；针对青少年，重点开展爱国主义和思想道德教育；针对老年人，引导他们深刻认识对社会国家和谐稳定负有的义务和责任；针对妇女，引导他们自觉履行义务责任，主动预防侵害行为；针对外来务工人员，突出遵纪守法，依法表达利益诉求的宣传教育；针对其他社会闲散人员，开展公共道德、法律法规教育学习，及时掌握苗头性、倾向性问题。

（五）多样化的教学形式

群众教育的对象不是在校学生而是社会成年人，他们难以接受刻板的教学形式，必须采取灵活多样的教学形式增强教育的趣味性和吸引力。为此定海区公民素质讲习所在宣讲过程中创造性地发明了"六自"宣教法、微系列宣讲法、"讲"、"习"结合法等教学形式来提升教学效果。

一是"六自"宣教法。即探索"自例自讲、自演自看、自教自学"，引导群众实现自我教育。"自例自讲"，指自己的事例自己讲，让身边人讲自己的亲身经历体验、道出精彩；"自演自看"，指自编自演各类文艺节目，用通俗的语言、农渔民的视角讲理论、议政策；"自教自学"，指引导农渔民增强自主学习意识，掌握生产技能和致富能力，互相交流，把知识讲授给身边的其他人，实现"教学相长"。

二是微系列宣讲法。为提高讲习所的吸引力，尝试开展"微讲座"、"微党课"、"微故事"、"微文艺"等各具特色的微宣讲。比如将老百姓关心的社会民生问题融入"微党课"中，将宣讲内容改编成老百姓喜闻乐见的走书、快板、小品、三句半等"微文艺"，将身边人的感人事迹编成"微故事"等娓娓道来，做到讲政策由浅入深、讲故事形象生动、讲道理通俗易懂。

三是"讲"、"习"结合法。"讲"是"习"的先导，"习"是"讲"的目的，在宣讲引导的同时，注重实践体验。比如在道德教育实践中，结合"最美"

系列主题实践活动、新区时代定海人的价值观学习践行活动等，开展道德标兵、道德模范、网格道德示范户、定海好人等评选。在法治教育实践中，把"六五"普法教育、基层法律服务、人民调解等宣教服务有机渗透到讲学过程中。同时把综治调解、"老娘舅"等请进讲习所，解决邻里纷争、增强村民自治能力。通过一系列公民素质教育实践活动，让群众在具体实践中得到真切的教育。

（六）强有力的领导支持

区委主要领导的重视和强有力的支持，区委宣传部的全力推进，为定海区公民素质讲习所的成功运作奠定了基础、提供了保障。而这种保障从根本上讲是源于领导和主管部门在这项工作上的认识到位与措施得力。定海区委领导不是着眼于单纯地教育群众而去建立公民素质讲习所这个平台，而是着眼于建设和谐社会，从创新社会管理、加强社会建设角度，把公民素质讲习所作为除学校教育、家庭教育之外的社会教育的重要载体，通过这个载体来全面提升基层群众的公民素质，提高他们的法治意识、责任意识与道德意识，从而为地方经济与社会的全面发展打下良好的社会基础。在区委书记亲自主抓和区委宣传部的具体负责下，定海区专门成立了副科级全额拨款事业单位——区委讲师团这一机构，隶属区委宣传部管理。区委宣传部已就讲师团的职责任务、人员构成等形成了方案。而专门机构的设立，壮大了基层宣教力量，有效地促进了公民素质讲习所的平台建设与工作开展。

三、主要成效

定海区公民素质讲习所作为群众教育的重要平台和创新形式，在其实际运作中，能够从基层群众的基本特点和实际需求出发，用群众"看得见的事"、"听得懂的话"来宣讲党的政策和法律法规，来提高群众的法治意识、责任意识与道德意识，充分发挥了宣教凝聚人心、宣教提升素质、宣教促进发展的作用。经过一年多的成功运作，取得了明显的成效。它拓展了党的宣传教育阵地、提升了基层群众的公民素养、促进了新区社会的和谐稳定，具有重要的实践意义和借鉴价值。

（一）有效拓展了党的宣传教育阵地

在新形势下，如何加强基层宣传教育阵地建设已成为各级党委的重要课题。而定海区公民素质讲习所正是解决了"单位人"向"社会人"转变后依托单位教育群众的模式难以为继的难题。公民素质讲习所通过整合基层的宣教资源，合理构建各单位部门共同参与的多渠道、宽层面的宣教网络，让群众在家门口就能接受教育，并为基层群众提供了共同学习、相互提高的交流平台，有效提高了基层宣教的覆盖面和吸引力。

（二）有效提升了基层群众公民素养

公民素养是公民的守法意识、权利意识、责任意识和道德意识等主体意识的集中体现。公民素养不是来自先天的作为人的发展的生理的和心理的基础，而主要是来自后天的习得、养成和教育，是在先天基础上发展的结果，是后天在先天基础上的文化结晶。而定海区公民素质讲习所作为对公民进行后天社会教育的重要平台，正是通过对基层群众进行常态化、针对性的教育，来提升他们作为现代公民的基本素养。即首先通过开展道德教育将社会公德、家庭美德、职业道德及新区时代定海人价值观作为宣教的重要内容，引导公民崇学向善。其次通过开展责任教育，教育党员群众自觉履行岗位职责，支持本地发展；教育企业主诚信经营，维护消费者合法权益；教育家庭成员尊老爱幼，形成和睦融洽的家庭氛围。最后通过开展法治教育，将依法行政、民法、刑法、民事纠纷调解等作为宣教的主要内容，引导公民自觉尊法守法，合理表达利益诉求。正是通过开展这些行之有效的公民素养教育和公民素质建设，基层群众的各项素养得到了有效提升，知识面得到了普遍拓展，同时能够积极参与到发掘、学习、践行"道德标兵"、"定海好人"、支持发展先进个人等最美典型中，投入到"学习雷锋榜样、争做定海好人"等常态化品牌志愿服务活动中，积极热情帮扶关爱社会弱势群体。这种温暖的社会氛围与良好的社会风气的形成正是建立在基层群众公民素养的提升基础之上的。

（三）有效促进了新区社会和谐稳定

在社会转型时期，社会矛盾往往纷繁复杂，多元化的价值观念相互冲突，容易引起公民思想混乱和行为失范，影响社会的和谐稳定。而新区的发展需要和谐稳定的社会环境，社会和谐稳定的关键又在于人。只有让每个新区人明白自己在新区建设中的地位、责任和使命，理解党委政府的政策意图，才能使其按照新区发展要求来规范自己，自觉调节自己与社会的利益关系，提高其作为公民的思想深度和行为控制力，以更加有序有效的方式参与到新区建设与发展中来。而作为公民素质建设平台的定海区公民素质讲习所，通过突出政策法规的宣讲，使得基层群众能够较全面地了解党委政府的决策意图。通过强化中国梦、新区梦的宣传，引导公民自觉树立起实现中国梦、新区梦的伟大理想，转家国大梦为个人小梦，树立起以"促发展、爱家乡"为己任的理想信念，从而实现了凝聚人心的重要目标，形成了共谋发展的精神合力，为新区的建设和发展营造了良好和谐的氛围，促进了新区社会的和谐稳定。从实际效果来看，定海重大项目建设推进中的无理阻碍工程建设的行为得到了有效的改善。定海全区 65 项重点建设项目及旧城改造、"三改一拆"等重点工作均取得良好进展，定海区又被省委、省政府命名为"平安区"。

四、分析与启示

定海区公民素质讲习所是个小讲台大平台，通过这个平台能够邀集各类名家、学者、模范、群众代表从不同角度对各类群体进行针对性的教育，从而能有效地提升基层群众的公民素质，培养他们的法治意识、道德意识和公共"责任感"，为公平正义的实现，民主法治的实施，人与人诚信友善的相处创造了可能，更能为社会和谐进步提供强大的内驱力。通过调研和分析这一案例，我们从中可以得到以下几点启示和建议。

（一）应努力形成加强基层公民素质建设的工作合力

各级领导干部要从战略高度来认识加强基层群众公民素质建设的重要性。基层既是产生利益冲突和社会矛盾的"源头"，也是协调利益关系和疏导社会矛盾的"茬口"。通过加强基层群众的公民素质教育，培养他们的法治意识、道德意识和责任意识，有助于在基层形成理性表达诉求、依法处理矛盾的社会风气，从而为基层社会和谐稳定奠定牢固的群众基础。因此，建议各级党委政府部门应加大对基层群众公民素质建设的经费投入，各级领导干部也应以身示范，能带头到基层进行政策法规宣讲，从而在全市形成合力推进基层公民素质建设的工作氛围。

（二）要系统总结公民素质讲习所的成功经验

中央提出要创新社会治理，定海区公民素质讲习所通过体系化的管理架构、多层次的教育网络、针对性的教学内容、分类化的教育对象、多样化的教学形式和强有力的领导支持，形成了一整套较为成熟的基层公民素质教育的运作模式。通过提升公民素质，来"强化道德约束，规范社会行为"，从而也提高了社会治理水平。为此建议有关部门组织专门力量对定海区公民素质讲习所的经验进行总结提炼，深化理论研究，提炼其社会价值，推广其成功做法，以实现在不久的将来让公民素质讲习所成为我省在基层群众教育方面的特色品牌和全国样板。

（三）需进一步提升公民素质讲习所的运行水平

定海区公民素质讲习所虽然取得了很好的成效，然而从高标准的要求来看，从建设群岛新区基层群众教育特色品牌的高度来看，其运行水平仍然存在进一步提升的空间。今后一是要解决教育覆盖面问题。即不仅是要让农村老人受到教育，而且要让更多的青壮年和外来务工人员接受教育。二是要解决师资水平问题。尤其要提升乡村社区本土的师资水平。三是要解决跨区域共享问题。也就是能够在更大区域范围实现设施、资源和师资的共享。

思考题

1."强力维稳"与"素质维稳"哪个更能治本？

2.如何使群众教育形式更丰富、更容易被接受，从而起到更好的效果？

健全党员退出机制
保持党的肌体健康

——迈出"从严治党"新步伐，永葆党的先进性和纯洁性

（中共山西省委党校　桑艳军）

一、案例背景

党的先进性和纯洁性是马克思主义政党的本质属性，是党的生命之源、力量所在。加强党的先进性和纯洁性建设，就是要使各级党组织不断提高创造力、凝聚力和战斗力、始终发挥领导核心作用和战斗堡垒作用；使广大党员不断提高自身素质、始终发挥先锋模范作用；使我们党保持与时俱进的品质、始终走在时代前列，不断提高执政能力、巩固执政地位、完成执政使命。

党员是党的肌体的细胞和党的活动的主体，党员队伍建设是党的建设基础工程。在新的历史时期，党员的先进性和纯洁性面临着巨大的考验，出现少数党员理想信念动摇、宗旨意识淡薄、精神懈怠、组织纪律涣散，甚至思想蜕变、腐化堕落。在一定程度上反映出我们党内少数党员干部在日常工作中不同程度地存在着与党性要求格格不入的问题。这些问题的主要危害在于：一是严重影响着党员队伍的生机活力；二是损害了党在人民群众中的形

象和威信；三是削弱了党组织的创造力、凝聚力、战斗力。因此，不合格党员，是立党兴党之大害，其动摇了党的组织基础，对此应当引起各级党组织的高度重视。

党中央提出，要"健全党员能进能出机制，优化党员队伍结构"。这是保持党的先进性和纯洁性、增强党员队伍生机活力的重要举措。中共中央政治局于 2013 年 1 月 28 日召开会议，研究部署了加强新形势下党员发展和管理工作。会议强调，加强新形势下党员发展和管理工作，对于贯彻落实党的十八大精神、保持党的先进性和纯洁性具有十分重要的意义。要强化党员管理，严格党内组织生活，严明党的纪律，及时处置不合格党员。

如何健全党员退出机制？这需要经历一个过程。在目前没有成熟经验可以借鉴的情况下，浙江浦江县探索不合格党员退出机制为我们开了个好头。如何在实践中探索出符合我党党情的不合格党员退出机制，打通党员管理出口关，保持党的肌体正常新陈代谢，使党充满活力，永葆先进性至关重要。我们应该大胆革新，创造出崭新的党员管理和退出机制。

二、做法和成效

浙江浦江县杭坪镇薛下庄村党员薛某，长期摆摊算命，外界号称"薛半仙"。在 2013 年 4 月开展的党员民主测评中，"薛半仙"被镇党委清退出党。全县和他一样被劝退或除名的不合格党员共有 55 名。

据了解，浙江浦江县试水不合格党员退出机制，并于 2013 年 4 月起组织党员群众对照标准开展民主测评。浦江县根据党内有关法规文件，梳理了 10 个方面不合格党员的界定标准。主要从党员的理想信念、政治立场、组织纪律、大局观念、法制观念等方面进行界定。为防范执行出现偏差，在民主测评设立了调查核实、初步认定、党委初审、组织谈话、支部决议、党委评定等一套严密的认定程序。

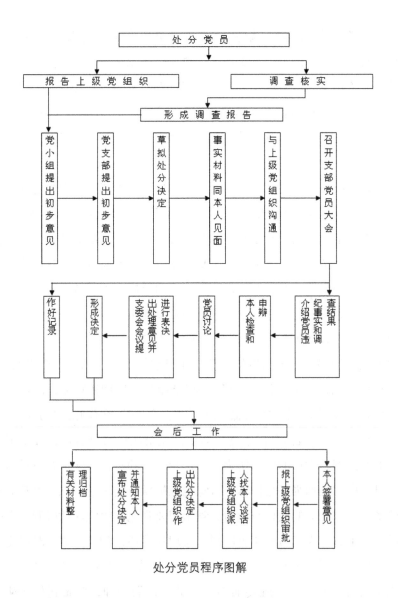

处分党员程序图解

通过测评，一批不合格党员浮出水面。首批评定结果有 430 名党员被亮"黄牌"，有 55 名不合格党员被劝退或除名。浦江县对被亮"黄牌"的 430 名党员，将通过举办整改提升培训班，进行为期半年或一年的限期改正。

作为党员领导干部，如果只关心个人的官运、财运，不把心思花在如何为百姓谋幸福、谋利益上，长此以往，将会严重脱离群众，从而丧失共产党员的基本信仰，偏离正确的政治方向，误入歧途。

党要管党，从严治党，就是要加强对党员的管理。长期以来，对于党员的管理，有的地方有的部门流于形式，致使一些党员不信马列信迷信，不讲艰苦朴素而贪图享乐。只有少数党员在有特别严重的违法乱纪行为时，才会被开除党籍。党员的政治身份"终生制"在某种程度上成为党员缺乏活力、丧失先进性的一种诱因。党员的"出口"问题，对于无职位的普通党员来说，依然留存在纸面上而少了威慑力。

党员管理要有针对性，要具体问题具体分析，不能一出现问题就清退或除名。要分清问题党员所犯问题的程度和危害。浙江浦江县对"无药可救"的党员予以清退、除名，对于其他仍有教育空间的，采取亮黄牌、整改教育的，连同除名、清退党员等措施，丰富了党员管理的新方法，能够成为其他地方党员管理的借鉴。我党始终保持着"惩前毖后，治病救人"教育管理党员的优良传统。但这是针对可以被救治的党员而言，对于不符合要求且无法整改的就需要打开和不断完善问题党员的"出口"。

党组织要加强对党员队伍的管理，在吸纳优秀骨干加入党组织的时候，将那些败坏党的声誉的人清除出党。"薛半仙"长期摆摊算命，浦江县根据相关党内法规文件，把那些理想信念不清、政治立场不明的党员进行了清理，"薛半仙"终于被清理出了党员队伍。党员队伍有进有退，改变了以往只进不退的惯例。党员的所作所为，要符合党员的身份，党员要自觉地加强理论学习，自觉地加强品德修养，自觉地维护党员的荣誉，以永葆党的先进性和纯洁性，永葆党的生机与活力。党组织要强化党组织活动机制，多开民主生活会，了解广大党员的所思所想，发现封建迷信的苗头要及时遏止。

党的理论体系是开放的，发展着的。党员队伍应该秉持这种发展理念。加强党员管理，一方面，既要加强对党员入口的管理，要做到从严从细从深，全面深入地评价每一位有入党意愿的人，严禁不具备党员基本素质的人混入党的队伍中来。另一方面，规范和畅通党员队伍的进出口，对于已经加入党员队伍的，要加大力度，通过不同渠道、不同方式加强对党员的管理。特别是当前，流动党员多，价值观、世界观多元的情况下，更要实行"党员终生年检制"，拒绝党员免检制，不给一些立场不坚定、信念不牢固、思想不先进、违法乱纪的人员以可乘之机。

三、思考与启示

（一）推行党员退出机制，纯洁党员队伍应注意的问题

1.解决理念问题是首要前提

加强党的纯洁性建设议，对于党员队伍建设，强调要"控制总量"、"规模适度"、"提高质量"、"素质优良"，这一论断是符合党建实际情况。关键是党员队伍质量和数量关系的问题。如何正确认识这一重大关系对于推行党员退出机制是十分重要的。没有数量就没有质量，数量是质量的重要条件；在保证质量的前提下，数量越多越好。但更要重视和认识到二者之间的冲突或矛盾问题：或者数量的制约问题，或者是质量标准越高，符合质量标准的数量就会越少；在质量标准既定的情况下，在特定的时空下，数量的增加也是有限的。所以我们应该坚持这样的理念，质量比数量对于党的战斗力更关键；符合质量的数量部分，其作用必然胜过不符合质量的大数量；不符合质量的数量的增加，对党建队伍是有危害的；在特定的质量标准和特定的时空下，党员数量的增长也是有限度的。只有在党内形成这样一种理念和认识才能使党保持适度合理规模，党员退出机制也才可能真正建立起来，落实下去。

2.坚持公平开放的政策原则是基础

在党的干部人事政策和管理党务的不少政策中，在党员和非党员之间存在机会不均等的情况。因此有些人入党的目的是想当领导干部，职位得到提升，有些人出于功利目的加入党组织。功利的动机就必然导致入党逻辑起点的错误，导致党员队伍不纯。有些出于这种功利动机的党员，成为具有先进性的合格党员的几率可能会很小。只有这种实践倾向的有效改变才能真正使党员退出机制发挥应有的作用，进而实现保持党的先进性和纯洁性。

3.明确合格党员的标准是关键

建立不合格党员的退出机制，控制党员规模，提高党员队伍的纯洁性，

必须要明确合格党员的标准。建党90多年来，我们一直有合格党员的标准，但从实际情况看，这些标准都比较宏观、原则，难以作为制定具体管理制度的直接依据。在现有的合格党员标准中，最权威的是《中国共产党章程》中前三条规定（第一章　党员）。例如，党员应当是各领域、各阶层中的"先进分子"，有"共产主义觉悟"，"必须全心全意为人民服务"，"不得谋求任何私利和特权"等。包括党员八项义务中的规定，大多都是宏观的、原则性的规定。这些标准应该进一步细化，使其更具可操作性。

（二）推行党员退出机制，纯洁党员队伍应遵循的基本原则

1. 主动退出与被动退出并行的原则

现代政党应当具有开放包容的气度，应赋予其成员完全主动退出的自由。中共党章虽然规定"党员有退党的自由"，但在现实中，"自由"退党和被动退党一样，都会面临不利后果。党员自愿退党不应该成为政治污点，其公民权利不应受到任何损害。即使对于那些被劝退、除名甚至开除者，只要没有触犯国法，其正当权利应当受到保护。只有善待退党者，党的退出机制才会正常运行，才能有效发挥作用。

2. 普通党员和干部党员区别对待的原则

中共执政党的地位、性质与宗旨，要求对不合格党员实行坚决清退，以保持党的纯洁性、先进性，提高党的执政能力。在9100多万名党员中绝大多数是普通党员，手握重权的是极少数，有一官半职的也是少数。但是，这一部分中不纯洁、不清廉、不合格的比例却比较大，对党的形象和执政能力的负面作用也比较大。因此，对普通党员中的不合格但无严重过错的应以劝退为主，必要时可以除名或不予登记；对于那些因理想信念改变而要求退党者，应该尊重其选择；对于干部中的腐化堕落者，则应严格按照党纪国法予以处理。

3. 遵循法定程序原则

由于中国的特殊党情、国情，党员身份与政治前途密切相关，因此，处

置不合格党员必须慎之又慎，必须将遵循程序原则作为党员退出机制的首要原则。当前相关文件规定的党员退出机制的主要理念是民主原则，民主评议是认定并处置不合格党员的主要程序，但是民主评议还须有与之配套的相关程序，最终形成一套法定的、公平合理的党员退出机制。所以，党员退出机制必须引入正当程序规则与民主原则相得益彰，只有保证程序正义，才能实现实体正义。当前全国各地试点的清退不合格党员的成熟经验可以予以借鉴。

---------　**思考题**　---------

1."薛半仙"之流的不合格党员长期存在的根源是什么？

2.各级党组织应该如何对待不合格党员？

3.广大党员应该如何从自身做起争当一名合格的党员？

深入践行群众路线
创新社会治理的新路

——重庆市渝中区打造"社区工作日"社会治理新亮点

（中共重庆市渝中区委党校　案例研究组）

一、案例背景

渝中区是重庆的母城，同时又是重庆的中心城区和老城区。陆地面积仅 18.54 平方公里，常住人口 65 万、流动人口 30 万，人口密度约 3.2 万人 / 平方公里。

随着重庆直辖和西部大开发战略的实施，渝中区经济社会快速发展，但面临着区域面积狭小、发展空间受限等突出问题。同时，老城区在发展中积累的各种矛盾在渝中区表现尤为突出，旧城改造、企业转制遗留问题等一度成为矛盾激发、百姓怨言的焦点，给渝中区的社会治理带来极大挑战。渝中区结合大城市中心城区实际，紧扣渝中区居民"居住在楼房、集中在社区"的显著特点，深入开展"社区工作日"活动，切实解决党群干群之间的"距离感"问题，在听民声、纳民意、解民难、化民怨中增进群众感情，融洽党群干群关系，探索出了一条在大城市中心城区践行群众路线、创新社会治理的新路，成为新时期服务型政党建设与社会治理创新融合发展的典型案例。

渝中区"社区工作日"不仅得到辖区居民的好评，也得到社会各方赞誉。渝中区相继荣获"全国文明城区"、"全国和谐社区建设示范城区"、"全国双拥模范城"等称号。国家部委领导专题视察"社区工作日"6次，兄弟省市党政代表团参观考察 20 余次，人民网、新华网、《新华每日电讯》、《重庆日报》、《工人日报》等多次报道，认为"实现了决策与民情的契合、发展与民生的互动"。在新华社和复旦大学联合举办的"中国幸福城市社会治理创新调查活动"评选中，渝中区"社区工作日"荣膺全国社会治理创新最佳实践案例；在国际城市论坛年会上，渝中区"社区工作日"获得 2013 年度"中国城市管理进步奖"，在全国产生了广泛而深远的社会影响。

二、主要做法

渝中区自开展"社区工作日"活动之后，组建了领导机构，设立了活动办公室，建立了交办落实、情况反馈、考核督办等一系列制度。全区所有机关干部在每月第二周和第四周的星期二，深入辖区 12 个街道、78 个社区（工作站），开展走访接访、政策宣讲、现场办公、工作巡查、调研学习、扶贫帮困、社会服务。

（一）参与对象

全体区级领导干部；

全区处级及以下干部；

党代表、人大代表、政协委员等。

（二）活动内容

1. 走访接访。采取定点接访、重点约访、带案下访等方式，重点走访接访社区困难户、低保户、下岗职工家庭、上访户等特殊群体，走访老干部、老党员家庭，走访约访辖区总部企业、"两新"组织等驻区单位，了解基本情况，倾听意见诉求，着力解决群众反映强烈的各类信访案件，努力做到把问题解决在基层，把矛盾纠纷消除在萌芽状态。

2.扶贫帮困。实施结对帮扶，落实区委"八大人生关怀"① 计划，帮助困难群众创业致富，最大限度地解决其住房、入学、就医、创业等实际困难。

3.深度调研。深入社区居民群众、辖区企事业单位，深入研究群众反映集中的问题，找准民生工作着力点，切实改善民生民利；深入研究与当前民生需求不相适应的政策性束缚及体制性、机制性问题，争取上级支持，加快突破障碍；深入研究困扰企业发展问题，营造有利于企业发展的阳光、空气和土壤；紧密围绕板块价值升级、产业能级升级、城市品质升级、民生幸福升级等重点工作，查找问题和差距，提出合理化意见建议，助推工作再上台阶。

4.社会服务。深入开展全国文明城区巩固、全国卫生城区和全国环保模范城区创建、5个"10分钟服务圈"② 建设，开展关爱他人、关爱自然、关

---

① "八大人生关怀"：2011年，渝中区制定《深入开展"人生关怀"的实施办法（试行）》：对出生的孩子给予"出生关怀"，对青少年从小学开始的教育过程给予"入学关怀"，对符合国家法律结婚、孕育的居民给予"婚育关怀"，对身患重病的困难群众给予"重病关怀"，对困难群体的基本生活给予"生活困难关怀"，在传统节日对困难家庭人员及其他特殊群体给予"节日关怀"，对60周岁以上且户籍在渝中区的老人给予"养老关怀"，对居民离世给予"离世关怀"。"人生关怀"工程含八大项34小项。

② 5个"10分钟服务圈"：10分钟社区休闲圈：通过绿化美化城市公共空间，大力推进城市广场、山城步道、城市阳台、休闲水岸建设，实现"每平方公里一个公园、每500米一处休闲绿地"，确保居民散步10分钟可到达一处亲近自然、绿色生态的公共空间。10分钟医疗卫生服务圈：建成12个社区卫生服务中心和22个社区卫生服务站，社区卫生服务中心标准化率达到100%，社区卫生服务覆盖率达到100%，辖区医疗卫生机构服务水平进一步提高，确保居民步行10分钟就能享受到安全、有效、价廉、便捷的医疗卫生服务。10分钟体育健身服务圈：全区60%的机关、街道及社区均建有室内健身场所，每个成熟小区都有公共健身场所和体育设施，公共体育健身设施实现全覆盖，人均体育场地面积1.2平方米以上，确保居民步行10分钟就有体育设施、健身场所。10分钟文化服务圈：所有街道文化站和社区图书室实现标准化，文化信息资源共享服务功能进一步强化，形成全区性、地区性和社区性公共文化服务设施互补覆盖网络，确保居民步行10分钟就能到达公共文化服务场所。10分钟商业服务圈：以大型综合超市、菜市场为依托，同时提供餐饮、美容美发、家政、干洗店、代收代缴等服务。每个社区的居民步行10分钟，就能得到日常所需的各种服务。

爱社会"三关爱"等系列活动。机关干部与社区居民一起参与整洁市容、美化社区、改善居家、文明劝导、植树造林等主题活动。开展"幸福社区·邻里如亲"主题活动，组织、引导群众开展以"邻里学、邻里情、邻里帮、邻里乐、邻里安、邻里颂"为内容的邻里和谐活动，营造良好的社区生活环境、人文环境和社会环境。

5. 深入宣讲。采取生动活泼、贴近群众的方式，深入宣传中央方针政策、市委市政府战略部署、区委区政府工作思路，以及各类便民利民惠民政策。在社区向居民公开重要会议、重大决策、重大项目建设、重点工作督查、重要人事任免、重要评优表彰、重大违纪案件、重大突发公共事件和大额度资金使用等"八重一大"事项，让群众知情、支持、拥护、参与全区中心工作。

（三）活动时间及安排

每月活动的具体内容由街道社区结合全区阶段性重点工作任务及街道社区工作需要，拟定需要解决的具体问题和活动内容，报区活动办公室进行统筹安排。

1. 每月第二周周二：以区级领导、处级领导、"两代表一委员"和专题接访队①为主体，开展走访接访、政策宣讲、社情民意收集、视察调研、工作巡查、现场办公、结对帮扶等活动。

---

①　专题接访队：组建"民生及社会事业专题接访队"、"城市建设管理专题接访队"、"安全稳定专题接访队"3类、共12支队伍。"民生及社会事业专题接访队"（简称民生）由区政府分管副区长牵头，成员单位：区民政局、区人力社保局、区教委、区文广新局、区卫生局、区人口计生委、区体育局、区质监局、区工商分局。下设4支分队。"城市建设管理专题接访队"（简称建管队）由区政府分管副区长牵头，成员单位：区发改委、区经信委、区建交委、区市政管理局、区园林绿化局、区环保局、区房管局、区民防办、区规划分局、区国土分局、区危改指挥部。下设4支分队。"安全稳定专题接访队"（简称安稳队）由区政府分管副区长牵头，成员单位：区委政法委、区法院、区信访办、区司法局、区安监局、区公安分局、区食药监分局、区消防支队。下设4支分队。

2. 每月第四周周二：以全区其他机关干部为主体（原则上每个月每个部门要有不少于三分之一的机关干部参加社区工作日活动，每季度每名机关干部确保参加 1 次），根据《渝中区部门街道对口联系表》，以组团方式开展民情访问、志愿服务、人生关怀、结对帮扶、参加"幸福社区·邻里如亲"活动、社区教育及帮助社区工作等。

（四）活动制度

1. 提前公示制度。"三公示"："公示接访时间"，即公开接访固定在每月第二周周二开展，提前 3 天对外公示接访时间；"公示接访人员"，即根据工作需要和群众意愿，提前公示接访领导、职能部门和专题接访队等接访人员；"公示接访地点"，即在各社区设立"社区工作日"接待点，设置明显接访标志，提前公示接访地点。

2. 台账登记制度。通过《渝中区"社区工作日"活动数据统计表》、《渝中区"社区工作日"群众反映问题及办理情况记录表》、《渝中区"社区工作日"专题接访活动情况统计表》等全面记录接访时间、接访人员、反映事项、处理意见等情况。

3. 交办落实制度。实行"能办即办"、"限时结办"、"统筹交办"、"高位督办"、"协调商办"等制度。"能办即办"，即对属于接待领导和部门职责、权限内的事项，能即刻解决和答复的，要现场进行政策解释和办理；"限时结办"，即对属于接待领导和部门职责、权限内的事项，但不具备现场办理条件的，应明确牵头部门，限时办结；"统筹交办"，即对不属接待领导和部门职责、权限内的事项，由接待领导填写《渝中区"社区工作日"群众反映问题及办理情况记录表》交区活动办，由区活动办协调相关职能部门办理；"高位督办"即对于情况重大、需多个部门协调解决的问题，每月召开交办会，由区级领导亲自交办；"协调商办"即需由市级相关部门或其他区县解决的问题，由活动办向上反映或商议解决。

4. 情况反馈制度。实行办理情况"四反馈"：反馈来访群众、反馈区活动办、反馈街道社区、反馈接访领导。"反馈来访群众",即办理部门在收到问题10个工作日内,将办理结果告知群众并填写满意度,对于群众不满意的办理事项将进一步研究解决办法;对办理部门无法反馈到来访群众的,由来访群众所在社区进行公示。"反馈区活动办",即办理部门要在收到问题10个工作日内,将办理情况反馈活动办。"反馈街道社区",即区活动办在收到部门办理情况后3个工作日内,将办理结果反馈街道和社区。"反馈接访领导",即区活动办在收到部门办理情况后3个工作日内,将办理结果告知接访领导。

5.考核督办制度。活动效果实行"三评判"、"双纳入"、"一通报"。"三评判"即由服务对象评判、区活动办评判、街道社区评判。"双纳入"即将活动开展情况纳入全区各部门各单位综合目标考核内容、纳入领导班子和领导干部评价内容。"一通报"即街道每月填报《渝中区"社区工作日"活动数据统计表》,对各部门参与情况进行考勤考核;区活动办采取电话调查、社区公示、群众见面会等形式对各部门办理群众反映问题的情况进行抽查,并将各部门参加活动情况进行通报。

三、主要成效

在"社区工作日"四年多的实践中,渝中区始终坚持民情在第一线了解、政策在第一线宣传、意见在第一线征求、问题在第一线解决,以硬性规范、制度约束,促使机关干部深入社区、融入群众,收效良好。

一是锤炼了机关干部党性作风。全区所有机关干部进社区,在基层实践、群众工作中锤炼了党性作风,党员干部融入基层一线多了、"衙门"作风少了。许多干部感叹,经过"社区工作日"的实践锻炼,真正了解了群众的疾苦,掌握了社区的实际,对群众的感情更深了,对自己要求更严了。

二是架设了密切联系群众的桥梁。通过"社区工作日",机关干部亮出身份、放下"架子",眼睛向下、动起来、跑下去,实现了办结一件、满意一件、争取群众一片。群众普遍反映:"见领导比以前容易了,反映问题也方便了,党的优良传统回来了。"

三是广纳民意助推地区发展。干部在走家串户中广泛宣传党和政府改善民生的政策措施,充分听取群众意见、汲取群众智慧,让群众参与到党委政府的决策、实施中来。在广纳民意基础上,区委、区政府开出每年的"民生清单",大力实施结对帮扶、民生实事、"人生关怀"等系统工程,全区群众关心发展、关爱社区的热情得以激发,维护稳定、共创和谐的积极性得到调动。

四是纾解矛盾促进社会和谐稳定。"社区工作日"对群众反映的问题"特事特办、急事快办、难事巧办",让群众的困难有诉说的对象、有反映的地方、有解决的渠道,老百姓少了等待、少了怨气,使许多矛盾纠纷化解在基层、化解在萌芽状态,有效地维护了社会的和谐稳定,被誉为促进社会和谐的一把"金钥匙"。

五是开创了践行群众路线的新路径。"社区工作日"制定了民声听取、民意吸纳、民怨化解、民生改善等一整套工作机制,成为增进群众感情的情感行动、维护民生民利的责任行动。机关干部在活动中当好矛盾纠纷化解员、社情民意调研员、政策法规宣传员、惠民便民服务员,增进了党群干群鱼水情,是新时期践行群众路线的新路径。重庆市委、市政府《关于推动干部下访群众制度化的决定》对此做法采纳,建议在全市范围推广施行。

多年来渝中区"社区工作日"从未间断,全区干部进社区20000余人次,走访群众和企业15600户,帮扶慰问困难群众10万余户次,办结群众反映事项5400余件,群众满意率达95%以上。全区信访总量、重信重访量批次同比分别下降19.33%和58.4%。

四、分析与启示

渝中区"社区工作日"是对建设服务型政党建设的有益探索,是对社会治理创新的大胆实践，是新时期践行党的群众路线的现实范例，也是当前服务型政党建设与社会管理创新融合发展的一个典型案例，其从理念到行动、从尝试到常态，从活动到制度，都探索形成了一系列践行党的群众路线、创新社会治理的经验启示，为在更宏观层面上探索中国特色的基层社会治理模式提供了新鲜的经验，具有很强的借鉴和参考价值。

1.社会治理创新的立足点在于做好社会服务，要强化服务意识和群众观点

以社会服务为基践行群众路线、创新社会治理，找准基层党建与社会治理创新融合发展的结合点，才能使二者有效互动、相互促进。渝中区"社区工作日"通过干部与群众面对面、手拉手、心连心，让群众在社会治理中获得了更多的尊重和尊严，让党委声音和政府服务在社会肌体的最末梢获得了更多的支持和认同。实践证明，服务意识和群众观点是社会治理创新的逻辑起点，只有抓服务、重群众，让服务落实到基层，让服务不留死角，让服务深入人心，让服务产生效应，社会治理创新才能具有旺盛的生命力。

2.社会治理创新要从大处着眼、小处着力，注重"微创新"、"微改革"的撬动作用

天下大事必作于细。从细处入手，落实才会日见成效。社会治理创新深度融入社会生活的细节中，是一个积小胜为大胜、积跬步致千里的过程。渝中区"社区工作日"坚持以"小举动产生大效应、小改革凝聚大力量"为导向，将干部的日常接访整合成为定时、定点、定人、定目标的集中下访，将党员干部自觉参与扩展到人民团体、社会组织、志愿者群体等多元主体共同参与，这些小变化，塑造了活动品牌，赢得了群众赞誉。实践证明，"微创新"彰显着"以人为本"的民生情怀，"微改革"撬动着社会治理的大变革。只有从大处着眼、在小处着力，捕捉创新微灵感、放大创新微光芒、扩散创新微能量，社会治理创新才能抓得具体细致扎实。

3.社会治理创新不是简单活动的累积，要重视常态化的制度与机制建设

无规矩不成方圆。要切实加强制度建设这个基础环节。创新社会治理不能头痛医头、脚痛医脚，而要坚持用制度管权管事管人，注重顶层设计，标本兼治。渝中区"社区工作日"并非简单的次数累积，而是把制度建设作为

最基础、管长效的举措，建立健全活动流程规范、完善体制机制、细化工作制度，实行活动前提前公示，活动中台账登记，活动后交办落实、情况反馈、考核督办等工作制度，增强活动的针对性和可持续性。实践证明，社会治理创新在强化观念创新、举措创新"双轮驱动"的同时，必须握紧制度创新的"方向盘"，系统化管理、常态化推进、规范化落实，创新成果才能落实落地、持久持续。

4.社会治理创新不能做表面文章搞花架子，要坚持有用有效为衡量标准

站稳群众立场，走好群众路线，贵在认识，重在行动，归根到底就是为民办实事、办好事见到成效。群众是社会治理的积极参与者，也是社会治理和服务的对象。创新社会治理不能做表面文章，不能搞花架子，而要动真格、使真劲、发真功，答应群众的事件件有回音、件件得落实，作出的承诺逐一"兑现"，不让群众的合理诉求"落空"、热切期盼"延期"，用实打实的效果取信于民。渝中区"社区工作日"从群众中吸纳智慧形成"一梯三表"（老旧电梯、水电气一户一表）改造、社区环境综合整治等民生决策，坚持现场查看、现场研究解决，努力实现办结一件、满意一件、争取群众一片，不让党政失信、干部失职、群众失望。实践证明，社会治理能力检验的是党委政府的执政能力，社会治理成效体现的是党委政府的公信力，只有从群众最关心最直接最现实的利益问题入手，改作风、求实效、创实绩，社会治理工作才会得到群众的理解、拥护和支持，群众才能真正地成为加强和创新社会治理的主力军。

5.社会治理创新要结合实际、实事求是，要坚持促进社会和谐稳定为最终目标

渝中区"社区工作日"以建设"美丽半岛、幸福渝中"为目标，完成新一轮的房屋大拆迁、产业大调整、城市大建设三大历史任务为契机，结合区内危旧房量大面广，老旧集体企业众多，困难职工数以万计，信访量大，社会矛盾相对集中等实际情况而开展的，是化解社会矛盾、促进社会和谐稳定的有益探索。实践证明，加强社会治理创新，必须结合地区发展实际，深刻认识、客观分析、妥善处理社会矛盾和问题，以促进社会和谐稳定为终极目标。要将加强社会治理的重心落实到基层，真心实意重视基层，将党的执政

资源和组织资源整合集聚在基层，将广大群众的具体矛盾和问题解决在基层，才能创造稳定的社会环境，促进和谐社会建设。

------ **思考题** ------

1. 渝中区"社区工作日"是如何贯彻党的群众路线的？

2. 渝中区"社区工作日"对社会治理创新有何启示？

全面深化改革　释放发展活力

——四川省宜宾县以"扩权强镇"助推经济社会转型发展

（中共四川省宜宾县委党校　陈廷会　任志远）

一、案例背景

　　扩权强镇是指市县向经济实力强的乡镇下放权力的行政体制改革行动。根据中央："对吸纳人口多、经济实力强的镇，可赋予同人口和经济规模相适应的管理权"的精神，四川省委省政府提出，在条件成熟的地区开展扩权强镇改革试点，把权力直接下放到镇一级。扩权强镇是政府转型速度与经济社会转型速度同步，弥补转型期地方政府公共服务、公共产品短缺的路径选择。

　　A县辖区面积3000平方公里，辖26个乡镇，人口102万，面宽点多，乡镇发展不平衡，县城柏溪偏居一隅，县城拉动、辐射作用有限，乡镇经济发展急需增强活力。但现行乡镇行政管理职能、经济调控职能和社会管理职能普遍弱化，财权、事权、人事权不匹配，制约和阻碍了乡镇经济社会的加快发展。为激发乡镇发展动力和活力，增强辐射带动能力，保持县域经济强劲发展势头，坚持改革创新不停步。从2011年3月起，A县在A市率先实施了"扩权强镇"改革试点工作，探索新型城镇化发展之路。在考察借鉴外地扩权强镇工作经验基础上，经过充分酝酿讨论，反复征求各方面意见，A县形成了初步实施意见。按照"责权统一、放权搞活、富民强镇"的原则，将县级部门的部分管理权限赋予试点镇，增强乡镇作为一级政权组织的经济社会管理和服务功能。

二、主要做法

首批 10 个试点乡镇先后经过申请、初审、陈述、票决、审定等多个程序最终确定，均是经济基础好、人口较多、对周边辐射带动能力较强的乡镇。

（一）申请"扩权强镇试点乡镇"，取得陈述资格

根据要求，申报试点镇的条件是"具有较好发展基础的区域中心场镇，具有产业发展支撑的新兴场镇，背靠大工程、大项目、大交通，具有良好发展前景的潜力场镇"。经过申请、初审，有 16 个申请试点的乡镇取得了参加陈述申请理由的资格。

（二）申请试点乡镇陈述申请理由

A县召开扩权强镇试点镇申报陈述大会，由 16 个乡镇的党委书记或镇（乡）长竞争只有 8 个名额的扩权强镇试点镇。若竞选上扩权强镇试点镇，在财权方面，镇上的财力将会进一步增强，将有利于场镇基础设施建设和进一步改善农村生产生活条件，进一步加快镇域经济的发展。

竞选评委由县委、县人大、县政府、县政协和县级机关、乡镇相关人员组成，评委现场打分，现场公布结果，初选出 8 个扩权强镇试点乡镇名单。A 县委、县政府将根据评选结果，最终确定扩权强镇试点乡镇名单。

（三）确定首批扩权强镇试点乡镇

2011 年 3 月 29 日，A 县宣布首批 10 个试点乡镇先后经过申请、初审、陈述、票决、审定等多个程序最终确定，经济基础好、人口较多、对周边辐射带动能力较强的观音镇、孔滩镇、白花镇、高场镇、蕨溪镇等乡镇被确定为 A 市 A 县首批扩权强镇试点乡镇。

扩权的目的旨在增强乡镇作为一级政权组织的经济社会管理和服务功能。本次试点把县级部门部分人事、财经、行政审批、行政执法等 60 余项权力下放到乡镇，试点时间为 3 年。为顺利推进扩权强镇，A 县实行县级领导联系试点乡镇制度，每名县领导分别联系一个试点乡镇，帮助解决试点工程中遇到的问题。对扩权强镇试点乡镇实行动态管理，实行专项目标考核，对未完成经济社会发展目标或发生"一票否决"事项，第一年给予黄牌警告，第二年仍完不成经济社会发展目标或发生"一票否决"事项，淘汰出局，取消试点资格，主要负责人向县委、县政府述职。

未列入扩权试点镇的乡镇连续两年获得县委、县政府综合目标考核一等奖，且 9 项经济社会发展指标均达到扩权试点镇上年度平均值以上，可申请列入扩权试点镇。对于下放的 60 项权力，县级职能部门不但要依法放权，还要按照职责分工，加强对这些权力的使用进行指导培训和监督，杜绝违规用权或滥用权力，确保扩权试点镇不出现管理上的脱节和漏洞。"扩权"重点在人、事、财三大项，63 小项权利从县一级下放给乡镇一级。凡符合发展规划和环保要求，不属于国家政策限制发展，不需要市以上部门和县政府审批，且又不需要政府投资的项目，一律由扩权试点乡镇政府核准、后报县级相关单位备案。

（四）感受扩权强镇改革后乡镇变化

走进位于 A 县北部边缘、地处 A 市与自贡市交界处素有 A"北大门"之称的孔滩镇，首先看见的是由几栋电梯楼房组成的"孔滩新城"，这成为小镇一道亮丽的风景；在距离小镇不远的地方就是孔滩镇工业园区，该镇立足科学长远规划，启动场镇旧街道改造工程硬化、绿化、亮化、美化，开发建设孔滩新城，打造靓丽的居民小区，形成小巧富有特色的商业步行街。

作为扩权强镇的永兴镇，充分享受了扩权强镇招商、税收政策，党政一班人甩开包袱一心一意谋发展。立足农业现代化，立足实际和资源优势，不断调整产业结构，整合资源，开发乡村旅游文化资源，打造观光农业品牌。旅游业的开发带动镇内餐饮、住宿业等的快速发展。

泥溪镇实施"扩权强镇"试点工作后，部分权限与县级相同，镇一级的人事管理权、财政管理权、项目管理权、审批权和执法权等权限都扩大了，镇党委、政府在地方事务的管理上有了更大的驾驭空间。扩权强镇后，镇政府有了充分的话语权，过去镇上连一个投资 100 万元的项目都没有主动权，现在投资 1000 万元的项目也有主动权了。现在场镇安装了监控器、增添了上万元的消防器材，街道也硬化了，还要亮化、美化、绿化，大家都觉得居住泥溪很平安很舒心。泥溪镇位于岷江下游河畔，宜（宾）乐（山）高速公路出口处，到 A 县仅 46 公里，进入 A 县半小时经济圈，地理优势十分突出，镇域经济发展势头强劲，辐射带动能力强。

A 县观音镇，一个规划占地 1200 亩的南部新区正拔地而起。1200 亩，光土地整理就需一笔不小的费用，还要修桥、建滨江大道等一系列公共设施，观音镇利用积累的财政资金和扩权强镇财税优惠政策，采取招投标模式滚动开发。试点乡镇引入 BT 模式、吸引民营资金开发。观音镇的新区建设，民营资本已投入 5000 多万元。按规划，观音镇南部新区将建成一个能容 3 万人的现代新城。

三、主要成效

全县迈入了科学发展、加快发展、创新发展的轨道。

（一）强化财政管理权，壮大乡镇财力

改革乡镇财政管理体制，扩大试点乡镇财政收入权利，对新增乡镇税收县级实得部分、新增建设用地有偿使用收入省财政返还县级部分、土地出让金在扣除政策规定的各项成本后的净收益部分、城市基础设施建设配套费和乡镇属地国有资产处置收益，5 个 100% 返还乡镇。县级招商入驻乡镇园区的企业，其税收县级实得部分按县和乡镇各 50% 的比例分成，社会抚养费乡镇占比 80%，并积极整合各类专项资金支持乡镇建设。通过改革，最大限度实现了公共财政向乡镇倾斜，切实壮大了乡镇财力，促进了镇域经济的迅猛发展。

（二）增强人事管理权，调动工作积极性

深化干部人事制度改革，加强扩权强镇领导班子建设，试点乡镇增配党委委员 2 名，增加 1 名享受正科级、2 名享受副科级非领导职务生活待遇的干部指标，批准设立的乡镇工业园区和城市新区可由乡镇党委推荐 1—2 名聘任制副科级干部进入乡镇党委班子。赋予乡镇党委机构设置权，在核定编制内，乡镇经批准可根据工作需要设置内设机构，紧缺急需人才可由乡镇采取聘用引进，县级机关不得临时借调、抽调和上挂扩权试点乡镇未满 3 周年的新进工作人员。加大对乡镇编制的倾斜力度，在全县编制总额不突破前提下，调剂县级机关一定编制到乡镇，强化乡镇基层工作。加强县级部门垂直

管理单位干部管理力度，理顺派驻试点镇的机构管理体制，县垂直管理机构派驻试点镇的单位要列入当地镇政府年度考核，其主要负责人的任免，应事先征得当地党委同意。加强扩权试点镇干部关爱力度，任职 5 年以上、表现优秀的扩权强镇试点乡镇的领导干部，根据本人意愿和工作需要，可优先安排到县级机关工作，扩权镇党委书记、镇长优先推荐为副县级后备干部。通过改革，充分调动了乡镇干部的积极性和创造性，由"要我加快发展"普遍转变为"我要加快发展"，思发展、谋发展、抓发展的氛围空前浓厚。

（三）下放审批执法权，提升行政效能

推动行政管理体制改革，坚持"就近、方便、服务、咨询"的原则，按照"统一签订委托协议、统一规范操作流程、统一组织业务培训、统一授牌授印"的要求，县级部门委托扩权强镇试点镇行使城管、安全、水务、劳动、工商等领域 35 项行政审批权，下放管理权限。遵循法律、法规、规章的规定，本着"谁处罚，谁收费；谁执法，谁负责；谁委托，谁监管"的原则，县级部门在法定权限内委托扩权试点乡镇实施安全行政处罚等28 项行政执法，减少行政执法层次，下移行政执法重心。通过改革，最大限度地减缩了办事程序，减少了管理层级，降低了运行成本，提高了行政效能。

（四）赋予规建国土管理权，增强调控能力

根据乡镇总体规划，加大乡镇用地支持力度，合理安排建设用地指标，支持场镇建设发展需要。对乡镇重大项目用地予以支持。鼓励乡镇推进农村建设用地置换和"双挂钩"，由此取得的用地指标，乡镇全部留用，促进土地集约利用；对通过增减挂钩新增的园区建设用地指标，县政府按 5 万元／亩

给予奖励。在乡镇设立住房城乡规划建设管理所和国土资源管理所，落实专职管理人员，推进试点镇域内建设工程项目规划设计、征地拆迁补偿和违法违纪处理，"两所"接受乡镇政府和县级主管部门的共同领导，日常具体工作安排以乡镇政府领导为主。通过改革，有效解决了乡镇发展的瓶颈制约，增大了乡镇发展镇域经济的调控权力。

（五）增大项目管理权，释放发展活力

乡镇符合条件的产业、社会事业和基础设施项目，优先列入县重点建设项目。乡镇需上报国家、省、市投资主管部门审批、核准或备案的项目，由乡镇办理预审，报县投资主管部门"见文行文"，予以转报；对符合发展规划和环保要求，不属于国家政策限制发展，不需市以上部门审批的企业投资项目，由乡镇核准、备案；区域内自主投资项目的项目建议书、可行性研究报告、投资计划，由乡镇审批（招投标除外）。县城规划区和县级工业园区外的项目由乡镇组织实施（县政府决定由县级部门组织实施的除外），资金按程序拨付；项目工作经费根据项目推进进度按比例及时拨付。通过改革，进一步明确了县、乡镇职责，减少立项、审批等中间环节，优化了发展环境，极大地释放了基层政府的发展活力。

（六）拓展融资建设权，激活社会资本

坚持"谁投资、谁所有、谁受益"原则，鼓励社会资本以 BT 等多种方式参与乡镇基础设施、社会事业和园区建设，严格执行 A 县招商引资相关优惠政策。强化银、政、企合作，拓宽乡镇融资渠道，加快乡镇发展。鼓励符合条件、具备优势的乡镇组建产业园区投融资开发公司，建设产业园区。通过改革，进一步激发了社会力量参与经济建设、推动社会发展的主动性。

（七）扩大社会管理权，推动和谐发展

在积极推进乡镇所在的城镇社区建设、加强城镇管理的同时，加快推进农村社区建设，推动农村生产生活的现代化。大力推进农村宅基地置换安置房，改革乡镇户籍管理制度，鼓励在城镇有合法住所和稳定收入的农村居民转为城镇居民，促进农民向城镇集中。积极推进村级集体经济股份化、农民以土地承包经营权入股，建立农村股权和产权交易市场，允许农村居民转为城镇居民后继续保留土地承包经营权，探索建立农民积累财富、进入城镇的制度和机制，实现带资留权进镇居住、务工和创业。通过改革，实现了公共服务向农村覆盖、现代文明向农村传播，逐渐形成了城乡经济社会发展一体化新格局。

四、分析与启示

A县县域广阔、人口众多，20年前，曾以中小型国有企业产权制度改革而闻名全国。如今，这个县再次甩开膀子、大胆挖掘改革红利，打破"以县带镇"的发展观念，敢于真放权，探索"层次少、发展好"的发展新模式。作为全省扩权强县试点县，A县在全县全域推进扩权强镇改革，给县域经济发展提供了源源不竭的动力。

将权力下放，A县激活的不只是乡镇干部的干事热情，更激活了散布民间的财与智；将权力下放，加速的不只是楼房、村道的建设，更加速了全县城镇化进程、加速了广大农业人口致富建成小康的步伐；将权力下放，A县不只放活了乡镇经济，更增添了县域经济发展的活力。A县实施扩权强镇的改革探索，既是把握发展大势、顺应发展形势的客观体现，也是结合实际、大胆探索的创新实践，给我们加快镇域经济发展、夯实底部基础提供了有益的启示。

一是解放思想、敢闯敢试。扩权强镇改革试点是一个探索性工程，必须敢于打破常规，敢于突破常理，不怕挫折、不怕打击、不怕失败，勇于实践、勇于探索、勇于创新，才能走出一条符合本地实际情况的扩权强镇之路。

二是找准定位、科学谋划。扩权强镇改革试点涉及经济社会诸多方面的政策、法规，必须认真研究，科学制定改革试点方案，确保改革符合乡镇发展实际，能推行得下，不走样，有效果。

三是突出主体、明确目标。乡镇是改革试点的主体。必须充分征求试点乡镇的意见、建议，切实发挥乡镇工作的积极性、主动性和创造性。同时，各乡镇必须扬长避短、结合自身实际，明确发展目标，优化发展措施，理顺管理体制，大胆进行试点。

四是因地制宜、有序推进。乡镇多，发展差异大。必须根据乡镇发展现状、区位特点、产业基础和资源禀赋，坚持因地制宜、分类指导，着力培育特色产业和特色乡镇。必须在取得改革试点经验的基础上，逐步推广，最后实现全区域推进。

五是加强监督、规制权力。扩权强镇，权力的规范运行是关键。必须建立健全权力运行制度体系，强化对权力运行的制约和监督，加强绩效考核，坚决兑现奖惩，使权力运行有规则可循、有程序可依，确保扩权后的乡镇权力科学、规范运行，改革试点工作健康有序推进。

思考题

1.A县实施扩权强镇的改革探索的原因有哪些？

2.在A县实施扩权强镇的改革探索中，县委县政府有哪些作为？

3.A县实施扩权强镇的改革探索还存在哪些问题？从加快行政体制改革的角度而言，我们还可以从哪些方面去完善？

凝心聚力促和谐　齐心协力谋发展

——江西横峰县采取"四推两选"模式创新基层党组织民主建设

（中共上饶市委党校　石　勇）

党的基层组织是团结带领群众贯彻党的理论和路线方针政策、落实党的任务的战斗堡垒。绝大多数农村党支部在凝心聚力促和谐、齐心协力谋发展方面发挥了重要作用，但也有少数农村党支部软弱涣散，严重制约了当地经济社会的发展。农村党支部建设的关键是选好"带头人"，"选好一个人"才能"带好一班人，致富一个村"。江西横峰县采取"四推两选"模式选举农村党支部书记，淡化了组织意图，把初始提名权和最后决定权交还给广大基层党员群众，同时突出了上级党组织对候选人的资格审查环节，杜绝了不良干扰，用科学的选任机制保障了基层党员群众的民主权利，提高了农村党支部书记的整体素质。

一、案例背景

江西横峰县总人口 21 万，其中农业人口 17 万多。目前，全县共有 546 个基层党组织，9362 名党员，其中乡镇党委（含 2 个街道）11 个，农村党支部 84 个,农村党员 3968 名。对于这样一个农业人口占 80% 以上的"小"县而言,只有切实建设好村级党组织这个最前沿的"战斗堡垒",全县经济的发展与社会的和谐稳定才能得到有效保障。多年来,随着农村改革的深化,横峰县绝大多数村党支部能够在农村经济社会发展中发挥战斗堡垒作用。但是有部分村党支部特别是党支部书记的素质和能力与新形势、新任务、新要求不相适应,在服务群众、带领群众共同致富中作用有限。但也有极少数村党支部班子软弱涣散,宗族派性严重,村两委之间关系不和谐,有的是党支部包揽一切,把村委会变成党支部的附属物;有的是村委会无视支部的领导,凌驾于村党组织之上;有的村支书主任一肩挑,缺失制衡,出现了家长式的独裁领导。这些都使得村级党组织的威信大大削弱,影响力、号召力几乎为"零"。产生这些问题的主要原因,就是缺少好的支部带头人,究其根本还在于支部书记产生机制不科学。

传统基层党组织负责人的产生机制在村支部书记的初始提名权由上届委员会掌握,上届委员会往往要服从上级党组织的安排,村支部书记往往按上级党组织的意图推荐,村支部书记人选受到很大限制,容易产生少数人选少数人的情况。村党支部书记对上级党组织依赖畸重,有的失去了广泛的群众基础。

横峰县尝试"四推两选"选拔村党支部书记试点。"四推"就是采取自我推荐、署名推荐、联名推荐、组织推荐等四种推荐方式,拓展初始提名权范围,扩大选人用人视野,淡化上级意图,充分体现民意。"两选"就是增加了上级党组织对候选人的把关,先由乡镇党委差额对支部书记候选人进行预选,预选出差额候选人,然后再由当地党员差额直选产生村党支部书记。通过"四推两选"把一批政治素质好、带富能力强、化解矛盾水平高的优秀党员选拔到村党支部书记岗位上来。

二、主要做法

为认真选好配强村党支部书记,横峰县委成立了领导小组和专门办公室，制定了实施意见，本着"公开、公平、竞争、择优"的原则，按照"制定实施意见、宣传发动、公开推荐、资格审查、提出初步人选、差额预选、考察公示、党员大会直选、办理任职手续"等环节来组织实施。

（一）广泛宣传，深入发动

横峰县委组织部制定了《关于在全县推行村党支部书记"四推两选"工作的实施意见》，利用广播、电视、报纸、网络等媒体进行广泛宣传，使全县党员和群众全面了解"四推两选"的意义和操作程序。针对广大农村青壮年党员常年在外务工的实际情况，县委组织部向流动党员寄出 1100 多份《"四推两选"公开信》，向他们宣传"四推两选"的意义，鼓励他们回乡镇行使民主权利，倡导他们回乡镇创业，带领群众致富。曾有五百多名党员群众回乡参与"四推两选"，还有三百多名党员群众通过信函等方式进行了民主推荐。

（二）"四推"并举，群英荟萃

"四推"就是采取自我推荐、署名推荐、联名推荐、组织推荐相结合的方式，把初始提名权交还给广大党员群众。一是自我推荐。符合条件的党员可以向乡镇党委作自我推荐；二是署名推荐。所在乡镇党委委员（主要是包村领导干部）、所在乡镇现任各村党支部书记署名推荐；三是联名推荐。所在村的党员按 10 名党员为一个推荐单位或村民按 20 人为一个推荐单位进行联名推荐；四是组织推荐。包村县直单位，村民兵和妇女组织，村各类协会、合作社和理事会等以集体名义推荐。以上推荐必须按照职位进行等额推荐，多推无效，无合适人选的可不推荐。通过"四推"跳出了党组织内部人选内部人的圈子，把选人用人视野扩展到全社会，充分调动了基层党员群众和基层群众团体的积极性，使一大批优秀党员脱颖而出。

（三）"两选"把关，确保民主

我国是人情社会，再加上村民民主意识比较薄弱，基层党员群众在推荐村党支部书记人选的时候受人际关系影响较大，推荐的人选不可避免地带有感情色彩，所以乡镇党委要严格把关，不仅关注选票数量，更要重视选票质量，保障民主落到实处，保证候选人素质。在推荐阶段结束后，乡镇党组织对推荐人选进行资格审查，初步排除不合格人选。资格审查后，召开乡镇党委扩大会，吸收所在村 4—5 名党员代表列席，以无记名票决的方式按 1：4 的比例提出初步人选。确定初步人选后，召开乡镇党委会对初步人选进行无记名票决，取前 2 名列为差额拟任人选，并对拟提任人选进行全面考察。如考察后，符合任职条件的人选不足 2 人，则按乡镇党委会无记名票决的得票数从高到低顺序增加 1 名考察对象进行考察，确保有 2 名拟任人选参加差额选举。考察结束后，对差额拟任人选进行 5—7 天公示。公示期满，乡镇党委及时主持召开拟任村党员大会，差额拟任人选分别在会上作竞职演说，由所在村所有参会党员（4/5 以上党员参加）进行无记名投票表决，得票最高者（半数以上）作为拟任人选。选出拟任人选后，立即对拟任人选进行任前公示，时间为 3—5 天，公示无异议后再由乡镇党委研究，并报县委组织部审批备案。

三、主要成效

通过"四推两选"选拔村党支部书，创新了基层党组织负责人的产生方式，保证了基层民主落在实处，有效激发了广大党员群众的积极性，吸引了一大批能干事、愿干事、干成事的年轻人走上村党支部书记岗位，全县农村面貌焕然一新。

（一）党的基层组织得到加强

通过"四推两选"，一大批政治素质高、带富能力强的农村党员成为基层党组织带头人，基层党组织的影响力、号召力、战斗力明显增强，党组织的战斗堡垒作用得到加强。一批敢于解放思想、勇于开拓创新、善于科学发展的基层党组织迅速壮大。

（二）农村经济社会全面发展

通过"四推两选"把一大批带领群众闯市场、发展特色产业、增加农民收入能力强的科技型人才、经营型人才和创业型人才选进党组织，全面促进了农村经济社会发展。农村经济总量不断壮大。"一乡一业、一村一品"特色产业已成规模。如以岑阳镇、莲荷乡、司铺乡为主的生猪产业，以葛源镇、新篁办事处、青板乡为主的葛业和茶油产业，以姚家乡、港边乡、龙门畈乡为主的香芋产业；还有港边乡的红薯、青板乡的杨梅、莲荷乡的麒麟瓜、新篁办事处的黄羊、岑阳镇的蔬菜、司铺乡的油料等，这些特色农业产业为横峰县农业产业转型升级打下了坚实的基础。

（三）社会更加和谐健康

农村和谐稳定工作能不能抓好，能不能建设一个长治久安的新农村，关键在于基层党组织是否有凝聚力，在于支部书记是否有威信。通过"四推两选"，当选的村党支部书记责任感、使命感明显增强。在维护社会稳定，化解农村矛盾纠纷方面，村党支部书记都能以一方平安守护神的姿态，挺身而出，积极介入，主动调解，不将矛盾上交，促进了邻里和谐。村党支部书记勇于担当，主动作为，及时将矛盾化解在萌芽状态，村级上访事件呈逐年下降趋势，尤其是越级上访、群体性的上访得到较好的遏制，有效维护了社会和谐稳定。

（四）群众对民主的真实性有了科学认识

通过"四推两选"，将村党组织负责人的初始提名权和最后决定权交还给广大党员群众，使基层党员群众能够将自己了解的党员推荐给组织，充分体现了基层民主。在此基础上，上级党组织对推荐对象进行资格审查，保证了候选人的质量，避免了盲目性，使党员群众的民主权利真正得到落实，保障了民主有效发挥，也增强了党员群众对民主和集中的科学认识。

四、分析与启示

横峰县推行的"四推两选"模式，将初始提名权和最后决定权交还给广大党员群众，激发了基层党员群众的热情。乡镇党委对推荐人选进行资格审查，严格把关，保证了候选人的质量。将民主与集中有机地结合起来，用完善的机制保障了党员群众的民主权利真正得到实现，这对我国今后推进基层民主具有很强的示范意义。认真总结横峰县"四推两选"的实践，我们可以得到以下几点启示：

（一）基层党组织建设的关键是选好带头人

"农村要进步，关键在支部，主要看支书"，如果说一个支部就是一面旗帜，那么支部书记就是这面旗帜的旗杆。基层党组织要发挥发展经济、凝聚人心、化解矛盾和管理服务的作用，就需要牢固地树立起党支部的威信、打好支部书记的群众基础。近几年，横峰县通过"四推两选"把一批群众信任、作风正派、能力过硬的党员选拔为党支部书记，极大地激发了基层党员群众的积极性，群众在"自己人"的领导下以空前的热情投身经济社会建设，用无穷的勇气和智慧，实践着方志敏在《可爱的中国》里的描述：到那时，到处都是活跃跃的创造，到处都是日新月异的进步。

（二）民主的实现需要机制保障

《中华人民共和国村民委员会组织法》实施以来，我国农村基层民主政治建设取得了长足进展，农村群众的民主权利进一步扩大，干群关系更加密切，基本实现了村民自我管理、自我服务、自我教育和自我监督。但同时，我们应当看到我国农村基层民主政治建设仍处于起步阶段，还存在一些不容忽视的问题。比如，有些村民民主意识淡薄，一包烟、一瓶油就可以改变他们的初衷；有些村民受家族、宗派意识的影响，推选出的村干部素质较低；还有的村利益冲突大，连续多次选举失败，成为换届选举的重点村和难点村。产生这些问题的主要原因就是选举的监督制约机制不完善，在选举过程中过分关注选票的数量，忽视了选票的质量，出现"唯票取人"的现象，伤害了民主、伤害了人民的感情。

我们在创新基层党建，激发基层党组织活力的同时，必须高度重视这些现象。在选举基层党组织负责人时要高度重视机制的完善，重视民主基础上的集中，要用科学的选人用人机制保障基层党员群众的民主权利得到真正落实，选出真正能够代表最广大人民群众利益的基层党组织负责人。当然，横峰县的"四推两选"还不完善，需要在实践中不断探索。如，在保证"进口"质量的同时，还要不断完善监督制约机制，畅通不合格基层党组织负责人的"出口"，使基层党组织永葆"青春和活力"。

（三）尊重群众选择，要善于从中总结经验

经过"四推两选"，基层党员群众选出的党组织负责人与上级党组织的判断经常是一致的，民主与集中有效地结合起来，取得良好的效果。这说明基层党员群众民主意识在实践中不断增强，正确行使民主权利的能力不断提高。但有时候也会出现"意外"，上级党组织认为能力更强、素质更高的候选人反而落选了。充分尊重基层党员群众的选择，并及时总结经验，完善选举的监督制约机制，使民主更加科学、更加落到实处。

思考题

1. 如何加强农村基层民主政治建设？

2. 如何保障基层民主与集中有效地结合？

健全领导干部联系服务群众
长效机制的创新实践

——以浙江省湖州市吴兴区"局长驻点工作室"为例

（中共浙江省湖州市委党校　沈佳文）

建立党员领导干部直接联系服务群众机制，完善党员干部直接联系群众制度的要求。是转变干部作风、密切党群干群关系、加强党的执政能力建设的有效途径。吴兴区通过采取"固定场所、统一挂牌、驻点办公、定期服务"的方式，组织全区 281 名科局级领导干部在 165 个行政村和 281 家重点企业中，设立了 446 个"局长驻点工作室"。驻点局长们通过实行"亮身份、亮承诺、亮渠道、亮安排"的"四亮"制度，发放干群联心卡 17 万张，畅通了沟通渠道，化解了基层矛盾、助推了科学发展；通过履行"掌握社情民意、化解矛盾纠纷、指导基层党建、助推重点工作"等四大职责，落实限期解决问题 204 件，收集社情民意 12459 条；通过开展"组团式服务、现场式服务、挂牌式服务、包案式服务"等"四式"服务，在为群众办实事、解难题中提升了干部做群众工作能力，党群干群关系进一步密切；通过建立"规范运行制、工作督查制、交流点评制、专项考评制"等"四项"机制，确保了驻点工作的常态长效。一方面有效推动了机关党员干部带头下基层、送服务，取得了一定成效，另一方面为进一步探索健全机关党员干部联系服务群众长效机制积累了实践经验和理性思考。

一、案例背景

从湖州市的实际情况看，绝大多数干部是自觉的、认真的，党群、干群关系总体是好的，但也确实存在一些不良倾向和问题。主要有以下几方面：

一是思想观念上的问题。少数机关部门官僚主义、形式主义多有抬头，少数干部与基层群众缺乏经常性和深层次接触，做群众工作时动真情不够、来真格不多、下真功夫较少。部分干部宗旨意识和群众观念有所淡化，与群众打交道缺乏热情，对群众的呼声充耳不闻，对群众的需求视而不见，甚至有时把群众利益与党的工作对立起来，侵害群众利益。少数干部"官本位"思想浓厚，只架"天线"不接"地气"，很会做"领导工作"，不会做群众工作，习惯于发号施令，却没有真正从群众的立场和角度来谋划推动工作。

二是能力水平上的问题。少数干部做群众工作流于表面，习惯于讲讲大话、说说政策，对惠民举措掌握不全面，落实不到位，不能灵活运用政策手段满足群众需求，导致群众失信任、组织丧威信。个别干部运用政策法规处理基层事务的能力不足，理论联系实际的能力不强，特别是在处理解决群体性、突发性、复杂性事件时缺乏有效应对方法。少部分年轻干部不熟悉基层情况，不善与群众沟通，也不会讲群众语言，从而难以融入群众、发动群众，工作打不开局面。

三是工作作风上的问题。部分党员干部做群众工作的方式方法仍然比较简单，有时甚至用行政命令强推，不按客观规律办事，急功近利，造成矛盾不断激化，党群干群关系紧张。少数干部作风漂浮，习惯于靠会议传达精神、靠文件落实工作，擅长做表面文章，工作不讲实效，缺乏实干苦干精神。还有的少数干部为了迎合或满足某种需要，对上说假话、大话、空话，却不愿意听下面的真话、实话，不愿意修正错误、择善而从。

四是制度机制上的问题。干部考核激励制度尚不全面，对党员干部做好群众工作的绩效衡量缺乏有效手段和科学规定，导致群众工作"干多干少一个样、干好干坏差不多"。在部分党员干部中还一定程度存在着回避矛盾、侥幸过关的"鸵鸟"心态，不愿直面群众矛盾，信奉"多一事不如少一事"，只要没有群众上访压力，对群众工作采取能躲则躲、能拖即拖策略。少数干部在实际工作中还存在推诿塞责的现象，过于依赖信访、政法等部门，对群众工作不是主动安排部署，而是疲于被动应付。

二、主要做法

利用"局长驻点工作室"设在基层、直面群众的优势，将集中专访、定期走访、专门回访相结合，通过直面交流，使问题发现在一线、矛盾化解在一线、工作落实在一线。

1. 一村（企）一名局长，实现联系结对全覆盖。按照"一人一村一企业一项目"原则，由45个区级机关部门和12个乡镇、街道机关党组织排出281名科局级领导干部联系结对165个行政村、281家企业和142个重点项目，主要承担"加强基层党建、联系服务群众、理清发展思路、办好惠民实事"等职责。按照"有场所、有牌子、有制度、有台账"的"四个有"标准，设立"局长驻点工作室"，作出公开服务承诺，每月定期驻点服务。推行"一人一个团队"，开展组团服务，将联系干部所在单位年轻干部纳入联系结对工作。

2. 一室一套制度，实现走访服务全覆盖。按照"局长驻点工作室"制度要求，各级机关党组织要求每名科局级领导干部每月驻点办公不少于2天，实地调研不少于1次，每年要对联系村农户走访一遍。在走访调研中，做到基层党建情况必问、阵地必看、责任必讲，群众诉求必听，困难群众必访，群众托付事情必办。在走访过程中，向群众发放印有联系干部基本信息和监督电话的《吴兴区干群联心卡》，真正让群众"平常看得到、有事找得到"。各联系干部还依托工作室，落实定期下访接访工作机制，每月到联系点驻点"开门接访"1次，并提前三天公告到村。

3. 一月一轮督查，实现日常跟踪全覆盖。区机关工委会同区纪委、作风办等部门，采取点上访谈督查、随机专项抽查、个别约谈例查、会议点评助查等方式，全面深入开展督查工作。每月底，要求机关联系干部如实填写《局长驻点工作室月度工作情况表》，上报当月驻点服务情况。机关工委开展督查核实，并向全区通报督查结果。每季度分批召开驻点工作交流点评会，各联系干部就各自驻点服务工作开展情况进行交流，并对联系干部的驻点工作情况进行点评，形成促动。

4. 一年一次考核，实现结果应用全覆盖。年底结合机关党建述职考评，组织开展机关联系干部驻点工作述职评议，发放民主测评表，由驻点村企的基层组织、业主、党员和干部群众代表等，对"局长驻点工作室"运行、服务及成效进行满意度测评，测评结果与日常督查、点评情况，一并作为对机关联系干部年底实绩考核的重要依据。根据考核进行排名，评选表彰"十佳驻点服务局长"，示范带动机关党员领导干部带头创先进、示范争优秀，服务基层、服务企业、服务群众。同时，将年度考核评比结果向区四套班子领导和区委组织部通报，作为评价机关党员领导干部绩效及干部使用，评先评优的重要依据。

三、初步成效

通过推行"局长驻点工作室"，广大机关党员干部以真挚的感情联系基层、学习基层、服务基层，使联系工作成为树立机关党员干部形象、提升服务能力的有效载体。

1. 有效发挥了"社情民意调研室"作用，着力摸实情。充分利用"局长驻点工作室"设在基层、贴近群众的特点。广大联系干部坚持每月走访座谈一批基层党务工作者、党员干部群众、企业业主等，了解他们遇到的困难和问题，掌握了一批社情民意与意见建议。

2. 有效发挥了"党建工作指导室"作用，着力强引领。牢牢把握"局长驻点工作室"指导基层、强化党建的职责。机关联系干部在驻点村企深入开展"优党建、强引领"行动，指导基层党建。

3.有效发挥了"矛盾纠纷调解室"作用，着力解民忧。积极发挥"局长驻点工作室"直面群众、方便沟通的优势。广大机关干部在工作室"坐堂接诊"，直接受理基层群众来访，现场了解情况、现场解答疑难，为村级组织与村民、企业与员工、有关单位与群众牵线搭桥，现场调解。

4.有效发挥了"破难攻坚作战室"作用，着力助发展。积极立足"局长驻点工作室"服务基层、助推发展的定位。广大机关联系干部结合走访调研所掌握的情况，积极帮助协调解决驻点村、企的重点难点问题。建立了问题现场会商制，对村、企反映的发展难题或紧急问题，现场会商、协调破难。如，在抗击台风过程中，广大机关干部全部赶赴各自联系的村、社区、企业和重点项目检查指导防台工作，并全程24小时参与联系点的防台抗台行动，树立了机关党员干部的良好形象。

四、经验与启示

实践证明，推行"局长驻点工作室"对于健全机关部联系服务群众长效机制具有重要的先行意义，基层群众普遍比较欢迎。总结经验主要有以下几方面：

1.完善党员干部直接联系群众制度，就要实现变"临时走访"为"常态走访"。通过明确联系干部三五年不变的长期联系原则，建立相对稳定的联系，切实增强了机关党员干部与基层的感情，更有利于部分重点难点问题的长期化解。通过明确将"局长驻点工作室"列入区级层面的重点工作之一，进一步推动联系工作常态化、责任人格化、工作实效化。

2.完善党员干部直接联系群众制度，就要实现变"单向服务"为"双向互动"。通过"局长驻点工作室"，实施机关党员干部全方位走访，将以往停留于面上听、会上讲、动笔写的工作方式，彻底转变成两腿跑、全面访、实际办的工作方式，建立起了机关干部与村班子成员、一般群众之间的互动机制，全面倾听群众的呼声，真正了解群众关心什么、需要什么，使走访更具针对性，问题化解更具可行性。

3. 完善党员干部直接服务联系群众制度，就要实现变"个体联系"为"普遍联系"。在"局长驻点工作室"运行过程中，我们充分发挥"组团服务"的资源优势，改变以往单兵作战的不足，通过构建问题反馈机制、矛盾化解机制、项目督办机制，实现从"机关干部个人有限走，变为组团人员抱团走"。不仅调动了全区各级机关干部下基层服务群众的积极性，更在一线培养锻炼了一批年轻干部，提高了机关干部服务基层的能力水平。

4. 完善党员干部直接联系群众制度，就要实现变"联系干部"为"联系群众"。在实践中，我们以直面群众为重点，努力改变机关干部以往下村只和村干部交流，只和党员村民代表交流的有限性，真正深入到田间地头、工矿企业，在生产一线和普通群众交流，拜群众为师，学习怎样说群众的话、办群众的事。通过干群连心卡的发放，做到了每位村民都能随时找到自己所在村的联系干部，实现了联系群众范围最大化。

---- 思考题 ----

1. 如何进一步丰富联系内容，以确保联系机关党员干部服务群众活动深入推进？

2. 如何进一步改进组织形式，以确保机关党员干部联系服务群众活动扎实开展？

3. 如何进一步完善激励措施，以确保机关党员干部联系服务群众活动取得实效？

为民要真心　工作要真干
服务要真诚

——马鞍山践行"走亲戚"群众路线的生动案例

（中共马鞍山市委党校　王春祥）

安徽省马鞍山市在全市机关和事业单位中开展了大规模的走亲戚活动，推动党员干部深入到农村、社区，与困难群众"一对一"结为"亲戚"，通过广泛而又持续地开展走亲戚活动，真正达到了"群众得实惠，干部受教育"目的。"走亲戚"是当下党的群众路线教育活动的生动实践，以其鲜明的时代气息和实实在在的做功，很好践行了党的为人民服务宗旨，受到群众的由衷欢迎。

一、案例背景

活动的缘起。马鞍山市政府提出"为民要真心、工作要真干、服务要真诚"的工作要求，着力改作风、提效能。围绕"机关干部得锻炼、干群关系得升华、困难群众得帮扶"这一主题，市政府办公室机关党委创新党建活动方式，开展了"我到农村走亲戚"活动，积极推动机关党员干部下基层，与农村困难群众结亲戚。领导干部的身体力行，广大党员的积极参与，带来的社会影响也越来越大，成为马鞍山市创新党建活动的知名品牌。

活动的扩大。在群众路线教育实践活动中，马鞍山市站在新的起点上，把"走亲戚"作为群众路线实践活动的有效载体和党员干部接受教育的重要方式。各机关事业单位干部职工自愿与农村、社区困难家庭"结亲戚"，走亲戚活动随即在全市全面深入推开。活动的取向和目标更加明确：群众得实惠，干部受教育，是助人自助；"走亲戚"不是走一阵子，而是要走一辈子；不光要走农村的穷亲戚，还要在更广泛的领域与更多需要帮助的家庭结成"亲戚"。让"走亲戚"成为联系服务群众的桥梁纽带，成为干部受教育、转作风、提效能的重要平台。

二、主要做法

1. 坚持"组织推动、领导带头、个人志愿"三结合原则，最大限度调动广大党员干部参与

一是强化组织推动。深入基层，摸清"亲戚"家底，做到结对亲戚"不重复、不遗漏、全覆盖"；成立市"走亲戚"活动领导小组，制定活动方案，明确活动的形式、内容和具体要求；通过座谈会、交流会、走访调研、文件通报等形式，督促活动的落实。

二是坚持领导带头。活动启动以来，市委领导率先垂范，带头"结亲戚"、"走亲戚"，带头听取群众意见，带头调研指导工作。全市建立了领导带头责任制。市县区直单位"一把手"也在第一时间全部走进"亲戚"家门，发放"连心卡"，建立联系"热线"，为干部职工作好表率。

三是实行个人志愿。党员干部自觉自愿参加活动，把"走亲戚"当成一件非常自然的事情，变成感恩的具体行动。据统计，全市101个单位17127名干部职工与16991户困难群众、留守儿童、空巢老人结"亲戚"。马鞍山形成了万人下基层结万户"亲戚"的生动场面。

2. 严格"三条硬杠"、"四项要求"，让活动真正接地气、常态化

党员干部根据本人和"亲戚"的实际情况，采取"一对一"结对方式，每年主动"访亲"一般不少于两次。"走亲戚"双方原则上不得变动，做到"亲戚"不脱贫，责任不脱钩，帮扶不停止，确保"走亲戚"活动全覆盖、常态化。为了确保走亲戚活动落到实处，要求做到"三不标准"、"四个经常"，即"不见亲人面，不算走亲戚；不进亲人门，不算走亲戚；不解亲人难，不算走亲戚"；"经常走访慰问、经常谈心交流、经常济困解难、经常兴办实事"。

3. 实行"双向互动"，让"亲戚"越走越近、越走越亲

马鞍山市"走亲戚"不是单向的下基层，而是双向的来往；不是干部认亲就算亲，而是百姓认亲才算亲；不是干部走亲才算走，而是要让群众走起来才算真正走。党员干部不仅要走下去，还要把农村"亲戚"请到城里来、请进家中去，实现"走下去"与"请上来"的双向互动、双向收益——党员干部接地气、受教育；基层群众长见识、提底气。"两家人"通过在一起拉拉家常事、说说知心话、共谋脱困路，实现"从谈心到交心、从交心到知心、从知心到同心"，真正成为"一家人"。

"双向互动"是马鞍山市开展走亲戚活动显著特色和创新亮点，涌现不少好的经验和做法。如当涂县开展的"五互五联"法、和县西埠镇开展的"五项互动"法等，形式新、内容实、效果好。"五互五联"法："互相交流联系方式、互相请到家做客、互相介绍家庭成员、互相交流家庭情况、互相开展家庭活动，注重家庭联系、感情联系、思想联系、生产联系、生活联系"。"五项互动"法："我与亲戚话发展"、"我给亲戚讲政策"、"我带亲戚看新村"、"我与亲戚同劳动"、"我领亲戚进家门"。

4. 实行"授人予鱼"与"授人予渔"的有机结合

雪中送炭，授人予鱼。走亲戚活动坚持从走"穷亲戚"开始，着力化解农村、社区中的"低保户"和困难家庭的生产生活问题。活动中，广大党员干部无私奉献，慷慨解囊，送去了钱、粮、油及一些必要的生活用品，有效缓解了部分群众的生活困难。一些领导干部还想方设法帮助"亲戚"解决诸如医保、廉租房、就业、入学、养老等方面的问题，努力为他们解决后顾之忧。

从"授人予鱼"走向"授人予渔"。积极地开展物质帮扶和解决群众生

活困难，是走亲戚活动的起点，但不是终点。走亲戚活动不是简单的物质救济和帮扶，不是一"走"了之，一"给"了之，而是在活动过程中，既注重解决实际困难，让群众感受到党和政府的关心和社会的温暖，又不包办代替，坚持一切从实际出发，鼓励他们自力更生、自食其力。在物质帮扶的同时，注重解决思想观念的障碍，注重谋划脱贫致富的路子，注重解决就业创业的难题。如在一些地方开始探索推动专家、科技能手、实用型人才等结对帮扶，推动"帮物—扶智—自立"，最终实现"授人予鱼"向"授人予渔"的升华。

5. 推动助人自助，把"走亲戚"作为干部受教育、心灵得净化的重要平台

"走亲戚"活动不是单一价值取向，而是在帮扶困难群众的同时，实现"干部受到教育、心灵得到净化、境界得到提升"的双重目标和双向收益，是助人自助。主要做法有：一是要求党员干部亲力亲为，带头走进群众，深入基层，目睹和亲身体验群众的生活状态，接受思想教育和心灵洗礼。二是要求带着真情实感走，不在物质上作攀比，而是希望经常倾听群众的心声。通过与"亲戚同坐一条板凳"，进行朋友式交往、平等式交流、亲人式关怀，实地感受了群众的冷暖和诉求。三是在党员干部之间经常开展"互学互助"活动。如一些单位开展的"百篇走亲戚日记"评选、"百件温情实事"讲述、"百张随手拍图片"展览等活动。让党员干部身边人讲身边事，既能汲取别人好的做法，又能接受教育，提高境界，使走亲戚活动成为党员干部自然自觉的行动。

6. 注重宣传推广，引导和推动活动走向深入

一是注重利用广播、电视、报纸以及网络等多种媒体，对活动进行报道宣传，扩大知晓率，增加影响力，为活动开展营造良好的舆论氛围。

二是召开经验交流会、工作推进会、"走亲戚"故事会，以及开展"日志"评比、座谈研讨、演讲比赛、摄影展览等活动，将"走亲戚"活动中好的经验和做法，及时总结推广，指导和推动活动的深入开展。

7. 形成制度推力，让"走亲戚"活动善做善成

一是建立长期联系制度。要求党员干部利用周末和节假日，不定期走访慰问"亲戚"。统一制作《"亲戚"简明情况登记表》、《"走亲戚"活动记录

表》、《"走亲戚"活动情况统计表》、连心卡、民情日记本等,推动"走亲戚"活动走向制度化、规范化和常态化。

二是建立登记销号制度。把"亲戚"需要解决的困难统一进行登记造册,并及时予以更新。党员干部根据"亲戚"的实际情况,有的放矢地开展帮扶活动。对于已解决的问题,进行逐项登记销号,确保"亲戚"活动不走过场,取得实效。

三是建立工作日志制度。要求党员干部认真撰写"走亲戚"活动专题日志,并经常开展日志评读座谈、评比活动等。"日志"形式简便,内容生动感人,是一种群众喜闻乐见的好形式。

四是建立考核评价制度。将"走亲戚"活动纳入党建工作年度目标考核,结合开展民主测评、群众评议等工作,作为领导班子和干部职工考核评价的一项重要指标,作为干部职工评先评优、提拔使用的重要依据。

三、主要成效

1.干部受教育

"走亲戚"是干部受教育的一个重要方式。每一次走亲戚活动的过程就是一次走进群众、联系群众、服务群众的具体过程,也是一次群众路线、群众观点、宗旨意识的思想教育过程。经常走亲戚、接地气,促进了党员干部立场观点和情感审美的不断转变,逐步与普通劳动者拉近距离,增进感情。"走亲戚",不仅让大家看到了贫困和苦难,更看到了劳动人民不畏艰辛、艰苦奋斗的优良品质。向劳动人民学习,拜人民为师,将成为党员干部改造主客观世界的价值指南。

2.群众得实惠

广泛持久的"走亲戚"活动,着实地解决了一些群众的实际困难,尤其是让他们感受到党的关怀和社会的温暖,生活更有希望和盼头。

注重把群众反映强烈的就业、社保、教育、医疗、住房、出行等问题进行归纳、梳理，作为民生工程的重点，纳入各级党委、政府施政纲领。"走亲戚"是一次为民务实的活动，群众得到了实实在在的利益和好处。

3. 作风得改善

"走亲戚"是一面镜子，让我们看一看为民服务态度正不正，服务能力强不强，服务效果好不好；看一看是否存在"四风"之弊，是否存在脱离群众之险，是否存在为民服务的"最后一公里"现象。通过走亲戚、照镜子、转作风，促全市机关干部在服务上"换挡"，在效能上"提速"，"立即办、马上办、办得快、办得好"已蔚然成风。群众由衷感叹道：党的好作风又回来了。

走亲戚活动是转变作风的一剂猛药，对于工作中长期存在的种种弊端和陋习，诸如庸懒散奢、推诿扯皮、本位主义、特权思想等问题，来一次思想大风暴和行为大扫除，做到有错就改，立行立改。

4. 能力得提升

走亲戚活动使得机关党员干部有机会更多地了解农村和社区，更多地接"地气"、强"底气"，进一步提升了做群众工作的能力和水平。一是增强了与群众沟通的能力。学会了用群众的思维、群众的感情、群众的语言和群众的方式来做群众工作。群众有什么心里话都愿意和"亲戚"唠唠。二是增强解决具体问题的能力。在为民办实事中，干部们学会了"跑部门"和"求人"。一方面深切体察了老百姓"办事难"的苦衷，另一方面也明显转变了思维模式，提升了自己办事和解决具体问题的能力。三是提升自己学习研判、协调统筹能力。"走亲戚"常常会遇到一些新情况新问题，也常常让自己处在不同站位下思考问题，需要换位思考、广泛学习，不断提升分析研判、协调统筹的能力。

5. 心灵得净化

"走亲戚"活动中，广大党员干部深入基层，深入底层，目睹和亲身体验困难群众的生活状态，心灵无不受到很大的震撼和触动。面对生活的压力和不幸，一些"亲戚"不甘于消沉，而是勇敢与命运抗争，他们乐观的生活态度和家人对他们的不离不弃，常常令党员干部感动不已。赠人玫瑰，手有余香，在帮助别人的同时，自己的心灵也一次次受到洗礼，思想境界也在慢慢地升华。

6.风气得改善

"走亲戚"是党员干部服务群众、关爱他人、奉献社会的美好行动。老百姓亲切称呼它"阳光行动"。因为它就像阳光一样,温暖别人,也照亮自己。随着活动的深入开展,参与的人员也逐步由机关事业单位党员干部延伸到一般普通工作人员,由一般的党组织活动,走向更加广泛意义的社会关爱行动。这种行动不断催生和塑造着马鞍山文明城市的形象,丰富和升华这座新兴城市的精神文化内涵。"走亲戚"的影响力就像一束光簇拥另一束光,逐渐累积、不断扩大,不仅点亮了"亲戚"、指引了自己,也温暖了周围。这正是"走亲戚"活动的生命力、吸引力和感召力所在。

四、分析与启示

1.群众路线是党的生命线和根本工作路线,不能忘、不能丢

群众路线是党的"生命线",密切联系群众是我们党的最大政治优势,是我们党永远立于不败之地的不竭动力。实现中华民族伟大复兴的中国梦,必须紧紧依靠人民,充分调动最广大人民的积极性、主动性和创造性。作为党员领导干部,必须牢固树立群众观点,站稳群众立场,从思想和情感深处解决好"我是谁、为了谁、相信谁和依靠谁"的问题,永葆党的"生命线"的生机和活力。

践行群众路线就是要走进群众、联系群众、服务群众,就是像"走亲戚"一样,把群众当亲人看、当亲戚走,从群众中来,到群众中去,经常地深入基层、深入群众、深入实际,了解群众所思所盼,解决群众所需所急,在联系服务群众中践行群众路线。通过"走亲戚",让我们更加清醒认识到,党的群众路线是我们的"生命线"和"传家宝",我们在任何时候都不能忘、不能丢。

2.全面深化改革,加快经济发展,不断满足人民群众物质文化需求,仍

然是各级党委政府工作的第一要义

"走亲戚"活动让我们深切感受到，部分群众生活的困难和社会保障的缺失、低水平，根本上还是我们的发展水平不高，发展速度不快，发展中还存在不协调、不平衡和不可持续，还没能建立强大的物质支撑，还无法满足群众日益增长的物质文化的需要。当前，发展仍是我们解决各种问题的关键，是各级党委政府工作的第一要义。

新时期新形势，马鞍山市紧紧抓住"转型升级、加快发展"这个最核心的任务。始终坚持转型升级不动摇，始终坚持加快发展不动摇，始终坚持聚焦工业不动摇，始终坚持改革创新不动摇，始终坚持民生优先不动摇。实施工业倍增计划，做大经济体量；实施创新驱动战略，打造区域创新高地；大力提升服务业的质量和效益，推动转型升级；协调推进各项改革工作，激发发展活力；把保障和改善民生作为一切工作的出发点和落脚点，使发展成果更多更好地惠及广大群众，不断增强人民群众的幸福感和满意度。

3. 群众利益的无小利，群众的事情无小事，关注民生建设始终是我们工作的重点

利益问题是群众最为关切的问题。新民主主义革命时期，毛泽东同志就深刻指出："一切空话都是无用的，必须给人民以看得见的物质福利。"在新形势下，坚持正确的群众路线必须以切实维护群众利益为切入点。群众利益无小利，群众事情无小事。当前，关系到老百姓切身利益的"民生工程"，涉及就业、住房、教育、医疗、保障等诸多方面。需要我们无论在宏观层面的政策、路径，还是在微观层面的治理、措施，都要把人民群众的最现实最迫切的利益放在首位，谨防不顾人民生活的"政绩工程"，摒弃损害人民利益的"远大追求"。在重大的规划、项目，以及涉及群众切实利益时，群众要有知情权、表决权、监督权。

4. 加强作风建设，永远在路上，只有进行时，没有完成时

作风是党性党风的外化和表现。"走亲戚"活动，让我们深切感受到，我们的工作离人民的要求和期盼还有较大的差距，为人民服务的宗旨，做的还不够扎实，群众还不够满意；基层的党群干群关系总体和谐，但也出现局部的疏离，甚至背离的现象，脱离群众的风险始终值得警示。

作为基层的党员干部，几乎天天要与群众打交道，我们在群众中的形象，直接影响党的凝聚力、战斗力，我们越是为民务实清廉，人民群众的认可度、幸福感就越高；同样，不良作风也更直接损害群众利益、伤害群众感情。"走亲戚"暴露出我们作风还不够"严实"，还存在着形形色色的形式主义、官僚主义、享乐主义、奢靡之风。作风问题具有顽固性和反复性，形成优良作风也不可能一劳永逸，克服不良作风也不可能一蹴而就。需要我们常抓不懈，严肃党风政纪，做到严以修身、严以用权、严以律己，谋事要实、创业要实、做人要实。牢牢筑起为人民服务的价值观念和人生取向，以实实在在的业绩，清清白白的做人，取信于民。

5. 加强道德情操教育是党员干部的终身必修课

习近平总书记指出：国无德不兴，人无德不立。必须加强全社会的思想道德建设，激发人们形成善良的道德意愿、道德情感，培育正确的道德判断和道德责任，提高道德实践能力尤其是自觉践行能力，引导人们向往和追求讲道德、尊道德、守道德的生活，形成向上的力量、向善的力量。"官德彰则民风淳，官德毁则世风降。"广大党员干部是社会主义核心价值观的倡导者和践行者，只有自觉加强道德修养，提升道德境界，带头讲道德、重诚信、践宗旨，才能在实现中华民族伟大复兴中国梦的实践中永葆本色，彰显先进。

在"走亲戚"活动实践中，党员干部们越来越多地感受到这项活动开展的深远意义和影响，从而把每一次走访活动当作一次难得的人生教育课堂，不仅自己走，而且越来越多的人带上家人一道走。在"走亲戚"中体察生活的本色，感悟人生的真谛，学会节俭和担当，懂得感恩和付出，逐步形成正确的世界观、人生观和价值观。

思考题

1. 安徽省马鞍山市以开展"走亲戚"活动践行群众路线，有何优势？有何特点？

2.如何评价马鞍山市"走亲戚"活动:"干部受教育,群众得实惠,是助人自助"的活动取向?

3.为什么说加强道德情操教育是党员干部的终身必修课?

4.结合实际谈谈,如何抓好党建促发展,抓好民生促和谐,实现经济、社会、民生、党建四者共振共进?

加强基层党组织建设
探索群众工作新途径

——以珙县"一定四通"县乡村一体化的服务群众工作模式为案例

（中共珙县县委党校　冯立新　陈　娟　张勇军　李冬梅）

　　"一定四通"群众工作法，是珙县多年来在探索加强基层组织建设和服务群众工作实践中，通过整合县乡村三级组织管理服务资源，借助现代信息网络技术搭建平台，创新推出的一种以"定目标职责和民情直通、服务直通、评价直通、问责直通"为核心内容的服务模式和工作方法。为推进基层执政方式转变，实现服务无缝对接走出一条智慧型的成功路子。可以用"'一定四通'是党群联系的新桥梁，山沟沟里的马克思主义创新"来评价"一定四通"的运行实效。

一、动因和背景

　　其一，密切联系群众是我们党长期执政的最大政治优势，是加强党的执政能力建设和先进性建设的基本途径和必然要求。为此，时代要求围绕统筹城乡发展新格局，拓宽党员联系服务群众渠道，构建党员联系和服务群众工作体系，提高党的建设科学化水平。通过强化基层组织的服务意识和服务质量来推进工作创新，提升县域社会管理科学化水平，推动实现县级层面党的执政方式的有效转变，也就成了珙县党政的必然选择。

其二，从珙县的情况来讲，珙县位于川滇交界处，全县辖17个乡镇，拥有42万人口，是典型的山区县和资源县，南北狭长的地理特征和县城位于县域最北端的地理位置，使得南部乡镇到县城有100公里的里程，南部乡镇群众到县级部门办事尤为困难。过去道路差时群众坐车得4个小时，现在交通虽然有了较大改善，但仍然要2个多小时，群众办事仍然不方便。同时，由于资源开发，特别是煤炭开采带来的厂社矛盾和垮山漏水等善后问题，也是容易引发群体性事件的导火索，对基层的稳定影响很大。也就需要珙县在解决基层群众需求、化解基层矛盾、改进基层组织服务模式和服务方法上有更大的改变。

其三，随着通信技术和信息传播手段的日益发展，已经给农村社会带来了深刻的影响。由于信息的不对称，民情不能有序上传，服务难以有效覆盖，决策不能及时跟进，已成为基层工作的一大软肋。因此，如何把现代信息技术、基层组织建设和新时期群众需求三者有机结合起来，更加有效地解决群众实际困难，密切党群联系，成为珙县党政必须面对和解决好的重大现实问题和政治问题。这也为珙县改进基层工作模式，创新推出"一定四通"服务群众工作法提出了必然要求。

二、发展历程

为开辟基层组织建设和发展的新路子，在统筹城乡发展，拓展基层组织服务群众工作渠道，提升县域社会管理科学化水平上展示新作为，珙县县委县政府主动适应县域基层社会面对的新形势，不断研究新时期的群众心态，不断探索新的党群沟通渠道，在对基层单位解决群众具体困难和问题探索形成的创新载体进行总结提炼的基础上，提出并完善了"一定四通"群众工作法。

　　珙县石碑乡党委率先提出和开展流动便民服务工作。该乡党委、人大、政府领导通过集体深入到红卫、红光、光明、飞龙等村，实地查看和现场办公，召开流动班子会，仅用两天时间，就为四村十社的老百姓解决了急需急盼的公路维修和渠堰维修资金问题，受到村社党员干部和群众的称赞。

　　珙县底洞镇在全镇28个村（社区）中创新推行"你点题，我公开，你明白，我清白"为主题的村务"点题公开"活动，将党务政务村务公开的主动权交给群众。通过点题公开，激发了群众参与村级事务管理的热情，减少了群众的误解，化解了基层矛盾，及时消除了不稳定因素。同时，以此为契机，底洞镇在全镇村干部中推行服务群众的"代访代办"活动。

　　为切实解决基层群众办事难的问题，珙县结合建立保持共产党员先进性长效机制，在总结石碑乡和底洞镇的经验和做法基础上，全面实施"流动便民服务直通工程"，以"凡事简办、急事快办、政事明办"为理念，通过"便民服务流动到村社、审批服务流动到基层、决策服务流动到现场"的方式开展便民服务。

　　在总结"流动便民服务直通工程"的基础上，珙县结合学习实践科学发展观活动的要求，在全县创新推出"党群服务直通工程"。通过打造县乡村三级党群服务平台和"党群服务中心"，畅通党员群众办事和诉求渠道，采取"窗口受理＋远程受理"、"接访接办＋代访代办"、"定点服务＋流动服务"的形式开展服务活动，并以此作为服务群众、服务基层和服务发展的有效载体建立起长效机制，实现了农村群众办事解难"不出村"，城乡群众投诉求助"不出门"。

　　在总结"党群服务直通工程"开展的基础上，珙县结合"创先争优"活动的开展和"拓展工作年"的东风，进一步整合资源，打破城乡体制分割和机关条块分割的工作格局，进行适应大党建的综合改革，搭建起涵盖各职能部门和相关社会组织的扁平化、常态化、规范化的县乡村一体化服务体系和平台，提出并落实"一定四通"的民心党建运行机制，并以此为杠杆推进县域社会管理创新。王家镇党委在推进此项工作中，探索出一套"工作层级倒置、服务需求倒逼、管理角色倒换"的"逆向工作法"，为基层党政走出"路径依赖性"困境作出了成功尝试。

珙县作出全面推行"一定四通"党群服务模式的决定。对"一定四通"的内容和要求进行了初步诠释，完善了"一定四通"的运行体系和保障机制。成立了由县委书记担任组长的"一定四通"党群服务工作领导小组。成立了由县纪委书记兼任组长的"一定四通"党群服务监督委员会。成立了由组织部长担任主任的"一定四通"党群服务规范管理办公室。对推进"一定四通"党群服务模式作出筹备、试点、推广、完善的四步规划。

珙县进一步深化"一定四通"党群服务模式，充分发挥基层党组织和党员作用，不断对健全完善服务党员群众、推动经济社会发展、促进社会和谐安定、实现县域善治的长效工作机制提出了具体意见。特别是对"一定四通"党群服务模式的具体内容要求、任务和机制、运行渠道和流程作出进一步规范。

珙县不仅把"一定四通"党群服务模式上升为"一定四通"群众工作法，而且把"一定四通"群众工作法与创建服务型基层党组织联系起来，结合深化基层党组织"三分类三升级"活动的要求，对乡镇党委、村（社区）党组织、机关事业党组织、非公经济和新社会组织的党组织创建成服务型基层党组织提出了具体指标、步骤和要求，把"一定四通"群众工作法的要求全面落实到各项工作中，使之成为引领珙县经济社会科学发展的"导航仪"。

三、具体工作内容和做法

珙县"一定四通"群众工作法涵盖五个方面内容，即定目标职责、民情直通、服务直通、评价直通、问责直通。具体内容和做法要求是：

打破城乡分割体制，破除部门利益格局，通过整合县域服务资源，在县上"成立一办五中心"。即规范服务管理办公室和党群、政务、民生、信访、社会互助中心；乡镇统一建立一站五窗口。即建立党群服务站，内设民生诉求、社会事业、经济发展、党群服务、社会服务等五个服务窗口；村上成立党群服务点；组建起包括"1个规范服务办公室＋5个县级服务中心＋17个乡镇服务分支＋259个村级服务点＋6879名党群服务联络员"的服务支撑体系。通过创建一个信息网络服务和指挥平台，建立一套工作运行机制来推动服务体系的运转，形成县乡村一体化的服务群众工作模式。

（一）定目标职责

通过明确服务体系中涉及的单位和个人的责任，使党政服务群众的责任更加刚性。一是定标准。根据不同领域、不同类型单位的特点，分机关、农村、社区、教育、卫生等八个类别，从服务队伍、服务机制、服务保障、服务业绩、群众评价五个方面，分别制定服务标准，为服务群众构建镇（乡）、村全覆盖的网络系统。二是定责权。从县级部门到乡镇村社、从领导干部到普通党员，分别根据岗位职能量化工作职责，形成横向到边、纵向到底的责任体系，有效避免服务群众工作掉链子、踢皮球。三是定流程。规范建立群众生产生活各类需求服务的标准工作流程，明确服务群众工作开始、中止、延时、完成等情形的时限和标准，使服务落实到具体岗位，使承办单位和服务人员随时知晓自己的工作任务和目标。

（二）民情直通

做到群众愿望从群众中来，使党政服务群众的内容更加切实。通过健全民情收集、研判机制，让群众诉求畅通直达，使决策更加科学民主。一是畅通渠道聚民意。依托党群服务中心、基层服务站点，"一定四通"网络服务平台，以及定期开展的党员干部下访、公开接访活动，构建起上下贯通、协调联动的民情收集网络，并将收集的信息形成"一户一表、一社一册、一村一账"的民情数据库。群众只需拨打4312345服务热线或借助上述任一渠道，就可以反映自己的诉求。二是定期研判剖民情。对民情数据库进行分类别梳理、分条块交办，定期对群众工作薄弱环节进行排查分析，将共性问题和重大问题形成《民情专报》供县委、县政府决策参考。三是一线决策顺民心。针对群众反映强烈的民生问题，特别是基础设施、发展项目等涉及群众利益的重大事项，县委把常委会开到基层一线，乡镇把党委会开进田间地头，回应群众期盼，彻底改变"党政会议室决策、基层悬空式落实"现象。

（三）服务直通

干部服务到群众中去，使党政服务群众的方式更加亲近。围绕"便民、利民、惠民"，推行"逆向工作法"，根据群众需求倒逼服务方式转变，实现农村办事找一个人、县乡办事进一扇门。一是群众点题服务。依托县乡村三级服务网络，提供服务窗口、网络站点、热线电话等多种方式让群众自主选择，通过群众"点题"、干部"答题"，确保服务更加贴近群众。二是干部代办服务。明确村（社区）干部、乡镇驻村干部为代办员，对村级不能办理的事项全程代办，实现"群众动嘴、干部跑腿"的角色转变。三是组团流动服务。县委从县乡机关择优选派 300 名余党员干部，组建了 27 支党员流动服务队，通过便民服务流动到村社、审批服务流动到基层、决策服务流动到现场等面对面方式，到全县 259 个村（社区）开展巡回服务。

（四）评价直通

服务效果由群众评价，使党政服务群众的成效更加直接。以群众满意为评判标准，通过"三位一体"的服务评价体系来检验服务的效果。一是即时评价。坚持"一事一评价"，在每个服务事项办结后，由服务对象现场通过电子评价仪进行满意度评价。二是跟踪评价。县委成立规范服务管理办公室，安排专人对所有办结事项进行逐一电话回访，跟踪了解办事群众的服务评价。三是定期评价。通过开展"万人评风"活动，定期对服务中心、窗口单位进行满意度测评，测评结果面向社会公开。综合评价结果作为基层党组织和党员干部评先评优的重要依据。

（五）问责直通

改进工作到群众中去，使党政服务群众的行动更加自觉。坚持"动真格、用重拳、促转变"，通过完善问责机制，促使党员干部变压力为动力，改进群众工作。一是超时问责。实行电子限时服务"红绿灯"机制，对超过规定时限的，系统自动亮"红灯"报警，并生成手机问责短信报告有关部门领导和县级分管领导。二是差评问责。对群众满意度低于80%的，由县"一定四通"党群服务中心责成单位负责人对相关人员进行谈话提醒；谈话提醒超过3次的，严肃追究领导班子和有关人员责任。三是逆向问责。对有的软弱涣散、工作不力的村级组织负责人，经本村10名以上党员或村民代表联名；对个别群众观念淡薄、工作不在状态的乡镇班子成员，经辖区内三分之一以上村级党组织联名，可提请启动问责或罢免程序。

四、效果和影响

创新探索取得了创新的效果。珙县自开始推进"一定四通"群众工作法以来，有效解决了"群众办事困难、政府服务软弱、干部作风拖沓"的问题，实现了"基层执政科学化、智慧服务零距离"。因而，赢得了人民群众的普遍赞誉。

珙县"一定四通"群众工作法，作为珙县创新打造的网络化、全覆盖、零距离的服务群众模式，得到了各级领导的高度关注。也得到了众多组织内刊和新闻媒体的关注和高度评价。

五、理论价值

通过分析珙县"一定四通"群众工作法的创设目的和运行机制及发挥的作用，其思想理论价值主要体现在三个方面：

一是把党的指导思想与珙县的县域实际结合起来，是对马克思主义政党始终坚持的"为人民谋利益"思想和走群众路线道路的创新探索。人民群众是历史的主体和历史的创造者，人民当家做主、人民利益落到实处，是社会主义和马列主义的真谛。珙县"一定四通"工作模式通过搭建干群连心桥，让干部接地气，为解决当前领导干部中普遍存在的精神懈怠、作风漂浮、办事拖拉推诿等问题开出了一剂良药，是"立党为公、执政为民"的生动实践。同时，"一定四通"坚持"笑脸开门迎、办事无障碍"的服务理念，通过开发链接县乡村三级的服务信息传输网络体系，实行办事大厅"一站式"服务、县乡村"网络化"管理、规范服务管理办公室全程电子监督，构筑了新时期农村办事不出村、乡镇办事不上楼、县上办事一条龙的网络化服务格局。通过一体化的管理服务，使城乡群众切切实实感受到了各基层党组织和党员干部全心全意为人民服务的优良作风，凸显了基层党组织"做群众工作，走群众路线"的根本要求。

二是对基层组织在执政理念和执政方式上的转变和创新。做好新时期的领导工作，要切实做到权为民所用，情为民所系，利为民所谋，要把始终保持党同人民群众的血肉联系作为保持和发展马克思主义政党先进性的根本点，作为提高党的建设科学化水平的重要任务。珙县"一定四通"群众工作法正是以提高基层组织的服务能力和水平来保持党同人民群众的血肉联系，在基层党建与基层治理之间找到了最佳接点，探索了以社会管理创新推动执政方式转变的有效路径。珙县"一定四通"群众工作法给珙县带来的巨大变化，让群众办事更加便捷、干部作风更加亲民、县情民意更加清楚、管理运行更加有序。它不仅是转变干部作风、密切党同人民群众血肉联系的有效载体，也是充分激发基层党组织和党员干部展示党的先进性的重要平台，更是转变党的执政方式、推进服务型政党建设的生动实践，产生并释放着积极的价值意义和社会效应。

三是为基层推进县域善政、善管、善治，实现"郡县治，天下安"闯出了新路子。社会管理是和谐之基、稳定之源。在深化改革时期也是利益的博弈期和矛盾的凸显期，提高社会管理科学化水平，成为我们党巩固执政基础，维护社会和谐与稳定的首要问题。加强和创新社会治理，重点在基层，难点也在基层。作为社会矛盾重点发生的县域基层，如何做到县域善政、善管、善治呢？"珙县模式"的最大出发点在于，善政重在利民、善管重在服务，必须以党群服务的无缝覆盖，推动实现固本强基、民安县治。珙县也正是依托珙县"一定四通"群众工作法的"民心党建"服务机制为杠杆探索创新基层治理模式，提高了县域社会治理科学化水平，促进了县域社会和谐稳定和改革发展。

六、现实意义和启示

珙县"一定四通"群众工作法作为一种充分利用县域服务资源，通过构建县乡村一体化的服务模式，有效解决当前"群众期望大、政府服务软、干群关系差"问题的创新方法。其现实意义和启示也主要体现在三个方面：

一是破解了当前基层党政面临的困境，为提升基层组织的服务能力提供了新模式。当前，县级基层党政面临"五大困境"：一是财政困难，随着经济发展的提速，利益博弈的加剧，群众诉求的增多，县域基层的事情越来越多而财力增长愈加困难；二是权力困局，随着财权的上收、事权的下放，基层权力越来越小而责任越来越重；三是行为困惑，"问责风暴"下的动辄得咎，使基层党政应该做的做不了，一些不该做的依然要做；四是管理困扰，外有城乡二元分割，内有部门和条块分割导致效率低下；五是干部困倦，基层工作辛苦、压力大，加之体制机制建设的滞后性，具体行政行为难以最大限度地满足新时期群众的愿景。要破解这些困境，提升基层的服务能力，必须探索新的基层治理机制和社会治理模式。珙县"一定四通"群众工作法作为一种基层工作新模式，通过整合县域资源，建立各部门密切配合、县乡村联动的一体化治理和服务机制，打破了城乡体制壁垒和机关条块分割的工作格局，放大了基层组织的服务能力，发挥出多级组织的整体合力，解决了单靠某一级组织去做却做不了的问题，在提升基层组织的服务水平和办事能力中，最大限度地满足群众的愿景，更好地促进县域社会的和谐与稳定。

二是坚持与时俱进和智慧引领，为提升基层组织的服务质量搭建了新平台。社会在飞速发展，各种信息技术在推广使用，人们的思想观念在不断提升，这就要求我们的基层组织在服务理念和服务手段上也要跟上时代的步伐。珙县"一定四通"群众工作法之所以能让服务和管理实现全天候、全覆盖，充分体现智慧型服务和管理，关键是将现代信息技术引入服务手段的更新和创新平台的打造，这也是珙县"一定四通"群众工作法的一个主要创新亮点。通过开通全天候服务热线，利用现代网络通信技术建立服务平台，进行远程代理，实施窗口监控、过程监管、数字评判，进一步拓宽了服务的范围，提高了服务水平和服务效率，使基层组织的服务更具特色和更有生命力。

三是始终坚持服务群众的理念，为基层组织建设和工作创新找到了突破口。全心全意为人民服务是转变基层组织和干部的作风，密切党群、干群关系的根本途径和要求。珙县"一定四通"群众工作法之所以能取得凝心聚力的显著成效，关键在于坚持"民情从群众中来、服务到群众中去、评价从群众中来、改进工作到群众中去"的要求，始终把服务群众作为杠杆和纽带来构建和谐的党群干群关系。它在为全体党员和干部搭建服务群众工作平台的同时，更落实了责任机制，形成了全体党员和干部"不能不服务、不敢不服务、不得不服好务"的氛围，从而促进了基层作风的转变和基层组织形象的整体提升。同时，从珙县最先开展"流动便民服务直通工程"，到推广"党群服务直通工程"；从推行"一定四通"党群服务模式，再到工作"一定四通"群众工作法，也充分说明了，只有紧紧抓住服务群众这条根本路线，基层组织建设和基层工作才会有生命力，全心全意地为人民群众服务，才是创新的不竭动力和力量源泉。

思考题

　　某日，一县领导在乡镇领导和村社干部的陪同下，到一煤炭采空区的村社搞调研，在走到一户房屋破烂的农户屋侧时，看到一条地缝，就进屋与屋主人攀谈，问了他们的家庭人员情况，又问了一些家庭收入、生产发展、参加新农合和新农保等方面的问题，因屋主人不想多谈，说得也是语焉不详。在谈到他屋侧出现的地缝时，该县领导建议他是否考虑投亲靠友或另找地方建房时，屋主人说了一句：那个地缝存在好久了。随后又补了一句：我们家连吃饭都成问题，哪有余钱办那些事。看到该农户一家几乎是一贫如洗，该县领导临走时还拿了200元钱给屋主人，让他去把新农合买了，以防万一。回来的路上，该县领导考虑到自己只分管农业板块，就让镇村干部去落实一下。隔了一段时间，由于连续的大雨造成地陷，该农户家房屋垮塌造成人员严重受伤，到医院救治时，还是那次陪县领导下乡的镇干部担保，医院才答应救治的。事后查问，有关部门对出现地缝之事毫不知情。于是纪委启动问责机制，通过调查对相关人员给予了纪律处分。

　　1.如果你是当时在场的干部，按照珙县"一定四通"群众工作法的要求，该如何处理？

　　2.如果让你全程处理这件事，你应该考虑到哪些问题？应该追究哪些人的责任？（主要是善后工作容易被忽略）

　　3.对照这件事的处理，你认为珙县"一定四通"群众工作法还应该在哪些方面进行改进和完善？

二、经济发展和环境治理篇

安吉县推进美丽乡村标准化建设

（中共浙江省安吉县委党校王甲　邱少春）

安吉县地处浙西北，县名取《诗经》"安且吉兮"之意。全县面积1886平方公里，辖9镇4乡1街道、1个省级经济开发区、1个省级旅游度假区。安吉县七山一水二分田，人口46万，是全国首个生态县、全国唯一"联合国最佳人居奖"获得县、全国生态文明建设试点县，素有"中国竹乡"、"中国转椅之乡"、"中国竹地板之都"、"中国白茶之乡"的称呼。

安吉县在美丽乡村的建设中，为确保"建有规范、评有标准、管有办法"，相继开展了一系列"三农"标准化工作，通过明确设定一系列建设规范、通用要求和实施标准，全方位编织定量及定性指标系统，多层次构筑"中国美丽乡村"建设标准体系，探索一条本地管用、外地可用的新农村建设的新模式。安吉县以"标准化"为统领，推进了美丽乡村科学化、规范化、高效化建设，使"中国美丽乡村"的概念成为可操作、可检验、可修正、可复制的实施行动，使生产发展、生活宽裕、乡风文明、村容整洁、管理民主的美好愿景成为摸得着、看得见、感受得到的现实生活。

一、安吉县推进美丽乡村标准化建设的背景

美丽乡村是在现有"三农"基础上对县域经济社会的全面提升，是社会

主义新农村的升级版。"美丽乡村"目标定位高、工作推进深、社会参与广，要求将标准化全面引入"三农"工作的各个领域，体现在美丽乡村建设各个环节，落实到农村发展建设的各个岗位。

（一）美丽乡村定位之高需要标准化的支撑

美丽乡村创建之初，安吉县委、县政府就希望通过美丽乡村建设，使安吉县成为浙江省社会主义新农村建设的示范试点和对外形象品牌，真正对全国新农村建设起到示范引领意义。为此高标准、高定位地搭建了美丽乡村整体工作体系。

一是明确四项目标。即村村优美、家家创业、处处和谐、人人幸福，建成"环境优美、生活甜美、社会和美"的现代化新农村样板。

二是搭建四度架构。立意上求高度，着力"探索形成全国新农村建设的'安吉模式'，确保全国第一，力争全国唯一"。平面上求广度，以村为基础，以城为带动，党政善治、全民参与，城乡联动全覆盖。类别上求纬度，实现"一村一品、一村一景、一村一业"。推进上求经度，按照"整体规划、分步实施"的推进原则，实现"前两年抓点成线打出品牌、中间三年延伸扩面产生影响、后五年完善提升全国领先"的要求。

三是坚持"四美"原则。即尊重自然美，充分彰显依山傍水、因势因地而建的生态环境特色，不搞大拆大建，避免不伦不类。侧重现代美，坚持把生产发展放在首位，把生活富裕作为美丽乡村的前提和基础，融现代文明于自然生态之中。注重个性美，因地制宜，因势引导，因村而异，分类指导，分层推进，分步实施，做到移步换景、看景辨村。构建整体美。强化全局战略思维，把全县当作一个大乡村来规划，把一个村当作一个景来设计，把一户人家当作一个小品来改造，力求全县美丽、全县发展。

四是实施四大工程。环境提升工程，抓外在有形环境的提升，全力彰显生态魅力。产业提升工程，抓内在经济实力的提升，扶持优势产业，壮大集体经济，积极培育产业大村、经济强村，全力增强经济实力。素质提升工程，抓文明素养的提升，培养有技术专长、有创业激情、有文化素养、有宽广胸襟、有文明气息的现代品质农民。服务提升工程，抓广度公共服务的提升，健全农村公共服务体系，繁荣农村社会事业，重点推动城镇基础设施向农村延伸，公共服务向农村倾斜，社会保障向农村覆盖。

美丽乡村建设系统庞杂，内容丰富，只有在实践的过程中依标准化的程序，按标准化的要求，用标准化的手段，才能保证整个建设过程协调有序，科学有效。

（二）安吉县"三农"工作推进之深需要标准化的保障

安吉县生态优势明显、地域特色鲜明，全县植被覆盖率75%，森林覆盖率71%，空气质量一级，出境地表水一、二类，县内乡镇都是全国优美乡镇。安吉县城市基础设施不断向农村延伸覆盖，康庄工程提前全面完成，生产生活生态条件全面改善，新农村建设的局部方面走在全省前列。美丽乡村创建之初，该县完成地区生产总值159.52亿元，同比增长11.2%，增幅位居浙江省各县市前茅，财政总收入18.3亿元，其中地方财政收入10.5亿元，同比增长24.3%和27.4%，增幅均名列浙江省第一。

在这一基础上，随着"中国美丽乡村"建设行动向纵深层次推进，将鲜活的"三农"工作经验提炼成指导未来农村发展的理论已具备了现实基础，将农村建设过程中的通用要求上升为规范标准已成为提升美丽乡村建设水平的必然要求，将纷繁复杂的建设环节整合成简单易行的操作流程也已成为进一步整合群力、激发民智的必然选择，这些迫切需要以标准化来推进"三农"工作进一步向纵深层次开展。

（三）美丽乡村建设过程中社会参与之广需要标准化的规范

安吉县美丽乡村建设是以经济发展为基础、改革创新为动力、社会参与为前提、党政善治为保障的全民性工程。全县上下达成高度共识，形成了共建共享的强大合力和浓厚氛围。乡镇部门积极申报、争取建设项目，千方百计创新服务机制，完善支持政策。各民主党派、工商联和各类企业及行业协会、社会团体都充分发挥优势，找准切入点和结合载体，在信息指导、投融资、科技服务、项目推进等方面，给予大力支持。广大农民群众主动参与到美丽乡村建设中来，争做美丽乡村建设的主体、管理的主人、经营的主力。在一个全县动员、全民参与的大格局中，统一规划布局、统一标准实施、统一指标考核显得尤为重要，这些工作都需要标准化来规范和指导。

二、安吉县推进美丽乡村标准化建设的主要做法

安吉县以创建"中国美丽乡村"国家级标准为目标，借鉴和吸纳了上级的指导与基层人民的心声，将美丽乡村建设的经验提炼总结成指导新时期"三农"工作的一般标准，并用标准化理念和方式提升美丽乡村建设品质，实现了人居环境和自然生态、产业层次和农民收入、公共服务和基础设施的全面提升。

（一）构建标准体系

美丽乡村创建之初，安吉县委、县政府就围绕"中国美丽乡村"建设的总目标，制定了36项考核标准。随着美丽乡村建设的深入推进，构建更加系统完善的标准化体系被提上议事日程。经国家标准化委员会批准，安吉县正式开展"国家级美丽乡村标准化示范县"创建工作。

一是建立工作领导体系。安吉县成立了以县长为组长、县委副书记为常

务副组长、分管副县长为副组长、各部门一把手为成员的"中国美丽乡村"标准化示范县创建工作领导小组，下设办公室（设县质监局），并定期召开联席会议，调研和布置分解工作任务，定期督促工作落实。县级相关部门、全部乡镇也成立了相应的美丽乡村标准化工作推进机构，专门负责指导、落实相应美丽乡村标准化创建工作。专门出台了《安吉"中国美丽乡村"标准化示范县创建实施方案》，进一步明确了美丽乡村标准化创建的建设目标、工作任务、保障措施及各部门任务分解，充分调动各部门、各乡镇的积极性，衔接、协调好各个环节的标准化工作。

二是明确标准体系构建原则。在标准的制定过程中明确四项原则：真实性原则。一切从实际出发，遵循经济发展规律，依据城乡现实基础，切合时代发展特征，制定标准体系，做到不无中生有，不盲目超前，不保守落伍。可操作性原则。定性与定量相结合，指标便于分解、监控、考核和评价，明确具体，简便易行。可比性原则。指标含义、口径、处理方法和数值核算程序与上级标准或国际通行标准相一致。配套性原则。将标准化系统作为一个有机的整体，所制定指标标准、技术规范等子系统之间协调配套一致。公众参与原则。标准体系的构建以保障群众利益、便于群众参与、利于群众监督为原则，使有关标准让群众看得懂、管得到、用得上。

三是全方位制定细化标准。在原有36项考核指标的基础上，通过收集采用相应上级标准，借鉴国际标准和国外先进标准，整合提炼自身原有规范要求，围绕"村村优美、家家创业、处处和谐、人人幸福"四项目标，编制"村庄建设、生态环境、经济发展、社会事业发展、精神文明建设、组织建设与长效管理"六大标准体系（如图所示）。

该体系涉及有关法律法规、标准及规范近400余项，涵盖了美丽乡村的建设、管理、经营等各方面的内容，形成了集生态环境标准化建设、农村产业标准化经营、农村公共事业标准化开展、农村事务的标准化管理于一体的美丽乡村建设标准化体系。

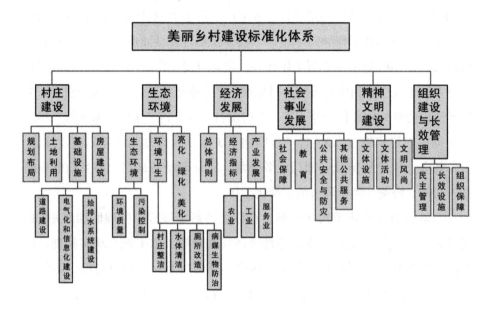

安吉县美丽乡村建设标准化体系

（二）强化标准实施

在美丽乡村建设的各个方面引入标准化理念，导入标准化系统，严格依标依规建设，目前安吉县已在美丽乡村建设的四个方面成功实施标准化管理：

一是推进农村产业标准化经营。开展农业标准化示范园区、农业主导产业示范园区和特色农业精品园区相结合建设，大力兴建标准农田、标准水塘，严格执行绿色、有机标准，从选种、育苗到栽培、养殖过程，从农产品收购、贮存到农产品加工、包装、运输等各个环节均按照规范要求和统一的标准精细化操作，提升农业产业化的发展水平。同时，按照规范标准和通用要求发展乡村旅游业，在旅游价值链条的各个环节中通过标准化手段，采用执行先进的标准，规范经营行为，提高服务质量，解决服务行为无章可循、服务质量良莠不齐的现象。制定休闲农业与乡村旅游地方标准，在经营规模、从业资格、服务设施、服务质量、服务安全等方面明确具体要求，培育一批采用国际、国家先进标准的旅游龙头企业。

二是推进农村公共事业标准化建设。探索农村公共基础设施规范化建设、标准化管理。在基础设施建设上，统一规划布局，统一标准指导，统一时限验收，严格执行有关建筑技术标准和规范操作流程，确保工程质量。在基础设施管理上，在全县范围制定基本原则和通用要求，在此指导下分层分类制定实施细则。推进农村公共服务规范化供给，明确制定农村公共服务标准，探索城乡公共服务一体化布局，确保农村医疗、教育、社保、文化、通讯等基本公共服务项目与城镇种类无差异，质量相一致。

三是推进生态环境标准化提升。强化规划引领，以科学的规划和政策体系提升生态文明建设水平，在完善《县域总体规划》的基础上，编制完成六大《县域分区规划》，在《生态功能区规划》的基础上，编制完成《主体功能区规划》，科学确立全县产业和空间布局，委托国内权威机构编制《生态文明建设纲要》，制定《美丽乡村建设行动纲要》和《总体规划》，出台《生态文明建设实施意见》，调整完善生态农业、工业、旅游、城市、文化、人居等六大专项规划，15 个乡镇和 97 个行政村编制生态乡镇、生态村建设规划，形成了横向到边、纵向到底的建设规划体系。强化样板示范，不断将保护生态环境、发展生态经济、繁荣生态文化、加强生态管理等方面的共性经验总结提炼成具有普遍示范意义的通用模式，形成一系列内涵充实、外延丰富、规范明确、有机配套的生态文明建设的工作样板。这些通用模式和工作样板对于指导全县生态文明建设起到了重要的指导示范作用，对于构建生态文明建设的"安吉模式"起到了重要的支撑作用。

四是推进农村事务标准化管理。以规范化的指导措施和明确的指标考核要求，高标准开展先锋工程、文明村、平安村、民主法治村、党风廉政建设示范村等创建工作。制定明晰的组织运作规范，细化工作流程考评控制，形成农村政务、党务、财务、事务标准化运作体系，将农村事务的各个环节、各项内容、农村各主体的权利以及各自承担的责任用标准的形式加以明确和保障，提升农村民主法制建设和党的建设规范化水平。

（三）促进标准推广

安吉县委、县政府应势而谋、顺势而上，在以更高的标准深入推进美丽乡村建设的基础上，主动与有关部门及研究机构合作，积极开展美丽乡村标准体系研究和推广工作，以此提升安吉美丽乡村的区域品牌影响力，并为全国同类地区开展美丽乡村建设提供标准参照和模式借鉴。

启动"美丽乡村省级规范"工作，为使这一"规范"更多地兼顾浙江各地区的实际情况，由浙江省质量技术监督局牵头，相继开展了四轮意见征求活动。在意见征集的过程中，起草小组分赴 11 个地市，走访全省 46 家新农村建设成员单位，召集各类座谈会 13 场，收到反馈意见 289 条，最大程度地集中了浙江全省"三农"工作经验和智慧，最大限度地整合了浙江各地区"三农"工作的差异和特色。以安吉标准为基础并吸纳全省意见的"美丽乡村省级规范"得到了社会各界的一致认可。由安吉县人民政府、浙江标准化研究院共同起草的我国首个美丽乡村省级地方标准——《美丽乡村建设规范（DB33/T 914—2014）》由浙江省质量技术监督局正式发布。

三、安吉县推进美丽乡村标准化建设的主要成效

自标准化建设以来，安吉县美丽乡村创建流程逐渐规范清晰，各环节操作渐趋科学合理、简便易行，建设速度进一步加快。同时由于遵循标准的制定与产业发展要求相结合、标准的实施与规范政府行为相结合、标准的实施效果评价与持续改进相结合等原则，安吉县美丽乡村的各项工作质量进一步提升。

（一）农村面貌大为改观

通过农村基础设施标准化建设，美丽乡村"硬件"日臻完善，全县新建成 186 个农村社区综合服务中心，建筑面积 10.23 万平方米，新建村级其他各类公共配套设施建筑 29.5 万平方米，实施农村饮用水工程建设 6134 处，新增垃圾中转设施 815 处，新增垃圾箱 14206 只，新建公厕 340 所。全县实现村村通硬化道路，村村通公交，每个村都建立集就业职介、社会保险等于一体的劳动保障平台，村村都拥有农民广场、乡村舞台、篮球场、健身路径等标准化村民休闲公园，实现有线广播、电视、互联网和公共卫生服务站全覆盖，全县 35 万多农民全部喝上合格饮用水，2500 多户困难群众告别危旧房。目前，安吉县 90% 的行政村建有标准化幼儿园，80% 以上的村完成中心村建设，70% 的村建成老年活动中心。

（二）农村公共服务体系不断完善

通过农村公共服务体系的规范化构建，安吉县比照城市公共服务水平，推进农村公共服务规范化供给，确保农村医疗、教育、社保、文化、通讯等基本公共服务项目与城镇"种类无差异，质量相一致"。目前，已初步形成全面覆盖的城乡社会保障体系，被征地农民基本生活保障、农村最低生活保障实现应保尽保，农村"五保"对象集中供养率、养老保险制度覆盖率、重大疾病医疗救助率均达到 100%，每年 15 万多农民享有免费健康体检，96.78% 以上的农民参加新型城乡合作医疗，三级卫生服务网络全覆盖，农村社会助学、法律援助、慈善资助、民事调解和民情反映机制更加健全。

（三）农村产业日趋繁荣

通过农村产业标准化管理，涌现了一批有较强区域特色和竞争优势的专业特色村和特色产业，其中，白茶、笋竹、蚕桑等品牌农业实施标准化的田间管理技术，运用科学化的产品加工工艺和采用规范化的市场营销模式，加快科学高效发展，实现一产"接二连三"、"跨二进三"的产业互动目标。农村休闲旅游产业严格执行各类规范要求，按照星级评定标准，提升旅游服务质量和产业整体竞争力。

（四）农村生态建设成效明显

通过生态环境的标准化建设，深入开展"双十村示范、双百村整治"工程，扎实做好环境污染治理，有效推进生态修复工作。安吉县农村生活垃圾收集覆盖率达100%、太阳能特色村覆盖面达到98.3%，90%的行政村开展农村生活污水处理，城镇污水处理受益率达81.1%，农村垃圾无害化处理率达92.3%，在全省率先实现了垃圾收运一体化、处置无害化。在全国率先开展农业面源污染治理，大力推进废弃矿山复垦复绿、小流域生态改造，建成生态公益林43.73万亩，每年新增城乡绿化面积万亩以上，森林覆盖率达到71%以上，全县空气质量常年保持在一级。

（五）农村改革加速推进

通过农村建设保障机制规范化构建，进一步加快农村改革步伐。明确政策指导，设立专业化的服务机构，规范土地承包经营权和林权流转；加快农村信用体系的规范化建设，降低农村金融风险，推广农户小额信用贷款，扩大信用村（镇）覆盖面；制定"中国美丽乡村"物业管理办法，在全县范围内建立"中国美丽乡村长效物业管理基金"，推动美丽乡村建设成果的巩固提升。

四、安吉县推进美丽乡村标准化建设的主要启示

美丽乡村标准化建设是社会主义新农村建设的有益探索。通过构建框架完整、有机配套、动态灵活、社会参与的标准体系，安吉县将标准的理念、标准的方法、标准的要求和标准的技术应用于新农村建设的各个领域，并总结提炼出美丽乡村建设的通用要求和细化标准，增强了美丽乡村建设的可操作性、科学性和社会参与性，这在全国尚属首例。

（一）标准化增强了美丽乡村建设的可操作性

标准化的实施使理念宏伟但又内涵抽象的美丽乡村建设战略成为抓手明确、便于细化操作的工作系统，使内容丰富但又体系庞杂的农村建设工作成为条理清晰、科学规范的责任体系，使经验鲜活但又观念朴素的美丽乡村建设实践上升为体系健全、范式规范的一般模式，使美丽乡村建设真正实现"立足县域抓提升、着眼全省建试点、面向全国作示范"的定位目标。

（二）标准化增强了美丽乡村建设的科学性

标准化规范了美丽乡村建设的质量、流程和责任，使整个美丽乡村建设在具体的实施中更完善、更科学、更合理。同时，标准化对各地美丽乡村建设的通用领域提出了规范性参照，在一定程度上提高了美丽乡村建设效率，降低了探索成本，加快了美丽乡村建设的步伐。

（三）标准化增强了美丽乡村建设的社会参与性

标准化将美丽乡村建设的各个环节加以明确、简化和规范，使美丽乡村建设的标准让广大群众尤其是农民所熟知、所接受，使农民真正从美丽乡村建设战略的贯彻执行者变成主动参与者，极大地激发了农民参与美丽乡村建设的主体意识和创业激情。在标准化理念的指导下，安吉县开展了"美丽家庭"、"美丽社区"、"美丽学校"、"美丽企业"等一系列美丽细胞创建工程，引导每个个体自觉成为"美丽"的组成部分，既提高了群众参与美丽乡村建设的自觉性，又丰富了美丽乡村建设的内涵。

思考题

1. 如何看待美丽乡村建设标准化与特色化的关系？在美丽乡村建设实践过程中如何既防止"千篇一律"，又避免"无章可依"？

2. 从安吉县美丽乡村标准化建设的历程来看，由地方政府主导的公共事业的标准化管理应分为几个步骤？

3. 行政干预与标准引导都是美丽乡村建设中的管理手段，试比较这两种方式优劣。

人居生态、产业生态、科技生态的典范

——崇明陈家镇瀛东村生态文明建设的实践与启示

（中共上海市崇明区委党校　陆菊萍　顾　娟）

一、瀛东村生态文明建设背景

面对我国资源约束趋紧、环境污染严重、生态系统退化的严峻形势，必须增强生态危机意识，充分认识生态文明建设的重要性与紧迫性。生态文明建设作为中国特色社会主义总体布局的重要组成部分，为崇明生态岛建设提供了理论依据和政策支撑。因此崇明的生态岛建设顺应了人类社会进步的世界性潮流。

上海作为中国改革开放的排头兵，推进生态文明建设，任重而道远。将崇明岛定位为"生态岛"，以生态保护为主，为上海未来预留优质的发展空间。中央领导指示，崇明要率先倡导和推广循环经济，努力建设节约型社会。要用科学思维、战略眼光，充分认识崇明岛建设的重要意义。崇明拥有地理位置、生态环境、土地资源、岸线条件四大优势，是上海可持续发展的重要战略空间，是上海进一步联动长三角、服务长三角的前沿。

作为全国发展改革试点小城镇，陈家镇坚持"生态先行"，在总体规划中明确提出要建成生态镇、知识城、休闲地，建成生态典范之城和大都市的后花园。

陈家镇瀛东村坚持生态文明发展理念，使生态养殖、生态农田和生态旅游业全面发展，经济效益明显提高。村容村貌不断改观，生态状况日趋良好，村级经济实力的不断增强，又推动了其他方面工作。形成了经济、政治、社会、文化、生态五大建设齐头并进的良性循环。

二、主要做法

（一）打造美丽宜居村庄

一是进行植树造林。瀛东村大力推进绿化建设，目前全村绿化面积1300亩，其中林地面积620亩、水资源涵养林400亩、经济林280亩，大量种植了香樟、垂柳、夹竹桃、重阳木、冬青等植物，村绿化覆盖率达到40%，村里还实施了500亩绿化样板工程，人均绿地面积达6.6亩。在抓公共绿化的同时，重视居民住宅绿化，在环村河边种植林果花木，形成了集防护和观赏于一体的环村绿化带；在全村的主干道两边种植常绿观赏性树木，美化街道；对农户庭院内，在种植果树和花卉的基础上，有针对性地补种竹类和药材，以营造优美环境。

二是重视湿地保护。瀛东村共有10公里长的河道和1700亩鱼塘。由于淡水养殖依水而存，因此水环境的优劣对瀛东村影响极大。瀛东村对所有老塘进行了改造，形成了800亩集科学放养、生态保护和观光旅游为一体的大水面生态鱼塘。对住宅区两边的河道进行疏浚、拓宽，保证水系循环。在所有河道两侧种植树木并形成绿化带。

三是加大治污力度。首先进行垃圾分类收集。村内设有150个垃圾箱，1个生活垃圾集中收集点。对于生活垃圾的收集，村里成立了保洁队伍，对垃圾收集工作做到分类收集、日产日清，并对垃圾收集点定期消毒，确保环境卫生达标。生活垃圾定点存放清运率和无害化处理率均达到了100%。其次落实生活污水的集中处理。村里投资 100 多万元兴建了一个村级生活污水处理站，采用"一体化预处理工艺 + 土壤灌溉"处理工艺，日处理能力 30 吨。把村内所有污水统一引至污水处理站集中处理，并将处理后的有机质肥料通过地下暗管注入农田，目前瀛东村的污水处理率达到了 96%。农村改厕工程全面完成，实现了公厕的无害化。

四是实施生态住宅改造工程。将所有民居住宅的外墙、屋顶、门窗统一更换为环保节能型材料，优化庭院绿化，指导村民将围墙替换为常青观赏植物，建成了生态型庭院，定期进行评比。每家安装了太阳能热水器。光风互补发电的路灯和生活污水处理设施，不仅实现了资源的循环利用，而且成为吸引游客观赏的靓丽风景线。

（二）调整产业结构

在打造生态宜居村庄的同时，还积极推动村级经济的产业结构调整，使最初以养殖业为主的产业结构，逐渐调整为"养殖业为主、种植业、旅游业"三业并举的产业格局，目前又正在向以生态旅游为主，种、养业联动发展的结构转型。

一是依托优质环境，打造生态旅游业。改造鱼蟹塘，挖掘"渔文化"，发展"渔家乐"生态旅游业。几年来，瀛东村充分利用原有的鱼蟹塘，放开手脚，改小塘为湖泊，变洼地为土丘，再冠以葱松、亭阁。营造了山清水秀的自然景观，增设了渔家乐宾馆、渔具博物馆等旅游设施，开设了"浑水摸鱼、捉蛸蜞、钓蟹"等娱乐项目。按照生态、环保和低碳理念，修建 32 幢旅游别墅、配套建设了饭庄、会务中心和湿地公园，实现了传统农家游向生态度假村的转型升级。

二是实施科学兴渔，发展生态养殖业。瀛东村与上海有关大专院校和科研单位协作，试验利用自然水体的生物多样性，依据大鱼吃小鱼、小鱼吃虾米、植物喂动物、动物排泄物育植物的良性循环，发展生态养殖获利成功，将原来 1000 亩标准精养鱼塘实行大面积改造，形成一个仿自然形态的湖泊，实行生态养殖，经过两年实践，不仅节省了投放饲料的成本，而且产出的成品鱼，肉质鲜美，深受市民青睐。

三是应用低碳技术，优化生态种植业。一方面加大生态蔬菜基地建设，形成了一个近500亩的生态蔬菜园区。另一方面注重农田生态化建设。把500亩农田建设成水系交错林网配套的"高优高"标准粮田。同时，积极发展低碳、有机农业，创办了一个600头规模的白山羊饲养场。摈弃了原来那种高碳排放的秸秆焚烧方式，把一部分青绿秸秆收藏发酵作为牛、羊的饲料。对枯萎秸秆机械粉碎，再与牲畜粪混合后还田当作有机质肥料，使作物秸秆的综合利用率达到100%；为改良土壤，减少化肥的使用量，调整了种植结构，增加苜蓿种植面积，鲜嫩苜蓿为村民和餐馆提供了绿色蔬菜，苜蓿还田既降低了土壤的盐碱度，又增加了有机质肥料。田间废旧的农用薄膜做到100%统一回收利用；对旧农药袋、农药瓶派专人落实收集，登记、保管、销毁或直接送达相关部门作无害化处理。

三、主要成效

瀛东村遵循低碳环保理念，充分利用太阳能、风能等，修建32幢旅游别墅、会务中心、水上餐厅和景观湿地，现在一个以低碳、生态、环保为理念，集住宿、会务、餐饮和休闲于一体的生态度假村已初具规模。通过推进传统农家乐旅游转型升级，在稳步积累集体资产的同时大幅增加了村民收入，走出了一条具有瀛东特色的共同富裕之路。

瀛东村积极整合资源，发展生态休闲旅游，深度挖掘"渔文化"。瀛东村利用渔业养殖的优势，发展"吃渔家菜、住渔家屋、享渔家乐"的"渔家乐"生态旅游业，实现了产业创新转型。建设了农具展示馆、渔具博物馆等旅游设施，开设了"浑水摸鱼、捉蜻蜓、钓蟹"等娱乐项目。

瀛东村始终坚持集体经济发展模式，以"低碳、生态、和谐"为主线，不断升级产业结构、创新管理模式，逐步形成了以生态旅游业为主导，生态养殖业和种植业均衡发展的经济结构，实现了集体经济的发展壮大和民生福利的稳步增长。未来的瀛东村作为陈家镇建设规划中唯一保留下来的城中村，继续坚持集体经济发展模式，努力实现人与自然和谐相处和百姓共同富裕的目标。

村集体近年来投入大量的人力、物力，推进多项惠民实事工程，积极改善民生。村集体对农户住宅房以集体补贴的形式，在上海市科委的统一安排下，对村民住宅（包括屋顶、墙面和门窗）进行生态保温改造，增强村民居住的舒适性。同时，由村集体投资，解决好农户房屋的三通问题。针对70岁以上老人上下爬楼不方便的问题，由村集体出资，专门建造一些平房，提供给老人居住。投入资金美化环境，安装有线电视，完善基础设施。合作医疗、农保等保险全部由村集体支付。经过多项惠民实事工程的有序推进，瀛东村民逐渐过上了"环境幽雅、居住舒适、物质丰富、精神充实、安居乐业"的现代新生活。

村里组织了富有东滩地方气息的崇明山歌演唱队、腰鼓队，开展自娱自乐活动，弘扬民族生态文化。

瀛东村先后获得"全国文明村镇"、"全国创建精神文明村镇先进单位"、"全国先进基层党组织"、"国家级生态示范村"、"国家3A级旅游景区"、"全国农业旅游示范点"、"全国生态文化村"、"上海市文明村"、"上海市卫生村"、"上海市民主法治村"、"上海市信用村"、"崇明县廉洁文化示范点"、"上海市庭院文明示范村"、"崇明县生态文明村"、"全国农业旅游示范点"等荣誉称号。

四、分析与启示

（一）陈家镇瀛东村生态文明建设的分析

1. 制度建设是实施生态建设的重要前提

从短期来看，生态建设投入大而产出少，产出存在滞后效应。而群众对加快经济社会发展存在迫切需要。如何处理好保护与发展的关系?《崇明生态岛建设纲要》明确回答了如何建设生态岛的问题。

生态建设和环境保护提供的是公共产品,投资的外部性特征比较明显,"造血"功能较弱,没有财政补偿的强力支撑难以持续推进水、大气、噪声、固体废弃物等生态环境保护和建设工作。现代化生态岛建设是一条跨越工业文明的生态文明发展道路,必须积极开展自然低碳、产业低碳和人居低碳等经济社会领域发展模式探索,其低碳技术的研发、应用、推广都离不开适当的财政补偿。只有建立健全生态补偿机制,生态环境保护与建设工作得以长期、稳定的实施。

2. 建立教育机制,普及生态理念

围绕"生态岛"建设的奋斗目标,县委、县政府组织了"新世纪,崇明人形象"、"崇明岛精神"、"崇明建设生态岛"、"生态岛建设教育实践活动"等大讨论,"美丽中国"建设给崇明生态岛建设注入了新的活力。建立全方位、立体化、多层次的生态文明教育机制,使生态文明的理念渗透到了生产、生活、各个层面和千家万户,增强了全民生态忧患意识、参与意识和责任意识。

3. 科技创新是实施生态建设的有效手段

通过科技创新和运用,探索了模仿自然生态系统,废物减量化、资源再循环、再利用的循环农业生产模式,为瀛东村农业环境的生态健康、现代农业的可持续发展提供了良好的示范,瀛东村的系列研究应用示范项目,推进了节能技术与新能源、绿色建筑、绿色交通、污水和废弃物的处理与资源化利用等关键技术和战略产品在崇明的应用,构建了自然和谐、资源循环和智能信息的人居环境。

4. 农民利益是实施生态建设的根本动力

现代化生态岛建设是一项长期的系统工程,广大人民群众的支持和参与是生态岛建设的强大力量。只有始终将改善民生放在生态建设、经济发展同等重要的位置,正确处理好生态建设与产业发展的关系,在现代生态岛建设过程中做到生态强县、生态惠民,切实增加农民在土地、财产、就业、社会保障和公共服务等物质利益,才能得到他们对生态岛建设的支持,这才是崇明建设现代化生态岛的力量源泉。

（二）陈家镇瀛东村生态文明建设的启示

1.一个强有力的领导班子是瀛东村成功的前提

陈家镇党支部带领村民在滩涂上的艰难创业之路，终于在"潮来一片白茫茫，潮退一片芦苇荡"的滩涂上，描绘出了最新最美的图画，建立起以种植业、养殖业、旅游业三业并举发展的幸福和谐的社会主义新农村。

2.发展集体经济是瀛东村走上共同富裕之路的保障

实事求是我们党的思想路线，瀛东村的领导者按照本地实际，因地制宜制定产业结构和经济管理模式，走出了一条独特的发展道路，形成了一套与众不同而又行之有效的经济管理模式。

瀛东村从建村以来一直是地多人少，又加上地处东海之滨长江边上，遭遇自然灾害的概率远多于岛内其他村子，为了扶持弱势群体，壮大抵御灾害的力量，村委会坚持几十年不动摇，走出了一条既发挥集体力量，又不打击个人积极性的"两头统，中间包"之路，人们称其为"瀛东模式"。统一组织的采购销售举措，又减少了经营的风险，既提高了村里农户的收入，又壮大了集体经济。

3.找准生态农业和渔家乐旅游的结合点使强村富民之路有了可能

旅游业的发展，既带来了直接的经济效益，更有价值的是带来了人流、物流、信息流以及先进的文化理念。

挖掘"渔文化"和生态旅游成了瀛东村的两大支撑产业。瀛东村充分注意到这两大特色产业在内涵上的紧密联系，并找准了他们的结合点，从而达到了相互支撑，互为依托，齐头并进，共同发展的良好效果。在实践中形成了"把生态农业项目变为旅游项目，科普教育项目，参观学习项目，把生产出来的农副产品变成旅游产品，做到了农业经济的价值叠加，探索出一条在纯农业的情况下，使农民致富的有效途径，实现农业经济可持续发展"战略思路。

4.生态科技的引领使瀛东村成为宜居村庄的典范

科技创新是实施生态建设的有效手段。围绕人居低碳为目标，发挥了生态科技的引领和示范作用。瀛东村的系列研究应用示范项目，推进了节能技术与新能源、绿色建筑、污水和废弃物的处理与资源化利用等关键技术和战略产品的再应用，瀛东村构建了自然和谐、资源循环和智能信息的人居环境。

思考题

1. 生态文明建设中如何把握机遇迎接挑战？

2. 崇明陈家镇瀛东村生态文明建设的经验有哪些？还存在哪些尚待解决的问题？需要在哪些方面进行改革创新？

生态建设和经济发展协同推进的安康实践

（陕西省安康市行政学院　冯三俊）

一、安康概况

安康市地处陕西省东南部，居川、陕、鄂、渝交接部，安康市辖汉滨区、汉阴、石泉、宁陕、紫阳、岚皋、平利、镇坪、旬阳、白河县1区9县，有4个街道办事处，157个镇，常住人口306万。

安康市北依秦岭，南屏巴山，汉江横贯西东，形成"两山夹一川"的自然地形，"八山一水一分田"地形特征，国土面积2.35万平方公里。就自然禀赋而言，安康市的最大优势在生态。

（1）自然资源富集，生态资源丰富。安康素有"生物基因库"、"天然中药材之乡"、"漆麻耳倍"之乡的美誉，各类动、植物4600多种，是全国富硒茶之乡、绞股蓝之乡和优质烟叶、蚕桑、魔芋生产基地。森林资源总量居全省第一，森林覆盖率达65%，已探明各类矿产65种，汞锑、铅锌等10余种储量居全国前列，潜在经济价值9600亿元。（2）水资源富集。安康境内河流密布，水资源总量占到全省60%；汉江境内流长340公里，安康段年自产径流量106亿立方米，占南水北调中线工程一期调水量95亿立方米的112%；全市水能资源可开发量300万千瓦（已开发152.75万千瓦），同时有地质灾害、小型病险水库和点多面广的库塘，以及农村危房、矿山、尾矿库等 4000 个隐患点，又以灾害频发为基本市情。（3）安康有全国最大、世界难得的富硒区域。安康富硒地层厚度达 40—50 米，还伴生锌、锶等人体必需的微量元素，属于"优质、环保、安全"的富硒区域。

2003 年 12 月 30 日，举世瞩目的南水北调中线工程开工，安康市丰富清洁的水资源变成了国家战略性生态产品，为保"一江清水供应北京"，安康被列入南水北调中线核心水源地保护区；安康列入国家级"限制开发"重点生态功能区。安康市在全力破解妥善处理资源开发与生态保护、加快发展与确保生态安全的实践探索中，推进经济社会发展与生态建设，实现了生态建设和经济发展协同推进。

尤其是西安—安康高速与铁路复线的通车、通村水泥路突破 3 万公里，长期制约发展的交通"瓶颈"被打破，这一历史性的突破，用安康人的说法，对整个安康发展来说有"一步十年"之功效。

安康市牢固树立生态文明、循环发展、民生为本、创新驱动等理念，把加快发展、保护生态和富民强市有机结合起来，取得了较好的生态、社会与经济效益，森林覆盖率以年均 1% 的速度提升，经济社会发展连续保持了 15% 以上的增速，产业结构进一步优化，人民群众收入持续增长。安康已经全面步入紧跟陕西发展步伐、建设国家主体功能区示范市、建设美丽富裕新安康的新阶段。

二、主要做法

在推动循环发展的进程中，安康市准确理解生态文明建设和主体功能区制度要求，不断强化履行南水北调中线工程水源区政治使命，始终立足安康属国家秦巴山集中连片特困地区、发展不足是安康最大的实际、牢记增加收入是群众最大愿望的市情民意，通过循环发展，协同推进生态建设和经济发展。

（一）坚持超前引领，创新发展理念

限制开发不等于限制发展，加快发展唯有不断创新发展理念。率先提出民生为本的理念，先后提出了"大力发展涉水产业、山林经济、现代循环产业、富硒产业、生态旅游产业、生态友好型产业等产业新理念"，创造性地提出"具体产业的发展，坚持产业链式的推进，以'一三相融、接二连三'复合业态推进安康新型工业化、提出了以'飞地经济'不断提升优质生态产品生产能力，倡导'就地城镇化'模式，以经济自生、家庭和谐引领和实现以人为核心的城镇化，大格局创新产业组织形式、大气力打造品牌高地，为努力提高区域经济的'生态含量'与核心竞争力等区域发展新理念"，在理念引领与实践推动的过程中，逐步夯实了走民生为本的循环发展之路，建设美丽富裕新安康的发展思路与战略的坚定信心。

高起点绘就发展蓝图，为加快生态建设和环境保护，大力发展循环经济，积极创建生态资源可持续利用、生态产业可持续增长、生态环境可持续建设、生态文明可持续推广的国家生态功能区建设提供了规划政策支撑。

（二）坚持生态立市，扎实履行保护生态政治责任

为确保汉江水质，根治汉江水患，保护良好生态环境，安康市在推进发展的过程中，始终坚持保护优先和自然恢复为主，以生态良知与生态正义为导向，强化污染物源头整治，全面推进环境综合治理，纵深推进生态建设，确保水质安全与生态安全。一是"一退一进"，纵深推进生态建设。安康市严格执行国家退耕还林政策，进一步加大绿化造林力度，十年累计投资60多亿元，造林900万亩；又以"一年种五年的树、一代人造三代人的林"的勇气与魄力强力推进绿化造林，用绿色实现美丽。森林覆盖率提升至65%；二是大规模开展点源治理。实施26个矿山尾矿治理、54个工业污染治理和145个节能技改项目，淘汰3400辆黄标车；三是加快环保设施建设。投资18.6亿

元建成投运 20 个城市污水和垃圾处理厂，污水和垃圾处理率分别达到 82.6%和 92.5%；四是推进农村面源治理。以"猪沼菜"、"种养加"循环模式大力发展现代农业与实施清洁工程，提升农村环境质量，确保了面源治理效果。

（三）以园区为载体、推进循环发展、着力构建生态改善驱动力

安康发展产业，决不能遍地开花，更不能以牺牲环境为代价，必须坚持以园区为载体、循环发展、培育生态产业，引领新型工业、现代农业、生态旅游产业发展，着力构建循环产业体系。

1. 优先发展生态友好型产业，集中推进山林经济和现代农业园区建设。在大力发展现代农业、不断创新农业组织形式、加大土地流转速度，流转率全省第一，建成特色经济林 130 万亩，建设 57 个山林经济园区，建设富硒农产品基地面积达 300 万亩、建成现代农业园区 154 个。大力发展涉水产业，开发利用大水面养殖 20 万亩，生态循环农业蓬勃发展，生态旅游产业快速推进。

安康生态旅游业快速发展，已建成 5 个国家森林公园、1 个国家地质公园、4 个国家 4A 级景区、9 个国家 3A 级景区，国家 4A 级景区瀛湖生态旅游区已经成为安康生态旅游品牌。

2. 坚持集中、集约、集聚的循环发展理念，破解限制开发区发展难题，缓解生态承载压力。为加快转变发展方式、提升发展质量与效益，安康市大胆调整国土开发布局，经济社会发展的重点区域由"一体两翼"5 个县区调整为"三区两园一中心"（即安康高新技术产业开发区、恒口示范区、瀛湖生态旅游示范区、县域工业园区和现代农业园区及中心城区），通过加快产业聚集平台建设，加大构建产业与区域增长极，打造循环经济产业核心聚集区。如旬阳县根据循环经济"3R"和清洁生产要求，按照一个小区、一个循环产业链条模式建设生态工业园，以旬河为主轴，顺势而建八个工业小区，形成山中有水，水映林绿，林掩工厂的自然生态景观园区，规模以上企业 27 家，规模工业产值实现总产值 80 多亿元，占全县规模工业产值 62%。

被省上授予"新型工业化循环经济产业示范基地"、"循环经济示范园区"。

安康市创新实施"飞地经济"政策与机制，落实生态文明理念，把节约用地与提高发展质量、转方式调结构与生态保护相统一，既有利于"飞出"县减轻了环境承载压力，更好地保护环境、增强发展能力，又有利于产业与人口聚集于重点开发区域，以提升聚集生产要素能力，打造安康发展级。"月河川道地区发展经济、远山深山保护环境"的主体功能区建设理念已经深入人心，飞地经济发展成效明显，成为主动推动发展、推动生态建设、建设主体功能区示范市的关键一招、务实举措。

3. 严把准入口关、强力节能减排治污、积极推进技术创新和应用。安康市把环境容量、资源利用、节约集约作为企业引进和项目建设的先决条件，环境影响评价和"三同时"执行率100%；为强力节能减排，保护生态环境，通过推进技术创新和应用，近两年单位生产总值能耗下降3.63%，化学需氧量、氨氮、二氧化硫、氮氧化物排放量削减2%、1.5%、2%、3.6%。均超额完成省定目标。

（四）坚持"搬得出、稳得住、能致富"标准，推进"就地城镇化"

安康市在推进实施陕南移民搬迁，在经历了把搬迁当作一项政治任务，全力攻坚克难做好思想认识后，陕南移民搬迁实践所引发的城镇化、扶贫、民生等方面的变化、所带来的群众生活方式、当地经济发展模式、产业结构、社会管理等方面的转型，对安康发展不啻为一场"革命"，陕南移民搬迁已经成为安康将生态建设融入经济社会发展、统筹推进城乡发展的第一抓手。

围绕"搬得出、稳得住、能致富"总体目标要求，坚持把"小城镇建设、现代农业产业和扶贫搬迁"三位一体紧密结合，大力推广"工商资本进农村、村民下山进社区、土地流转建园区、农民就地变工人"的搬迁模式，让搬迁群众增收有门道、就业有保障。形成了陕南移民搬迁的"6663"（即实行集中安置与县域经济发展、农民进城入镇、保障性住房、产业园区、重点镇和新农村建设六个结合；推行进城居住、集镇安置、社区安置、产业园区安置、支持外迁和分散安置六种搬迁安置方式；建立分级负责、科学规划、示范带动、资源整合、督查考评、公开运行；建设市、县、镇三级避灾扶贫搬迁集中安置示范小区）安康经验，初步探索出一条通过集中安置的方式来实现避灾移民产业发展和城镇化相结合、引导搬迁户从事务工、经商、旅游服务等二、三产业，搬迁户逐步向加工业、运输业、服务业、劳务输出等多元化转变，拓宽了增收渠道，加快了致富步伐，"就地城镇化"模式，实现了生态源头保护。

三、主要成效——实现了生态建设和经济发展的协同推进

安康市通过着力构建循环产业体系、大力发展"飞地经济"、强力节能减排降耗、全力实施大规模造林绿化、奋力推进移民搬迁工程等一系列生动实践，取得显著成效，主要是：

（一）实现了"百姓富"与"生态美"有机统一

环境是最基本的民生，牺牲环境就是牺牲健康。在推进发展的过程中，安康市始终坚持将公众参与作为安康生态文明建设最可依靠的力量。为首都和省城人民保水源成为全民共识。加大民生投入，每年财政支出和新增财力80%以上用于民生事业，全力解决就业、教育、社保、医疗、安居等基本民生问题。通过加快产业发展、努力增加城乡居民收入，使安康城乡居民收入水平接近全省平均水平。开展创建省级和国家园林城市、卫生城市"双创"工作，中心城市绿地率、绿化覆盖率、人均公共绿地面积分别达到34%、39%和9.3平方米，城市空气优良天数360天以上，不断强化"安康的生态首先是安康人的生态，把生态搞坏了，安康人首先遭殃"的思想观念。

（二）限制开发不等于限制发展，新型工业化路径有创新

限制开发不等于限制发展、发展生态友好型产业不等于不重视工业，倡导用工业化的思维，用工业化的组织形式去创新工业化路径。在延长产业链的过程中推进工业化，整个链条有多长，工业化程度就有多深，走出一条科技含量高、经济效益好、资源消耗低、环境污染少、人力资源优势得到充分发挥的新型工业化路径。

（三）以"移民、产业、就业"为核心——统筹城乡"就地城镇化"开辟新型城镇化建设新途径

为人民创造良好生产生活环境是安康生态文明建设的出发点和落脚点。陕南移民搬迁，不仅解决了安康 28.56 万人的避险安居和收入增长问题，更重要的是提升进城入镇及选择集中安置点定居搬迁群众的生活品质；统筹城乡发展以"小城镇建设、现代农业产业和扶贫搬迁"三位一体推进，确保了"搬得出、稳得住、能致富"目标的实现，同时充分利用陕南移民搬迁均衡城乡公共产品供给的机遇，推进公共服务均等化建设，已经成为安康新型城镇化建设亮点所在。

四、分析与启示——把生态优势转化为生态"红利"

事实证明，只要思路对头、主动作为，在加快发展中保护生态环境，完全能够实现发展与生态、富裕与美丽的双赢。只要顺应生态文明的时代潮流，积极探索生态建设和经济发展协同推进的有效方式和路径，就一定能够

把生态优势转化为生态"红利"。

实现生态建设和经济发展的协同推进，坚持"生态红线理论"与"保护生态环境就是保护生产力、改善生态环境就是发展生产力"的科学论断是先导。安康市坚持以生态红线作为生态安全线，整体谋划国土空间开发的特点是：(1) 保护环境，始终严控一条"生态红线"；确保南水北调中线安康出境断面水质长期保持 II 类标准以上。(2) 推动发展，始终遵循一条"生态红线"；严格按照主体功能区定位推动发展，坚持生态立市、着力发展生态友好型产业，努力把生态优势转化为经济优势。(3) 民生为本，始终为了一条"民生红线"，把生态建设与广大群众脱贫致富紧密结合起来，实现大地披绿、农民得利、将公众参与作为生态文明建设最可依靠的力量。

安康市之所以做到生态建设和经济发展的协同推进，关键在于：(1) 顺应大势、超前引领。安康市顺应的是全球绿色、低碳、循环发展大势，实践证明，坚持走民生为本循环发展之路、建设美丽富裕新安康的发展思路与战略中所蕴涵的生态建设理念、创新发展理念是政府引领区域发展的行动先导、顺应全球发展大势是符合安康发展实际的科学选择。(2) 创新机制，主动作为。必须按照市场规律，靠利益驱动来调动社会各方面积极性，安康市创新飞地经济功能，制定飞地经济政策，其所建立推动飞地经济发展的新机制，已经成为协同推进生态建设和经济发展，保护生态的重要保障。(3) 坚定决心、严格监管。十几年来，安康市坚持不懈地履行"一江清水供北京"的政治任务与生态责任，离不开坚定的信心，离不开政府的严格监管。

思考题

1. 生态建设和经济发展协同推进的安康实践有哪些特点？

2. 工业强市（县）是不是区（县）域经济发展的铁律？

3. 推进国家主体功能区建设，怎样更好地坚守"生态红线"？

文化传承型美丽乡村建设

——中国牡丹画第一村平乐村

（中国浦东干部学院　章志刚　李亚娟　李　娜　王久臣）

一、背景材料

美丽乡村建设，是统筹城乡发展、实现农村就地城镇化的有效途径。根据美丽乡村的创建特点和实现路径，总结了 10 种类型，其中文化传承型美丽乡村就是其中之一。文化传承型美丽乡村建设注重自然生态平衡，以保护乡村人文景观、文化遗产、民风民俗为重点，因地制宜确定保护、传承、弘扬文化内容，挖掘传统农耕文化、山水文化、人居文化中丰富的思想和内涵，系统保护乡村历史、文化遗产、景观风貌和人文资源，传承乡土形式和内涵。因地制宜建设文化广场、农家书屋、乡村文化展览室、农史馆建设等文化休闲载体，加强生态文明知识普及教育，积极引导村民追求科学、健康、文明的生产生活和行为方式，提高农民群众的文明素养，形成农村生态文明新风尚。

河南省洛阳市孟津县平乐镇平乐村，地处汉魏故城遗址，历史上曾有五个朝代在此定都，魏曹植曾有"归来宴平乐，美酒斗十千"的千古名句。平乐村距洛阳市 10 公里，交通便利，地理位置优越。全村 43 个村民小组，共

6473 人，耕地面积 9400 亩，村庄占地面积 3300 亩。

平乐村文化积淀深厚。平乐村民创作的牡丹画美名远扬，被称为"中国牡丹画第一村"。俗称"官桌"的平乐水席也远近闻名，平乐郭氏正骨曾被评为国家级首批非物质文化遗产。文化部、民政部曾授予该村"民间文化艺术之乡"称号，先后获"河南省文化产业示范村"、"洛阳市新农村建设示范村"等荣誉。

"平乐农民牡丹画"兴起于20世纪80年代中期，最初是几位当地农民建立汉园书画院，切磋、交流绘画技艺。近年来，富裕起来的农民越来越重视精神文化生活，喜爱并从事书画艺术的人越来越多，紧邻旅游胜地白马寺的平乐村出现了许多爱画牡丹的农民画家。随着洛阳旅游业的日趋繁荣，外地观光者在欣赏洛阳牡丹芳姿的同时，对极具特色的牡丹画爱不释手，他们积极踊跃购买，促进了牡丹画产业的持续健康发展。该村以牡丹画产业发展为龙头，扩大乡村旅游产业规模，不仅增加了农民收入，也壮大了村级集体经济，探索出了一条新时期农村发展的新思路。

二、主要做法

平乐村以文化产业为基础，通过打造生态优美、特色鲜明的牡丹画第一村、北邙汉魏文化展示中心，力图把村庄建设成为集特色文化、旅游观光、休闲娱乐为一体，现代文明、环境友好、特色鲜明、持续发展的美丽村庄。

（一）特色产业，政策引领

"平乐农民牡丹画产业"、"平乐官宴"俗称"官桌"（平乐水席）、"平乐郭氏正骨"是平乐村经济的三大支柱产业，也是平乐村实现持续发展的主要依托。平乐村积极引导、推动扶持三大产业健康持续发展。

在牡丹画产业发展方面，平乐村坚持"请进来，走出去"的战略思维，组建了发展牡丹画产业领导小组，成立了平乐牡丹书画院，以协会的形式进行统一管理，将牡丹画创作与市场需求有机结合；围绕牡丹画市场策划各种宣传活动，加强对外宣传，提高知名度；利用洛阳牡丹花会的机会举办平乐牡丹书画展和牡丹产品博览会，并邀请市、县美协专业人员评选"优秀牡丹画师"和"牡丹画新秀"，扩大平乐牡丹画对外影响，提升其市场价值；制订人才培训计划，对书画从业者定期进行培训，提高从业者绘画技能，培养书画后继人才；聘请优秀画家举办牡丹画培训班，引导全镇中小学校增设牡丹画法、画技内容，邀请知名画家进村入户，现场讲解绘画技巧和专业技术，不断提高创作水平；扶持培养一批能拓展市场的牡丹画销售经纪人，每年对在牡丹画对外销售中作出突出贡献的销售能人给予重奖。

在郭氏正骨产业方面：平乐郭氏正骨起源于清乾隆年间，距今已有二百多年的历史，是中华民族医术界的珍贵财富。为继承发扬传统，平乐村创办了"平乐正骨医院"、"平乐骨科学院大专班和本科班"，投资 2800 万元建成门诊楼、教学楼、办公楼、宿舍楼，为平乐郭氏正骨的传承和发展打下了坚实基础。

在水席产业方面：平乐水席是近几年来新兴的又一产业。为发扬传统饮食文化、抓住农村餐饮宴席的巨大商机，平乐群众成立水席服务队伍。村委专门成立了"平乐水席服务协会"，为各家水席队伍提供全方位的业务服务，免费提供各种信息，联系客户，承办业务，培训学员，聘请名厨，讲授烹艺，同时，严格执行食品安全管理，对服务人员加强教育，提高服务质量，扩大服务范围。

（二）对外宣传，拓展空间

通过广泛宣传，平乐村的知名度不断提升，经济效益明显提高。众多中央和地方媒体多角度深层次对平乐经济的发展和特色产业进行宣传报道，帮助平乐农民创作的牡丹画家走出家门、迈出国门，打开了国际文化市场。通过一系列活动不仅使农民画家增加了见识，开阔了眼界，扩大了交流，更重要的是，对平乐进行了有效宣传，提高了平乐农民牡丹画的知名度和影响力。平乐村还开通了"平乐牡丹画村"网站，通过网络交流收集信息，吸取营养，宣传平乐，为平乐村的发展谋求更大的发展空间。

（三）改善民生，凝聚民心

平乐村在满足基本物质需求的基础上，不断扩大公共设施建设，提高农民生活水平。经过科学规划、公共设施建设、文化体育氛围培育、现代化服务体系完善等一系列建设，村容村貌焕然一新，环境卫生干净整洁，农田灌溉阡陌纵横，文化广场欢歌笑语，文体中心老幼共乐，集贸市场购销畅通，和谐健康的生活进一步激发了村民谋求更高发展的热情。

三、主要成效

平乐村结合当地实际，利用资源优势，以民间艺人创造牡丹画产业为龙头，以郭氏正骨产业和水席产业为两翼，不断扩大产业规模，增加农民收入，壮大村集体经济。不仅改善了村容村貌，而且升华了村风民俗，探索出一条独具特色的社会主义新型农村发展模式。先后被洛阳市命名为"新农村建设示范村"，被河南省命名为"河南省文化产业示范村"，被国家文化部命名为"民间文化艺术之乡"。

（一）牡丹画产业日益壮大

平乐农民牡丹画队伍已经发展到800多人，其中专业从事牡丹画创作单位达 180 多家，进入省、市、县画家协会会员 70 多名，开设画廊并常年经销牡丹画的门店达 140 多家，年销售牡丹画 16 万多幅，创造经济效益 5800 余万元。

如今，平乐牡丹画已不再是农民茶余饭后消遣的娱乐项目，而是逐步走出家门、远播海外，从名不见经传一步步登上大雅之堂。在北京人民大会堂、在上海世博会、在深圳文博会、在台湾地区、在异国他乡如日本、新西兰等国到处都留下了平乐牡丹画的芳容，平乐牡丹画已走出国门，远播海外。

目前，平乐村委又投资 3848 万元建设了占地 96 亩的平乐牡丹画创意园区，园区建有 128 幢画家创作楼，涵盖培训、绘画、装裱、销售、接待、对外联络各个环节，形成产、供、销一整套链条，逐渐走上规模化、科学化产业之路。

（二）平乐郭氏正骨蜚声海外

平乐郭氏正骨，历史悠久，疗效神奇，蜚声海内外，已被录入国家级非物质文化遗产名录，从平乐郭氏大院先后走出了一大批出类拔萃驰名中外的正骨名家。

为弘扬郭氏正骨，平乐村创建了以郭氏正骨第六代传人郭宗正领导的平乐正骨学校，投资 2800 万元建成门诊楼、教学楼、办公楼、宿舍楼。十几年来该校培养出大、中专骨科人才 6000 多名。为促进郭氏正骨的可持续发展，平乐又投资了 5000 万元，建设实验大楼、无毒室、手术室、教研室、科研室，购置先进医疗设备，把平乐正骨学校提升为面向全国招生的大专院校，在全国正骨医疗教育系统成为竞相学习的对象。

（三）平乐官桌（水席）带动服务业发展

目前，平乐村承办水席服务的单位已达 80 多家，日接待量最多可达 8000 人次，日创经济效益 36 万元。平乐水席服务范围辐射周边 100 公里的城乡，服务内容不仅包括提供餐桌、餐椅、炊具各种食品原料，雇请烹调师傅、按桌上菜、洗涮等一条龙服务，而且还为广大顾客提供全方位的人性化服务。一般情况下，"电话一响，我来帮忙"，无论哪家婚丧嫁娶、生日寿诞，只要一个电话，平乐水席服务团队便能以最快的速度驱车赶往。平乐水席服务团队一方面满足了各地人民群众的实际需求，解决了广大农村居民待客难题，另一方面为平乐村"40、50"的妇女提供了就业机会，增加经济收入。

（四）生活环境不断改善

平乐村全村道路均已硬化，里弄胡同通向千家万户，清理修补村内各排水沟730米。平乐中心大街修平冲直，拓宽至50米，延长到1500米，主干道宽阔平坦，路两旁的人行道也增至3米，主干道和人行道之间装修了花坛，花木葱茏，四季常青，站立在路两旁的路灯新颖别致，平乐村面貌日新月异。建设垃圾场15处，购置了运送垃圾车5部和小型装载铲车3部，配备环卫工23名。建立卫生保洁长效机制，确保天天清扫，随时清理。建设了大型娱乐广场和健身场所，装备各种健身器材。为提高村民的文化知识水平，村委开设了图书阅览室，村中心建立了老年活动中心，全村精神生活得到较大的满足，精神文明指数不断攀升。

四、分析与启示

（一）文化传承型美丽乡村的特点

——文化资源丰富。保存了较为完整的建筑遗产、文物古迹和传统民俗活动文化，反映了一定历史时期的地方风貌、民族风情、生活习俗，具有较高的历史、文化、艺术和科学价值。

——文化资源得到有效保护。建立完善了文化资源保护政策和管理机制，传统建筑、民族服饰、农民艺术、民间传说、农谚民谣、生产生活习俗、农业文化遗产得到有效保护和传承。

——开发利用效益明显。充分发掘乡村文化的产业价值，自然景观和人文景点等旅游资源得到保护性开发，民间传统手工艺得到发扬光大，特色饮食得到传承和发展，农家乐等乡村旅游和休闲娱乐得到健康发展，实现产业和文化的相互促进。

——群众活动健康丰富。民风朴实、文明和谐，崇尚科学、反对迷信，明理诚信、尊老爱幼，勤劳节俭、奉献社会；文化体育活动经常性开展，有计划、有投入、有组织、有设施，群众参与度高、幸福感强。

（二）文化传承型美丽乡村的建设重点

——保护文化资源。在保持基础格局、布局形态、建筑风貌的前提下，对文化资源进行保护、修缮和改造。对文化资源数量大、价值高的村落划定重点保护区，对分散的零星建筑设立保护点，对于亟须保护的文化遗产优先规划保护；建立和完善以村民为主体的管护组织和管护制度；注重古建筑及其周边环境、风貌的保护，使传统文化与现代特色有机结合，对确需改造的建筑物要做到建新如旧，与历史风貌和环境相协调；加强对周边古树名木和山体、溪流的保护，以使村落与自然保持和谐统一。

——改善乡村环境。严格控制污染企业准入，保护农村自然环境；改变农民生活方式，引导鼓励使用清洁能源、改灶改炕，提高农村环境质量；改善人居环境，实现路灯亮化、卫生洁化、家庭美化、环境优化；建设废弃物收集回收设施，形成卫生管理、环境维护运行机制。以打造乡村旅游目的地为标准，把乡村的环境建设与文化产业发展有机结合、合力推进。

——发展文化产业。充分挖掘特色文化资源，对具有突出特点和文化特色的资源进行深度开发，打造龙头品牌。开展传统节庆及民间文化等民俗活动，打造文化休闲旅游品牌。开发具有传统和地域特色的剪纸、绘画、陶瓷、泥塑、雕刻、编织等民间工艺项目，戏曲、杂技、花灯、龙舟、舞狮舞龙等民间艺术和民俗表演项目，以及中药、茶饮、手工艺品等特色产品。

——建设文化设施。对基层文化设施进行建设投入并确保功用，加强乡村文化站、文化馆、社区和村文化室等设施建设；构建乡村公共服务网络，建设传播先进文化的宣传阵地如文化长廊、阅报栏、信息栏、文化广场等设施。推进旅游设施配套建设，加快打造以重点景区为龙头、骨干景点为支撑、"农家乐"休闲旅游业为基础的文化乡村旅游格局。拥有光荣历史的革命老区和历史文化名镇名村，要发展红色旅游，突出爱国主义教育特色；拥有独特的自然生态条件和山水景观的乡村，要增强自然休闲特色发展生态旅游，将传统的农耕逐步引向农业观光、农事体验、特色农庄、农情民舍等附加值高的乡村旅游发展。重点打造乡村度假型、依托景区型、文化村落型、农业观光型等各类型乡村旅游业发展，建成一批以山水林木、民俗风情、田园风光等为主题的农家乐特色村。

（三）文化传承型美丽乡村建设的适宜区域

适用于具有古村落、古建筑、古民居特殊人文景观以及历史人物、神话传说、民间故事、民间歌谣、民间艺术、园林艺术、民俗风情、风味餐饮、文化遗址等文化资源丰富的地区。

思考题

1. 创建发展文化传承型美丽乡村对于城乡一体化以及文化传承具有哪些现实意义？

2. 文化传承型美丽乡村的特点是什么？

3. 文化传承型美丽乡村建设的重点是什么？

4. 文化传承型美丽乡村建设适合在什么区域开展？

新型城镇化建设的新亮点

——合肥滨湖新区环巢湖生态示范区建设经验及启示

（安徽省合肥市行政学院　王永龙）

一、案例背景

改革开放以来，我国工业化、城镇化获得了快速发展，城市面貌焕然一新。20世纪80年代安徽省开始进入了城镇化快速发展阶段，但是城镇化水平低于全国平均水平，也缺乏具有强吸引力和辐射力的大城市和特大城市。

同世界其他发达国家或地区走过的城镇化之路一样，合肥市也正是由于工业化的快速发展带动了城镇化的快速发展。工业化的快速推进引发了城市人口的急剧扩张——城市人口每年净增20余万人。充分利用合肥地处巢湖湖边的优势，建成滨湖新区，是合肥立足实际和寻求未来发展空间、提升城市承载力和省会城市首位度的客观需要，也是合肥市人民的美好期盼。合肥市要成为现代化滨湖大城市，成为辐射全省、崛起中部、承东启西，促进我国东中西部互动协调发展的区域性中心城市。因此，合肥市抢抓机遇，按照"世界眼光、国内一流、合肥特色"高起点、高标准的要求，启动滨湖新区建设。

滨湖新区是合肥"141"城市空间发展战略，即"一个主城区，四个城市组团，一个滨湖新区"的重要组成部分，是历次规划中预留控制的东南引风口地带和城市机场南部地带。规划范围为南依巢湖，北靠南二环，西接上派河、合安高速，东临南淝河，规划总面积约196平方公里，全部位于包河区境内，是合肥通过巢湖、走入长江、融入长三角的水上门户。安徽省在行政区划调整后，巢湖成为合肥市的内湖，滨湖新区成为合肥"1331"新市域空间发展格局的重要组成部分，提出要将滨湖新区建设成为新区开发建设的示范区、展示城市形象的新窗口、现代化新兴城市的中心城区。在"新跨越、进十强"的基础上，建设"大湖名城、创新高地"，着力打造经济繁荣的实力之城、人才集聚的智慧之城、环境优美的生态之城、全民参与的创业之城、和谐美好的幸福之城。滨湖新区不仅成了合肥未来新形象的集中展示区，更是与众不同特色和气质的城市新名片。

二、主要做法

（一）规划选址，高标准低成本启动

在推动滨湖新区建设之初，合肥市便以全新的高度和国际化的视野，以国内外一流城市为标杆，编制新区的总体规划、控制性详规和城市设计，坚持一张蓝图干到底。

规划好，奠定高标准。滨湖新区总体规划坚持"高起点、国际化"的原则，合肥市规划局组织专家对筛选后的8个设计方案进行评审，并在久留米美术馆集中展示，征求市民意见。最后由深圳市规划总院对8家方案进行了优化整合，形成了最终的规划方案。方案突出"生态环保"的理念和"独具魅力"的发展方向，集中了国内外高级别规划师的智慧，集中了合肥市人民的意愿，为新区健康可持续发展提供了科学依据。

选址好，启动低成本。合肥市认真吸取改革开放以来，各地开发区和新区建设的经验和教训，同时坚持创新，科学决策，按照"规划要好、起步要小、行动要早、两个依托"原则，启动滨湖新区建设。启动区 3.5 平方公里位于沪蓉高速以东，与国家级经济技术开发区仅一路之隔，依托经开区，水、电、气、热等公共资源接入便捷，拆迁安置农民和市民工作在经开区、老城区，生活在滨湖新区。依托新区连接老城区的便捷交通，以较小的成本迅速启动，为滨湖新区的迅速崛起奠定了坚实基础，新区借势放大教育、医疗、文化娱乐等优质资源，汇集了省内外及周边地区群众；滨湖新区的城市功能与经开区的工业集聚最大限度地实现了优势互补，共同发展。

（二）"四个优先"，提升城镇综合承载力

新区建设成功与否，唯一的衡量标准是来这里的主人是否安居幸福。新区始终坚持"四个优先"原则，推进"幸福滨湖"建设。

群众利益优先——始终坚持民生为本。滨湖新区建设之初就确立要把改革开放和城市建设的成果更多地惠及广大人民群众，决不把新区建设成富人区。为此，重点解决好居民的住房、就业安置和社会保障。新区还注重解决城市中低收入家庭的住房保障问题，把区位最好、配套最全、生活成本最低的优质地段用来规划建设保障性住房项目，让居民真正得到了实惠。在解决就业上，让适龄劳动力经过培训上岗就业，消除零就业家庭。在新区只要有就业愿望，都能实现充分就业。对年龄超过 60 岁的男性和 55 岁的女性失地农民全部纳入被征地农民养老保障，每月按时发放养老保障金 530 元，并与城市低保标准同步提高，真正实现了"少有所学、壮有所业、老有所养、住有宜居"的目标。

基础设施优先——始终坚持发展为重。滨湖新区市政道路和配套水、电、气、热等各种管线超前建设、一次到位。区内"五横四纵"主干网业已建成，BRT 快速公交专线正常通行，地铁一号线试验段加速建设，从老城区到滨湖新区仅需 15 分钟；日处理 1 万吨的小型污水处理厂正式投入运

行；生态修复、全线截污等一系列重大工程正在建设。各项基础设施日趋完善，居民的生活条件不断改善。

社会事业优先——始终坚持服务为先。投资7.96亿元、总占地542亩、总建筑面积30.5万平方米的合肥一中、四十六中、师范附小三所名校整建制迁入滨湖新区。具有3000床位规模的三级特等医院——合肥市滨湖医院早已正式开诊。渡江战役纪念馆、安徽名人馆（新馆）、合肥群众文化艺术中心、合肥要素大市场等一系列冠群项目已开工建设或投入使用。各种餐饮、文化、旅游等设施布局合理，为居民提供了优质服务。

聚集人气优先——始终坚持繁荣为上。新区坚持"快"字当头，注重细节管理，确保项目早开工、早建成、早开业、早形成就业和税收。各类商业、文化、办公、居住项目纷纷入驻新区，很多居民区交房半年入住率就达90%以上。随着新区人口的不断集聚，商贸活力的储备和散发，合肥乃至全省的商贸中心的版图正迎来新的布局。

（三）产城融合，打造"宜居宜业"新城

建区伊始就定位为区域性特大城市重要的人口承载新区，着力营造城市公共服务功能和居民生活功能，以吸引人口汇集居住。其次，根据特大城市产业发展升级的规律和合肥总体城市功能分工布局，将新区定位于金融商务、行政办公、会展旅游、文化体育、研发创意和商业服务集聚地，打造全国重要的区域性金融中心。新区充分利用国内金融业前后台业务分离、分工不断细化并向二线城市转移的发展趋势，打造合肥滨湖国际金融后台服务基地。已入驻工、农、中、建、交国内五大行的后台中心，还有上海浦发银行、中国邮储银行、平安数据等共计14家金融机构后台，它们正在繁忙有序地向世界送达自己的金融服务信息。金融后台产业具有显著的产业和就业乘数效应、社会资本效应、消费带动效应以及税收贡献效应。把金融后台产业打造成合肥乃至安徽省的支柱产业，大大拉动新区消费需求，为新区可持续发展注入活力。滨湖金融后台产业集群、行政办公产业集群、总部经济

产业集群、商业综合体和酒店产业集群、会展经济产业集群正在加速形成。在"产城一体、职住平衡"的思路中，瞄准世界500强、央企和上市公司的"总部经济"正成为标杆和品牌。

文化是滨湖新区建设的灵魂。为加快文化产业发展，满足人民群众日益增长的文化需求，滨湖新区坚持规划先行、合理布局、预留空间，坚持项目带动，结合巢湖风景名胜区规划及塘西河景观廊道建设，发展独具特色的生态旅游和文化产业，促进产业集群建设。合肥万达文化旅游城将成为合肥文化旅游产业航母，成为中国文化旅游新品牌，对于推动合肥成为中国文化旅游名城和世界级旅游目的地必将发挥重要作用。

随着金融、商业、电子商务、服务外包、文化旅游等产业发展，不仅原居民能在家门口实现就业，滨湖的蓬勃发展还成为吸纳外来人口就业的"强磁场"，吸引了大量年轻、充满活力的城市新居民。

（四）生态文明，让城镇生活更美好

滨湖新区在规划中充分尊重自然原有的地形地貌，在196平方公里规划范围内保留了73平方公里的圩区、河流、湿地和绿地，并按照点线面相结合的原则，构筑了新区总体的生态网络，形成完善的大生态网络，真正做到了组团式发展。通过大森林公园、五大城市公园、三级绿道系统以及社区公园的建设，打造出宜人的生态环境。新区居民在享受现代都市生活的同时，驱车不过十分钟，就进入到充满自然气息的生态田园，享受家门口的山水风光、森林湖泊。

巢湖是合肥的独特资源禀赋、潜力所在和魅力之源。新区建设始终坚持"保护生态、修复生态、治理污染、不新增污染"的工作思路，以水环境治理为主线，重点做好了水文章，采取"河道治理、污染治理、水源补给、生态重建、监控调度"五管齐下方式综合治理河流，积极探索城市建设和环境保护、经济发展与生态保护和谐相统一的新路。在城区中引入雨水收集、中水回用系统；在道路照明、建筑亮化中进行太阳能、风能等可再生能源的开发利用；新建小区全部实施精装修交房，避免二次污染；对淤泥、建筑垃圾、生活垃圾资源化利用，形成良性循环。此外，还开展巢湖岸线生态整治工程，恢复湿地功能，涵养动植物群落，打造森林城区，让城与湖、人与自然和谐共生，努力建成全国环境友好型和资源节约型社会示范区。

新区建设规模不断扩大、人口不断增多，但巢湖水质却逐步改善，几项重要指标明显下降。理想中的"天蓝、水清、树绿"和"清洁、清爽、清静"的良好生态环境渐趋成型，人民群众的幸福指数不断提高。

（五）先行先试，突出健康可持续发展

滨湖新区建设指挥部办公室、巢湖风景名胜区管委会、滨湖新区建设投资公司实行"三位一体"运行模式，机构统一设置，实行扁平化管理，实现小机构大服务。此后，又在体制机制上进行大胆创新，实行建管分离，充分调动市、区两级积极性。滨湖新区建设指挥部负责规划、招商、投融资、土地利用、项目管理、综合协调等，市重点工程建设管理局负责具体工程建设管理，包河区政府负责拆迁安置及社会管理。"建一项，交一项，成一片，交一片"，真正做到了"专业化的人做专业化的事"，工作效率显著提高。

为顺应滨湖新区"建管分离、市建区管"体制要求，包河区委区政府按照"职责分类、建后直管、孵化成长、统筹联动"的体制设计，组建了包河区滨湖功能区管理服务中心。滨湖功能服务区作为包河区委区政府的派出机构，负责统筹协调滨湖新区管理工作，新区范围现有烟墩、义城、滨湖世纪社区、大圩镇等四个街镇。

为了居民生活更加幸福，滨湖新区社会管理工作也走上创新之路。滨湖功能区成立之初，即组建了第一个新社区——滨湖家园社区，目前有滨湖世纪社区（街道级）和八个社区。滨湖所有社区均按照合肥市标准化示范社区要求建设，每60亩地域建设一个大社区，每20亩地域建设一个小社区。社区办公场所最小化，服务场所最大化，社区建设走在全市、全省前列。滨湖新区建设规划对新区十五里河以南60多平方公里的建设区域划分为八个单

元，每个单元对应建设一个街道级社区服务中心和若干个小区级社区服务中心。根据规划，未来滨湖新区将建多个大社区。滨湖世纪社区即为单元一社区服务中心，建设有社区服务中心、卫生中心、派出所、文体活动中心、生活服务中心、幼儿园、公共绿地、单元配电房、供热交换站等。社区推行"居政分离、居民自治"，同时大力发挥志愿者等社会力量服务社会的作用。

三、主要成效

滨湖新区是合肥市打造"大湖名城、创新高地"的最前沿的阵地和最生动的实践。曾先后获得国家"节约集约用地示范区"、"城市生态建设示范区"、"中美低碳生态示范区"和安徽省"绿色生态示范城区"等荣誉和称号，真正凸显了新型城镇化的本质特征：人本、集约、绿色、智能和低碳。

从安徽层面看，滨湖新区是合肥经济圈乃至全省的新中心；从全国层面看，滨湖新区是皖江城市带承接现代服务业转移最重要的载体。

四、分析与启示

合肥滨湖新区新型城镇化的生动实践，既有很多值得借鉴之处，也有一些值得反思或完善的地方。

（一）滨湖新区新型城镇化的成功之处

以人为本推进新型城镇化。只有让发展成果公平共享，只有让人民幸福安康，中国才能在现代化道路上稳健前行。

滨湖新区建设之初就确立要把改革开放和城市建设的成果更多地惠及广大人民群众，重点解决好市民的住房、就业、社保等民生问题，加强交通、教育、医疗、生态、休闲、购物环境建设，以此来满足新区城市居民的需求。比如从幼儿园一直到高中阶段，引进优质教育资源进行教育配套，形成基础教育高地。"安居乐业，还是要去滨湖！"——越来越多的人达成了"幸福滨湖"共识。

遵循城镇化发展规律，坚持科学发展。城镇化是经济社会发展的必然趋势，有其内在的客观规律。建设滨湖新区既不是哪一位领导的心血来潮、神来之笔，也不是为了炫耀政绩，而是合肥市工业化推动的结果，也是安徽省打造辐射全省、崛起中部、承东启西，促进我国东中西部互动协调发展的区域性中心城市，提高省会城市首位度的客观需要，符合科学发展的要求。

滨湖新区发达的交通网络将新区和老城区、国家级经济技术开发区紧密联系起来，这样好的选址为居住在滨湖的群众提供了大量的就业岗位。别墅区、一般商品房、保障房按照功能混合、紧凑开发的理念混合布局，优化搭配，各种层次的居民混合居住，其规模效益产生的就业需求被集中的就业人口所吸纳，产生了互补共进、合作共赢的效应，实现了"产城一体、职住平衡"的效果。

滨湖新区发展成人气新城，主要是遵循了产城融合的客观规律。产业是城市的基础，没有产业就没有城市，同理如果没有为员工提供孩子上学、就医、购物等生活配套，将会制约和影响人口集聚，进而影响产业的发展。为此，新区一方面坚持"四个优先"，另一方面积极打造现代服务业，创新社区管理模式，走出了一条不搞工业化，而是通过积极发展现代服务业等其他产业来推进新型城镇化的道路。

全面深化改革，创新体制机制。面对打造"大湖名城、创新高地"的新任务新目标，面对人民群众对美好生活的新期盼新要求，滨湖新区正是通过一系列体制机制的创新，破解了建设过程中的一道道难题，解决了居民就业生活的一个个困难。建管分离、市建区管、街道级大社区模式创新等都是一个个经过时间检验、群众认可、效果较好的创新典型。

（二）需进一步完善之处

滨湖新区的城镇化并非只是外延式发展，独特优势成就其成功之路，值得思考与合理借鉴。

我国目前有"四种城镇化"：数字城镇化、开发城镇化、样板城镇化和建设城镇化。产生"三种后果"：一是恶性循环，农民工回家还是农民。二是"逆城镇化"，拒绝市民化。三是"被城镇化"之患，变成市民却生活困难。这都是政府主导城镇化的结果。其原因不外乎是为了政绩目标、急功近利、主观随意规划、不计成本建设。拉美各国和南非也是如此，工业化基础薄弱，政府能力不足，出现了"过度城镇化"，教训很深。

我国正在建设社会主义市场经济，政府要科学有为，积极发挥市场配置资源的决定性作用，防止事与愿违、适得其反。

临湖而建是否加重巢湖污染？滨湖新区濒临巢湖北岸，水，对合肥尤其是滨湖的意义，较之其他区域，显然更具有特殊性和重要性。滨湖新区致力于打造"城湖共生"的生态格局，采取"倒逼机制"，"不让一滴污水流进巢湖"，一是要求所有建设项目"零排放"。二是实施"水系治理、截污治污、调水补水、监控调度、生态重建"的组合治水方略，五管齐下整治区域内河。三是对新区污水全收集、全处理和再生利用。滨湖新区走出了一条"湖靓城美"、人与大自然和谐相处的新路。

思考题

1.新型城镇化中城镇发展边界多大为好？

2.城镇建设中，经济发展优先还是人民福祉优先？

3.新型城镇化中如何发挥市场配置资源的决定性作用？

北京市朝阳循环经济产业园发展模式的探索与启示

（中共北京市朝阳区委党校　案例研究组）

　　随着经济的快速发展和城市建设进程的加快，经济发展与环境资源之间的矛盾日渐突出。其中，与人们生活息息相关的垃圾问题成为影响城市发展的负面因素，"垃圾围城"困扰着政府和人民。令人欣喜的是，循环经济理念的引进为解决生活垃圾问题提供了途径，让"垃圾"得以升华，成了一种资源和矿产，让"垃圾行业"得以变革，摈弃了以往"脏、乱、臭"的落后形象，转变成了高科技、绿色、环保的朝阳产业。大力推进生态文明建设，发展循环经济，促进生产、流通、消费过程的减量化、再利用、资源化，成为社会共识。围绕提高资源产出率，健全激励约束机制，积极构建循环型产业体系，推动再生资源利用产业化，推行绿色消费，形成了覆盖全社会的资源循环利用体系。

　　循环经济本质上是一种生态经济，它要求运用生态学规律而指导人类社会的经济活动。循环经济的优势在于：传统经济是一种由"资源—产品—污染排放"单向流动的线性经济，其特征是高开采、低利用、高排放。而循环经济倡导的是一种与环境和谐的经济发展模式。它要求把经济活动组织成一个"资源—产品—再生资源"的反馈式流程，其特征是低开采、高利用、低排放。循环经济为工业化以来的传统经济转向可持续发展的经济提供了战略性的理论范式，从而从根本上消解长期以来环境与发展之间的尖锐冲突。"减量化、再利用、再循环"是循环经济最重要的实际操作原则。

一、案例背景

　　循环经济产业园区是开展循环经济的有效载体。北京市朝阳循环经济产业园始建于 2002 年，园区在"人文北京、科技北京、绿色北京"和"世界城市"目标的引领下，在循环经济理念和技术的指引和应用下，形成了自己的垃圾循环经济链条，凝练出独特的循环经济模式，承担着北京市四分之一的垃圾处理任务，成为北京市唯一初具规模的生活垃圾综合利用循环经济产业园区，再为首都添制一张环保"名片"，"一种创新填埋气收集工艺在高安屯填埋场异味治理工作中的应用"项目获得了"北京市科学技术三等奖"，成为行业的领头羊和全国的示范点，国际影响力不断扩大。先后被北京市发改委和北京市科委列为"北京市第一批循环经济试点单位"和"北京市科普教育基地"，率先实行对外开放，履行公众教育功能，向社会宣传和普及垃圾处理和环境保护的科普知识，向公众展示科技和循环经济的"神奇力量"，引导青少年和市民自觉参与到垃圾分类和循环经济的行动中，成为推广循环经济的教育阵地。

　　园区主要承担着北京市朝阳区固体废弃物无害化处理和综合利用项目的规划、建设和管理工作。始终坚持全面、协调、可持续的发展理念，以循环经济为核心，以可持续发展为方向，大力推进垃圾减量化、资源化和无害化处理设施项目建设，已成为集卫生填埋、垃圾焚烧、餐厨垃圾资源化处理等设施技术为一体，集科研、环保、教育多功能于一身，北京市唯一初具规模的生活垃圾综合利用循环经济产业园区。

　　规划原则：坚持基础设施建设先行，配套服务项目推进，突出循环经济理念，体现生态园区特色。规划建设 13 个项目（含子项）。

　　基础设施类（3 项）：生活垃圾综合处理厂、物资回收中心、建筑垃圾处理厂；

　　循环利用类（7 项）：填埋气发电并网、填埋气循环利用、雨水利用、电力综合利用、餐厨垃圾菌剂生产车间、污水处理综合利用、余热利用；

配套服务类（3项）：科研教育中心、环卫停车场、园区市政综合改造。

高安屯卫生填埋场是北京市东部地区的大型生活垃圾卫生填埋场。项目总占地面积41.64公顷，总容积892万立方米，设计日处理能力1000吨，总投资1.5亿元，于2002年年底建成投入使用。配套设施渗沥液收集处理系统及填埋气收集处理系统分别于2005年、2007年建成投入使用。2011年2月1日，高安屯卫生填埋场率先在北京市实现原生垃圾零填埋目标。

高安屯垃圾焚烧发电厂是北京市第一座现代化大型生活垃圾焚烧项目。项目总投资8亿多元，占地面积4.6公顷，日处理生活垃圾1600吨，采用日本田熊公司SN型炉排炉技术，是目前亚洲单线处理规模最大的项目。尾气净化系统采用完全燃烧＋活性炭吸附、脱硝等工艺，确保尾气排放符合国家和地方标准。项目于2010年7月通过国家环保部环保验收，年处理生活垃圾53.3万吨，余热发电每年可达2.2亿度。

高安屯医疗废物处理厂是目前北京市唯一一家持有北京市环保局批准的"医疗废物经营许可证"持证单位，也是目前国内设计、建设标准较高的一座医疗废物集中焚烧处置厂，主要处理北京市各医疗机构产生的医疗废物。项目由北京金州安洁废物处理有限公司投资、建设和运营。该项目占地1.58公顷，总投资近8000万元，设计日处理能力30吨，年累计运行时间达7000小时，于2006年3月投入运行。2008年，出色完成了北京奥运会（残奥会）全部赛事场馆和奥运村医疗废物清运处置保障任务。2009年，在甲型H1N1流感防控期间，金州安洁公司承担了北京甲流定点医院及隔离区的医疗废物安全清运处置保障工作。

高安屯餐厨垃圾处理厂是目前国内规模最大的餐厨废弃物资源化处理厂。项目占地面积2.13公顷，设计日处理能力400吨，工程分二期建设，日处理均为200吨，采用高温发酵生化处理技术，通过微生物菌群加工制成微生物肥料菌剂及生物蛋白饲料，用于有机农业和清洁养殖业，可有效改善土壤，有效解决北京市东部区域餐厨垃圾处理问题。

高安屯电动汽车充换电站，该站于2012年3月试运行，是目前世界上规模最大、服务能力最强、技术最先进的电动汽车充换电站，占地约14.7亩，投资约2.8亿元，总充电容量10080千瓦。可同时为1104块电池充电，单日最大可满足 400 辆 2 吨、8 吨、16 吨环卫车及乘用车现场换电需求，车辆综合换电时间为 6—8 分钟。

二、主要做法

北京市朝阳循环经济产业园位于朝阳区金盏乡南部，园区总面积 195.65 万平方米，合 2935 亩。是北京市第一批循环经济园区类试点单位，并已成为清华大学环境科学与工程系、北京大学环境科学与工程学院、中国农业大学、中科院研究生院实习基地。

（一）循环经济试点工作总体情况

作为首批循环经济试点单位，园区始终围绕垃圾处理工作来建立和完善循环经济链条，创新发展模式，为此，编制了《北京市朝阳循环经济产业园循环经济实施方案》，以此为依据，开展了规划园区发展战略、建设硬件设施、引进先进技术、聘用高级人才、健全管理制度等工作，着手落实循环经济实施方案的各项指标。经过几年的实施，一是圆满完成垃圾处理任务，很好地履行了社会责任；二是建立了具有园区特色的垃圾循环经济链条，实现整个园区资源共享、设施共建、物质循环和能量循环；三是完成了填埋气发电、餐厨垃圾处理、雨水利用等体现"循环经济"的硬件设施建设任务，节能减排效果显著；四是启动了其他循环经济项目如厨余垃圾厌氧、建筑垃圾及炉渣资源化利用、科研教育中心的筹划建设工作；五是打造了一支专注于循环经济研究的高端研发队伍，在技术交流和技术创新上有较大突破；六是通过对外开放活动、借助媒体平台，很好地宣传了园区的循环经济模式，社会认可度上升。

（二）循环经济产业链条

园区秉承着"零废弃、零填埋、零污染"的理念，以节水、节能、节材、资源综合利用为目标，建立了低能耗、低排放的物质和能量的内部和外部循环链条。

1. 以垃圾为源头的内循环

生活垃圾通过环卫车辆运输到高安屯焚烧厂焚烧发电，产生电力输送到高安屯充电站为环卫车辆充电，产生炉渣到建筑垃圾处理厂生产建筑材料，剩余不可用渣到高安屯卫生填埋场填埋；高安屯餐厨垃圾处理厂预处理产生的渣送到焚烧发电厂焚烧；高安屯垃圾焚烧发电厂、医疗废物处理厂焚烧垃圾产生的炉渣送到高安屯卫生填埋场填埋，填埋场产生的填埋气所发电用于渗沥液处理车间处理污水用电，产生的余热为园区设施生产生活供暖供热，构成了设施间的无缝式链接。

2. 以产品为始端的外循环

焚烧发电产生的电力输送到华北电力网供应北京市居民生产生活用电；高安屯餐厨垃圾处理厂生产出的微生物肥料菌剂用于有机农业，形成了垃圾—有机肥—农业—绿色食品这样一条绿色生态链；建筑垃圾资源化项目产出的道路建筑原料用于市政道路和建筑物的原材料。

3. 围绕循环经济链条所产生的节能减排效果

水循环。高安屯卫生填埋场 550 吨的渗沥液处理设施，负责处理填埋场和焚烧厂两个设施产生的污水，采用德国先进的生化加膜处理工艺，系统出水率达到 85% 以上，其中 25% 达到国家污水处理中水回用标准，60% 达到《北京市水污染物排放标准》（DB11 307—2005）的三级限值。将两个设施的污水合并处理，不仅解决了碳源不足的问题，而且降低了双方运行成本。该系统每天产生 100 吨中水在园区内循环利用，主要用于绿化、降尘、车辆冲洗。

高安屯垃圾焚烧发电厂，采用中水作为发电系统的冷却水源，每年节省160 万吨市政供水资源，有效实现资源综合利用。

园区雨水利用工程，收集降落至高安屯生活垃圾填埋场的雨水，经过处理后作为园区部分绿化用水或生产用水，实现循环利用，一方面，减少了渗沥液产生量，每年可节约渗沥液处理费用 300 万元；另一方面，减少园区自来水和地下水的用水量，在 4—10 月，每日可节约用水量 260 立方米，每年节约用水量 5.25 万吨。

电循环。高安屯垃圾焚烧发电厂装机容量 30MW，每年发电可达 2.2 亿度，每年节约 7 万吨标准煤，减排二氧化碳约 20 万吨，是低碳减排样板单位。该厂所发电除解决焚烧厂自身用电外，剩余电量全部并入国家电网，再进一步通过电网分配到园区设施生产生活用电需求，实现了电力资源的大循环。高安屯充电站与循环经济产业园内焚烧发电厂，电动环卫车构成循环体系，既实现了垃圾的循环再利用，又减少了车辆尾气排放。

气循环。对高安屯卫生填埋场产生的填埋气全部进行收集利用，分四期建设了装机容量为 4.5MW 的沼气发电机组，其中 2MW 为发电并网项目，剩余 2.5MW 发电机组所发电量用于供应渗沥液处理车间和部分办公楼用电，年发电量达 3900 万度，每年可节约 1.6 万吨标准煤，减排二氧化碳 3.9 万吨，经济效益和社会效益显著，是可再生能源利用项目的一个典型案例，也是园区循环经济和节能减排的重要体现。

热循环。将焚烧发电厂、医疗废物处理厂和沼气发电车间的发电余热通过地下供热管线为园区各单位的办公、生产和生活提供暖气和生活热水，供热面积达 8400 平方米，满足了每日热水所需能量，避免了能源的浪费。统筹和完善园区热力综合利用系统也已纳入了工作计划。

三、主要成效

园区不断在实践中探索、尝试，深度挖掘节能减排潜力，加快循环利用类项目建设，整合内外资源，优化管理模式，将一个功能单一的垃圾处理场蜕变为管理先进、环境优美的循环经济园区，形成了具有特色的循环经济发展模式，不断为科学发展注入新活力。

（一）园区主要循环经济特色

1. 创造了垃圾处理行业的"四个之最"

一是拥有最先实现膜下作业，实现原生垃圾零填埋的填埋场；二是拥有亚洲单线规模最大的焚烧厂；三是拥有世界上规模最大、服务能力最强的电动汽车充换电站；四是处理垃圾种类最多、设施最齐全、技术最先进、环境最优美的循环经济类园区。

2. 建立了独具特色的"垃圾"循环经济模式

以垃圾为源头建立的循环链条，建设物质能量循环体系，通过水、电、气、热、渣循环利用将各设施链接起来，通过原料投入和产品生成，形成内部循环和外部循环，将垃圾处理转变为资源、能源再生过程，有效实现了节能减排，减轻资源消耗，降低环境压力。

3. "科技创新"元素在园区模式中得以充分体现

充分利用产学研结合形式对循环经济生态园区发展的促进作用，发起了与清华大学、北京大学、中国农业大学和中科院研究生院的联合，成为他们的教学科研实习基地，并努力使这种资源发挥作用，先后与这些高校和科研单位开展了生活垃圾处理技术、渗沥液处理、环境监控和预测等方面的合作研究，开创了园区研发创新的新局面。

（二）园区较好地完成了各项循环经济指标

1. 经济效益

收集到的填埋气全部利用，装机容量达 4.5MW，其中 2MW 上网，剩余填埋气用于热水和采暖，每年可节约电费 233 万元；园区每年可节约标准煤约 8 万吨，为国家电网输送 2 亿多度电，直接产生经济效益可达 1.2 亿元以上；通过雨水工程和中水循环利用，每年可节约 170 万吨自来水，间接产生 680 万元的经济效益。

2. 社会效益

通过发展循环经济所带来的社会效益显著，主要体现在以下几个方面：第一，出色完成了垃圾处理任务，为社会经济健康有序发展提供了保障；第二，园区运行设施对人员的需求为周边 3 个行政村村民的就业问题提供了出路；第三，园区在垃圾分类、技术创新、管理理念等方面的先进性和示范性，带动了行业的整体发展，促进了循环经济的产业化和规模化；第四，园区通过对外开放开展的垃圾处理和循环经济宣教活动和数据公开，提高了公众对垃圾处理工作的认知和支持度，提升了政府公信度，为下一步工作的顺利开展奠定了坚实基础。

3. 环境效益

通过加强对运行设施的监管、对设备工艺的升级改造和环境的整治提升工作，严格控制设施污染物排放量，将标准从达标排放提高至力争零排放的高度，园区绿化面积达 3000 亩以上。如今园区及周边区域环境质量明显改善，园区空气清新、环境优美、干净整洁，是周边居民休闲活动的场所。同时，对二氧化碳减排效果明显，年减排二氧化碳可达 39 万吨，对应对全球气候变化作出了积极贡献。

四、分析与启示

目前城镇化快速发展，城市生活垃圾激增，垃圾处理能力不足的问题日益突出。一方面是与日俱增的大量生活垃圾造成严重的垃圾围城，另一方面是政府选择建设处理场所却受到阻碍，国内固体废弃物处理形势非常紧迫。通过上述对国内外循环经济发展趋势的横向对比，以及对朝阳循环经济产业园建设模式的调研，可以看到，循环经济产业园是垃圾处理行业的一种战略选择模式，是解决垃圾处理问题、提高区域承载力、实现经济社会可持续发展的必由之路。园区产业集中，易于集群，综合效益好，适合我国固废处理产业的现状。

但是循环经济产业园区建设成功与否,关键是要充分调查和找准优势资源、优势产业,并以此作为园区建设的核心,产业链构建的出发点,将各种类别的固废产业相互链接,构成循环经济网络体系,实现更大范围的经济与环境的协调发展,根据对调研资料的分析研究,结合我国国情发展循环经济可从以下几点试做努力:

按照"布局优化、企业集群、产业成链、物质循环、集约发展"的要求,推进新建、搬迁企业和项目园区化、集聚化发展,推动各类产业园区实施循环化改造,构建循环经济产业链,实现企业、产业间的循环链接,提高产业关联度和循环化程度,促进园区绿色低碳循环发展。

构建园区循环经济产业链。根据物质流和产业关联性,对园区进行功能分区,合理布局企业、产业、基础设施及生活区。推进园区改造提升传统产业,培育发展战略性新兴产业,促进产业结构优化升级。重化工业要实现园区化发展,按照"横向耦合、纵向延伸、循环链接"的原则构建产业链,形成园区企业之间原料(产品)互供、资源共享的一体化。专业性产业园区要纵向延伸产业链。综合性产业园区要"补链"招商,促进产业横向耦合。工农业复合型产业园区要推进农副产品深加工利用,延长产业链,提高附加值。提高新建和搬迁改造园区的产业关联度和循环化程度。

推进园区资源高效循环利用。实施清洁生产,促进源头减量。推动园区内企业废物交换利用、废水循环利用、能源梯级利用、土地节约集约利用。推进园区生活污水再生利用,建设雨水收集利用设施,鼓励有条件的地区发展海水淡化产业。大力发展清洁能源和可再生能源。鼓励专业化服务公司为园区废物管理提供"嵌入式"服务。

推行园区基础设施绿色化。对园区内供水、供电、供热、道路、通信等公共基础设施实施绿色化改造,促进共建共享、集成优化。加快园区污染物集中治理设施建设及升级改造,鼓励园区创新环境服务模式,积极推进污水、垃圾处理设施建设和运行专业化、社会化。

思考题

1. 如何鼓励园区创新环境服务模式，积极推进污水、垃圾处理设施建设和运行专业化、社会化？

2. 如何构建循环经济产业链，实现企业、产业间的循环链接？

3. 从园区建设角度，如何在园区规划建设中，实现土地集约利用，产业结构合理？

市场裂变、企业涅槃与政府放权

——揭阳中德金属生态城的绿色畅想

（中共广东省揭阳市委党校　王紫零）

一、案例背景

揭阳，金属制造业历史悠久，从宋代"洪炉打铁"就从事金属制造行业，至今已有千年历史，当地有金属制造企业7608家。庞大的金属行业使揭阳成为全国重要的金属产业生产基地、进出口基地、材料集散地和五金不锈钢制品加工研发基地，先后荣获"中国五金基地市"、"广东省金属制品专业区"等称号，五金基地是揭阳的城市名片，揭阳金属产业具有雄厚的发展基础。

金属是污染的代名词，在一般人看来，金属污染与生态环境是一对悖论。金属加工业一般是高污染高耗能的，对于污染行业，常规的处理方式就是关停。但是关停之后，产业从业人口怎么办？产业怎么办？地方经济怎么办？金属生态城如何实现GDP和环保的统一？面对质疑，揭阳给予了郑重的回应。中德金属生态城——中德金属生态城的建设是揭阳发展绿色产业的缩影。

二、主要做法

1. 金属行业的绿色"涅槃"

从规划开始，揭阳就把"生态"摆在了突出位置。按照规划，金属城将以依据园林方式进行科学合理布局，使金属城融入周边地区的经济发展，实现企业经营可持续化、基础设施智能化、产业生态化和生活绿叶化。

中德金属生态城引进德国 IWAR 研究所技术，建设污水处理项目，实现"零排放"。中德金属生态城表面处理生态工业园污水处理技术采用"机械负压蒸发"系统，其中最核心的膜浓缩技术采用德国柏林水务的技术，整个处理过程中电镀废水利用率达到 99.64%，达到真正意义上的"零排放"。金属加工是重污染行业，电镀与酸洗是两个必要的环节，都会产生大量废水，如果直排江河，必然带来重金属污染。但同时，这些污水里面含有大量贵重金属，以及酸性物质，用先进污水设备将其分离处理从而实现循环利用，从而实现了无污染排放，同时，也节约了制造成本。

中德金属生态城主打的产业模式将改变以往金属加工业重污染的印象，同时，金属生态城对未来揭阳的城镇化发展，以及金属加工业的前景具有非常好的引导作用，使传统优势产业集聚集约发展、推进清洁生产及循环经济的示范区。

2. 创新国际合作方式

金属生态城在合作伙伴上选准了制造业强国德国，德国是欧盟最大的产钢国，拥有当今世界上最先进的技术，共建中德金属产业创新基地，将为双方发展提供交流和合作平台。金属城是中德两国在生产、技术、人才等方面全面合作的示范性项目，引进中德合作企业，重点发展先进金属制造业以及现代新兴产业。

作为德国最顶尖的理工科大学研究所之一，德国达姆斯塔特工业大学 IWAR 研究所长期致力于研究水、污水和垃圾的处理。IWAR 研究所在世博会德国中心展馆"品位生活的质感"和中国主题馆"城市星球"中同时向人们展示了他们的最新研究成果——SEMIZENTRAL（半集中式供水排污系统），这种可以提供净水、处理废水和垃圾，并实现能源自给自足运行的全球领先创新方案，立刻受到世界各国广泛关注。"中德清洁水创新研究合作项目"作为示范项目在青岛世界园艺博览会展示。半集中式供水排污系统建立于对各种不同物质流和能量（包括饮用水、污水与垃圾）的综合考量基础上，通过对其调节和集成式处理产生协同效应。该系统一个重要的组件是对生活污水中灰水进行循环利用，以此节约日用水量的30%，进而减少等量污水排放，同时使得能耗的巨大节约成为可能。金属生态城借助德国在技术创新、节能环保、职业培训和先进管理理念等方面的优势，依托项目进一步推动广东省金属加工业转型升级，实现集约发展和绿色低碳发展。并与德国联手在揭阳金属生态城创办产业技术应用大学，打造产业高技能人力资源平台，探索产教融合新路径。在中德全面深入的合作中积极作为，与德国进行深度互利合作，成为中德新一轮全面合作的落实者、领先者。

3.让市场发挥决定性作用

生态城采取的是政府主导、协会组织、市场运作的模式，这种模式很特别，在投资主体上有了新的创新，揭阳市金属企业联合会成立了全国第一支由行业协会自发、自筹、自建的产业投资基金，募集资金超过10亿元，用资本运作的方式投资建设金属生态城项目，探索了产业转型发展新模式；在投资目的上，不是拉动GDP，而是满足在产业基础之上萌发的产业转型的内在需求。这样的意义远远高于税收和GDP导向的投资；它的运营管理也推向市场（目前的运营就是按照中信证券的方案来实施，而此举亦将为运营公司的上市融资做好准备），由行业协会负责，通过市场运作，其中企业去做以前政府做的园区管委会的职责，而政府只负责制定扶持政策以及提供治安、医院等公共服务。

市场的事情就要交由市场来解决。此举不仅可以发挥市场机制的作用，还能省下很多编制和财政资金等管理成本。

揭阳金属城对传统的一种突破，它的根源来自金属产业对于转型升级的内在需求。将原本属重污染的金属加工业进行产业升级，变身为高附加值的现代产业。这种创新模式在广东省是先例，具有典型的示范效应。

需要注意的是，市场在资源配置中起决定作用，并不是全部作用，更不是说市场是万能的、完美无缺的。由于市场存在趋利性、盲目性、滞后性等先天缺陷，市场也会失灵。不是忽视取消政府作用。而是强调更好地发挥政府作用，强调科学的宏观调控，有效的政府治理，发挥社会主义市场经济体制优势的内在要求。政府作用也得到了以下几个方面的转型：

（1）简政放权，"政府的归政府，市场的归市场"

"管理"升级到"治理"，政府职能由单向管理——共治、双向治理、互动、协商，双边关系取代单边关系。加快推进政企、政资、政事、政府与市场中介组织分开，推进国家治理体系和治理能力的现代化。全面梳理各级政府管理的事务，坚决把那些政府不该管、管不好、管不了的事项转移出去，还权于民、还权于市场、分权于社会。除法律、行政法规有规定的外，凡是公民、法人和其他组织能够自主解决的事项，凡是市场机制能够自行调节的事项，凡是行业组织通过自律能够解决的事项，政府的职责和作用要切实转变到保持宏观经济稳定、加强和优化公共服务，保障公平竞争，弥补市场失灵上来。（行政许可法）准金属产业联合会逐步承担部分政府职能。

建立公平开放透明的市场规则，着力清除市场壁垒。要实行统一的市场准入规则，在制定负面清单基础上，各类市场主体可依法平等进入清单之外领域，允许国有资本进入的同时允许民间资本进入，允许外国资本进入的同时允许国内资本进入，探索对外商投资实行准入前国民待遇加负面清单的管理模式。打造法治化国际化营商环境。

（2）行政审批制度改革

推进工商注册制度便利化，削减资质认定项目，由先证后照改为先照后证，把注册资本实缴登记制逐步改为认缴登记制。

市委、市政府加快转变政府职能深化行政审批制度改革要求，把部分可由社会组织承担的政府职能，按照先易后难的原则，逐步转移给揭阳市金属产业联合会实施。

通过设立行政管理服务平台统一实施，并积极探索机构驻点、现场办公，推进网上办事等便民服务管理方式。将政府职能下放给市场主体，这是一种具有巨大突破性的尝试。

(3) 营造良好的法治环境

建构健康稳定的宏观经济环境，依法执行市场监管，营造良好的公平竞争环境，一方面，尽量将各级各类政策措施制度化、法制化，保障政策措施的延续性，保障市场主体、依法保护投资者和消费者的正当合法权益不受侵害，保障国民经济的安全有效运行。另一方面，要贯彻落实产业集聚扶持政策与措施，真正发挥政府通过产业政策引导产业发展的职能，既不违法乱作为，也不非法不作为，从而确保行政权力的依法行使。反对各种形式的地方保护、垄断和不正当竞争行为。

(4) 建设公共服务平台"软环境"

为市场主体提供高效优质的社会公共服务，着力打造社会治安、环保、社会保障、市政建设和社会人文环境等社会"软环境"，为市场主体提供公正、透明、文明的法治化社会公共服务产品，服务平台建设及企业家素质提升工程等举措，不断推动产业集聚发展与转型升级，不断优化中小企业发展环境。

三、主要成效

（一）金属产业"凤凰涅槃"——中德金属生态城开辟金属加工产业新模式

中德金属生态城将原本属重污染的金属加工业进行产业升级，改变了以往金属加工业重污染的印象，改变了金属加工业高污染高耗能的缺陷，与绿色、生态相结合，使传统落后的金属行业变身为高附加值的现代产业，彻底改变揭阳金属产业发展"小、散、弱"的状况，扩大揭阳金属产业影响力和市场竞争力，规范行业管理，从根本上治理污染，发展金属绿色产业。将治理污染和发展绿色经济作为同样重要的事情，通过建设电镀园区，把污水进行集中处理，切实解决污染问题，造福子孙后代。

（二）金属生态城"政府指导、协会主导、市场运作"的办园创新模式

中德金属生态城是广东首个由行业协会主导建设的产业园区，该项目是由当地政府支持，企业联合会具体主导实施，是企业和政府良好合作的典范。

揭阳金属生态城的投资主要来自揭阳市金属产业联合会，揭阳市金属企业联合会成立了全国第一支由行业协会自发、自筹、自建的产业投资基金。筹集了 10 亿元的产业基金，注册公司进行管理，用资本运作的方式投资建设金属生态城项目，探索了产业转型发展新模式。因此，揭阳金属城的特殊模式，是由行业协会融资、投资、运作，投资主体上有了创新；在投资目的上，不是拉动 GDP，而是满足在产业基础之上萌发的产业转型需求。这样的意义远远高于税收和 GDP 导向的投资；由行业协会负责，通过市场运作，有效改变了投资低效的问题。其投资机制是值得深入观察研究的新模式。

金属生态城开展金融与实体经济融合创新，积极探索融资模式；也鼓励有关金融机构加大了对揭阳金属生态城建设的支持力度。

四、分析与启示

1. 市场运作模式的启示

生态城的运作模式值得推广。由政府主导、协会组织、市场运作的创新模式，揭阳市金属企业联合会成立了全国第一支由行业协会自发、自筹、自建的产业投资基金，募集资金超过 10 亿元，用资本运作的方式投资建设金属生态城项目，创新了产业转型发展新模式。

2. 对城镇化建设的启示

未来，中国城镇化肯定还是一个快速发展的过程，城镇化必然会利好金

属制造业，比如家居、厨具，等等。随着中国城镇化的发展，金属制品的需求肯定是旺盛的。

按照规划，中德金属生态城以打造成新型高科技生态产业新城（德国工业小镇模式）为目标，突出研发设计、品牌推广、人才培养、文化交流等功能。这样开发建设一个新的金属工业城，有利于集约使用土地资源，集中进行环境治理，将成为统筹揭阳经济发展、资源节约和环境保护三者关系最有效的途径。

在城镇化进程中，统筹考虑城镇建设与人口、环境、资源、产业等关系，坚持从实际出发，以城市总体生态环境的优化为出发点和归宿，以方便、和谐、宜居、低碳为目标，始终紧扣生态友好、资源节约的主题，谋求未来城镇化的健康持续发展。

3. 对落后地区的经济发展的启示

揭阳是后发展欠发达地区，但是良好的生态环境是揭阳最具魅力、最宝贵的财富，也是最大的比较优势，努力把这一优势保持好、发挥好，认识到绿水青山就是金山银山，生态效益才是最大效益。将揭阳的发展重心由现行的"以经济建设为中心"向"以生态建设为中心"转变，倡导人口与生态相适应，经济与生态相适应，把生态建设放在一个重要位置上。

强化责任，进一步明确政府责任、企业责任和部门责任，切实减少环境污染；强化监督，在城乡排污口装上监控，加强监管力度；强化奖惩，把政府工作从传统的管理转化到治理和服务上面，多管齐下打造良好生态环境。具体如下：

（1）帮助企业引进新技术新设备，让污染物再利用并产生经济价值；

（2）为企业提供资金或者减免税收，使其有能力加强环保工作；

（3）帮助企业改造现有生产设备，达到或者高于国家排放标准；

（4）重视教育，尤其是问题企业；

（5）税收创新——绿色税收（环境税），也是环保的经济手段。税收政策能最为直接有效地加强对采取技术改造而减低排放、节约资源的企业的奖励，如减免税收，发放低利率贷款等。

主要是对开发、保护、使用环境资源的单位和个人，按其对环境资源的开发利用、污染、破坏和保护的程度进行征收或减免。国家通过征税、加税、免税、减税等方式，鼓励人们为环境公益行为，抑制不利于环境的行为。对于环境友好行为实行税收优惠政策，如所得税、增值税、消费税的减免以及加速折旧等。

因此，在环境保护活动中，如各种污染的治理，环保型技术和产品的推广使用，废旧资源的综合利用，清洁生产工艺的推行等均可以运用税收调节的手段推进其发展，达到保护环境的目的。

4.融资创新，搭建银企信息交流平台、融资对接平台，创新产业基金运作模式

通过市政府的政策引导，鼓励较大型的产业公司开展中小企业的融资担保业务，一方面切实解决产业中小企业资金紧缺的问题，积极联系交易所以及有关证券、会计、法律、资产评估、风险投资、担保、银行、咨询等中介机构，采取座谈、联谊、网上咨询等形式，加强中小企业与有关中介机构沟通和交流。另一方面可促进产业的资本运作，兼并重组，做大做强。建立和完善银企、银政联席会议制度，定期或不定期召开银企、银政座谈会、定期联络会和信息交流会等，促进银政、银企互动合作。引导国有商业银行、信用社要树立贷款营销意识，主动支持中小企业发展。完善现有信贷管理方式，建立符合中小企业贷款业务特点的信用评级、业务流程、风险控制、人力资源管理和内部控制等制度。努力形成符合中小企业融资需要的信贷营销模式和风险控制机制，并简化审批程序。建设政府部门主导，行业协（商）会以及金融机构全面参与的中小企业信用平台，建立企业信用公示制度。建立和完善中小企业产权交易市场，确保全年小企业贷款增幅不低于银行本机构当年全部贷款的平均增长速度。

思考题

1.中小企业如何向现代企业管理转型？

2.如何做好入驻动员工作？

潍坊市以品牌农业为统领培育农业发展新优势的实践探索

（中共山东省潍坊市委党校　逯　萍）

潍坊市以增加农民收入为核心，以转变农业发展方式为主线，紧扣发展品牌农业"一个主题"，夯实建设潍坊食品安全区"一个基础"，打造中国食品谷"一个平台"，开辟农业规模化经营、标准化生产、企业化管理、社会化服务"一条路径"，探索"三产融合、四化同步、五位一体、城乡统筹"的发展新模式，加快建设以品牌农业为统领的现代农业示范基地，培育并再创了潍坊农业发展新优势。潍坊市实施品牌农业以来，保持了在全省和全国的总体领先优势，为培育农业发展新优势奠定了坚实基础。潍坊市实施品牌农业的实践使我们得到如下启示：品牌农业组织领导机制是根本；品牌农业工作推进机制是核心；品牌农业支撑保障机制是基础；品牌农业考核激励机制是动力。

一、案例背景

潍坊市农业产业化实施以来，认真贯彻执行党在农村的各项方针政策和法律法规，大力发展现代农业，农业增长方式发生重大变化，农业基础支撑不断强化，农业综合实力明显增强，保持了在全省和全国的总体领先优势，为品牌农业发展奠定了坚实基础。

　　尽管潍坊市农业发展取得了很大成就，但仍然存在不少问题，新旧矛盾和问题交织，给全市农业向更高层次发展带来了新的困惑和挑战：第一，质量安全问题已引起社会广泛关注。第二，全市各级农业品牌意识淡薄。农民群众、农业生产经营者普遍缺乏品牌意识，只重视抓高产、能赚钱；各级党委、政府没有像重视工商业品牌那样，重视农业品牌的培育、支持和保护。第三，龙头缺少大企业支撑和大品牌带动。尽管潍坊市农业龙头企业数量较多，但低水平同质化竞争比较严重，巨型企业缺乏、大型企业偏少。第四，农业自主创新能力不够强。对农业发展中面临的技术瓶颈缺乏系统性研究，能够直接提升农产品品质、增加农业效益的适用性技术供给不足，没有形成本地的核心竞争力。农业科技成果转化率不高，对农产品精深加工和高端食品研发关注不够、投入不足、力度不大，农产品多层次加工增值和高品质食品、农产品发展潜力远未得到充分挖掘。第五，农业经营体制创新不够、活力不足。与长三角等一些地区相比，潍坊市农村农业体制改革创新明显滞后，特别是土地流转步子不够大。由于土地流转慢，规模经营难开展，一些先进的农业技术装备和标准化生产手段难以推广，影响了现代农业发展进程。第六，农业发展的人力资源支撑不足。农村人才、劳动力流失和人口老龄化、村庄空心化问题越来越突出，新生代农民普遍不愿在农村务农，家庭农场、农民合作社等新型经营主体还没有充分发育，农业发展的人才和劳动力供给出现断层。

　　如何顺应现代农业发展规律和市场消费需求，加快推进农业转型升级，培育潍坊农业新的竞争和发展优势，是摆在潍坊市人民面前重大而迫切的经济和社会问题。现代农业发展，底线是农产品质量安全，往高端走就是品牌。从农业发展趋势看，农业产业化孕育、推动了品牌农业发展。从食品消费需求结构看，市场期待着品牌农业发展。从城乡统筹发展看，解决"三农"问题的新出路就在于发展品牌农业。多年的农业产业化发展，潍坊农业积累了比较丰厚的规模实力，具备了向更高层次创新突破的条件。从同业竞争态势看，激烈的市场竞争倒逼品牌农业发展。同时，国际国内形势变化和激烈的同业竞争，要求潍坊市必须创新求变，不断开辟新途径，增创新优势，牢牢把握现代农业竞争和发展的主动权。从现代农业总体发展方向和趋势来看，创新突破的方向和目标，就是品牌农业，这是现代农业发展的必由之路。

面对新的形势任务和机遇挑战，保持潍坊农业在全省全国的领先位置和持续优势，潍坊市加快农业转型升级步伐，坚持以品牌农业为统领，推进规模化经营、标准化生产、企业化管理、社会化服务，打造食品安全区，建设现代农业示范基地，为培育农业发展新的竞争优势探索出一条新路。

二、主要做法

品牌农业是以市场为导向的高端高质高效农业，是农业产业化发展进程中，以品牌打造为主要内容，提升农产品和食品附加值的更高发展形式。品牌农业依托的是品质，彰显的是科技，承载的是文化，其本质内涵是诚信，以及附着在诚信之上的社会认知度、认可度和美誉度。

潍坊市以增加农民收入为核心，以转变农业发展方式为主线，紧扣发展品牌农业"一个主题"，夯实建设潍坊食品安全区"一个基础"，打造中国食品谷"一个平台"，开辟农业规模化经营、标准化生产、企业化管理、社会化服务"一条路径"，探索"三产融合、四化同步、五位一体、城乡统筹"的发展新模式。加快建设以品牌农业为统领的现代农业示范基地，培育并再创潍坊农业发展新优势。

（一）紧扣"一个主题"，在全市大力推进品牌农业发展

主动把握产业链动态组合与创新规律，积极寻找农业创新突破和产业升级的突破口，通过掌握核心技术，创立自主品牌，争取流通渠道主动权和终端市场控制权，努力向农业产业链的高端延伸升级，建立以潍坊市为核心、面向全国、全球的新型农业产业链，做强品牌农业发展的基础，发展高端高质高效农业。同时，注意走好低碳生态可持续发展的路子。坚持以有机农业

为引领，结合"两河"开发，发展生态循环农业，解决好资源污染问题，推进农业可持续发展。在种植业，重点是减投、减排、增效，降低化肥、农药等的投用量；在养殖业，重点是减少规模化养殖场畜禽粪便、废弃物及渔业养殖废水的不合理排放，最终达到零排放、零污染。

（二）夯实"一个基础"，建设好潍坊食品安全区

食品安全是潍坊农业的底线，也是品牌农业发展的生命线。打造潍坊品牌农业，必须首先守好食品安全这条生命线，绝不能因为质量安全问题影响潍坊品牌农业发展。要从基层基础工作入手，建立健全市、县、镇、村四级农（畜、水）产品质量安全监管、检测、执法、责任和服务五大体系，全域构建农（畜、水）产品质量安全监管执法和工作长效机制，齐心协力打造好潍坊食品安全区，夯实品牌农业发展基础。

（三）打造"一个平台"，打造好中国食品谷的高端平台

在全市建设中国食品谷核心园区、寒亭临港产业园、寿光蔬菜种子生产加工基地、诸城昌乐肉类食品生产加工基地、安丘出口食品种植加工基地和峡山有机农产品生产加工基地"一个核心园区、五大基地"；在核心区集中建设高端食品企业总部中心、食品产业创新研发中心、食品物流中心、食品交易中心和食品检验检测中心等"五个中心"和研发创新、综合交易、综合物流、标准化、综合服务、品牌运营"六大平台"，努力将中国食品谷打造成涵盖农业全产业链、三产融合的食品产业高端要素聚集平台和高端食品产业引领区，打造成中国与国际食品产业对接合作的平台、中国高端食品产业发展的典范和引领区域食品产业发展的龙头。

同时，依托中国食品谷高端平台，加快配套产业体系建设。一是建立质量标准体系。在种养、加工、流通等各环节，加快建立一整套高于行业标

准、国家标准和国际标准的潍坊农业标准体系和质量可追溯体系，并严格按照标准体系组织生产经营。让越来越多的消费者知道，以"中国食品谷"品牌经营的食品，全部都是高品质的安全、放心、健康食品，真正把"中国食品谷"打造成潍坊农业的"金字招牌"。二是建立科技研发体系。以产业发展需求为导向，积极与国内外高等院校、科研机构开展合作，跨行业、跨部门组建科研攻关团队，设立首席专家，打造产学研联合体，加强技术系统集成和组装配套，对影响农业发展的关键技术进行联合攻关，集中突破农业创新和高端食品研发孵化，实现农业发展由"潍坊制造"向"潍坊创造"的转变。三是建立高端食品生产加工体系。充分开发利用潍坊丰富的农产品资源，提高优质农产品的供给能力。以"高新技术、自主创新、知名品牌、循环经济、节能减排、企业上市"为主攻方向，全力推进优势加工企业升级技术、改进管理、扩大规模，大幅提高农产品精深加工和食品制造能力。四是建立品牌培育营销和支持保护体系。积极引导农产品生产企业和组织注册国内、国际商标，争创农产品乃至食品山东省著名商标和中国驰名商标。面向高端市场引进和组建专业团队，导入先进营销理念和手段，以"三品一标"为基础，有计划地搞好区域、产业品牌和食品、农产品品牌的包装推介和营销推介，放大品牌效应，营造良好品牌形象。借鉴临沂市打造"生态沂蒙山"品牌的经验，集中使用推介"中国食品谷"品牌，综合发挥政府、行业协会、企业、合作社和新闻媒体等的作用，统一打造、严格规范、全力保护潍坊农业区域、产业、产品品牌标识。

（四）开辟"一条路径"，强力推进农业"四化"实施

——推进规模化经营。规模化经营是现代农业发展的基础条件，也是提升品牌农业实力的必由之路。一是加快农村土地流转。推进农村土地承包经营权确权登记颁证，从根本上解决农户承包地块面积不准、四至不清等问题，为加快土地流转、实现规模经营扫清障碍。二是加快培育各类新型农业经营主体。进一步扩大农民合作组织的规模，创新内容和形式，提高运行质

量。落实好有关扶持政策，推动种养、经营大户、家庭农场和农民合作社加快发展，鼓励支持各级兴办各类新型农业经营主体。三是做强做大农业龙头企业。出台扶持政策，加强对龙头企业的引导、支持和服务，通过招商引资、上市融资、兼并重组、集群联盟等方式，推进存量龙头企业融合重组，培植"航母级"企业集团，提高龙头企业整体实力和带动辐射能力。抓好企业家队伍建设，提升企业家精神，努力造就一个具有长远眼光、开拓精神、创新能力和社会责任感的优秀企业家群体，为龙头企业发展持续提供高层次人才支持。四是加快建设各类现代农业园区。按照以园区建设引领品牌农业发展的思路，加快建设一批具有区域特色、比较优势、高质高效的现代农业示范园区。特别是按照品牌农业和园区化建设的要求，搞好"两河"流域的农业产业布局，真正把"两河"规划好、发展好、开发好，把"两河"流域建成品牌农业示范带。

——推进标准化生产。将标准化作为全市品牌农业生产的主线，按照"两个市场一个标准"的原则，推广安丘农业区域化管理和标准化体系建设经验，建立从农（畜、水）产品产前、产中、产后全过程的"潍坊标准"，为品牌农业发展奠定基础。一是建立健全标准化体系。及时更新、完善农业（畜牧、渔业）标准和技术规程，做到每种农（畜、水）产品生产都有标可依、有标必依，搞好推广普及，确保各项技术规范和标准能够真正落实到生产过程之中。加快低毒生物农兽药推广应用，狠抓测土配方施肥、水肥一体化、农作物病虫绿色控害、畜禽粪污无害化处理及生态养殖式等技术的推广普及，切实提高标准化生产技术水平。二是构建农产品质量安全长效机制。按照"人员、机构内部调剂"的原则，进一步建立健全各级农产品质量安全的监管执法体系，确保农产品质量安全事事有人管、时时有人抓，保持违规必查、违法必打的高压态势。三是建立农业投入品监管使用机制。严格落实市政府《关于禁止销售使用高毒农药的通告》等有关政策规定，进一步加大农（兽）药、种子、肥料、饮料及添加剂等投入品的监管力度，严厉打击生产、经营、使用假劣农业投入品及违禁物质的行为。借鉴苏州经验，适时试点农药集中配送，从源头上解决农业投入品监管难的问题。

——推进企业化管理。企业化是品牌农业发展的动力。一是导入企业化经营理念和运营管理模式。将企业经营理念贯穿于农业研发、生产、加工、物流、仓储、销售等各个环节。借鉴工业企业发展经验，推广"龙头企业＋农民合作组织＋园区（基地）"的经营模式。所有园区、基地、农场都要按照有龙头带动、有技术负责人、有质量安全管理制度、有标准技术规范、有统一的农资供应制度与档案、有田间生产记录、有产地环境检测报告、有品牌认证、有速测设备并开展自检、有质量追溯制度的"十有"标准进行规范，不断提高农业发展的质量、效益和竞争力。二是加强农产品流通体系建设。建立完善的农产品市场准入制度和流通追溯体系，在农产品批发市场、超市和大中型农贸市场全面实行市场准入制度，全面设立可追溯信息系统，未经检测或检测不合格的农产品一律不得进场经营，更不得向市外销售。积极培植农产品精深加工和仓储物流龙头企业，建设和改造一批农产品批发市场、农贸市场。大力开展农超对接、社企对接，发展农产品直供专销，逐步构建面向全国的农产品大流通格局。三是推动农业"引进来、走出去"。积极利用"两个市场、两种资源"，引导和鼓励农业龙头企业到国外建基地、建园区，设立销售网点和营销机构，组织生产、加工、技术和标准输出。有序组织有一技之长的农民到国外建农场、搞基地、办企业、开展经营活动，参与国际分工与合作，提高潍坊市品牌农业国际知名度和影响力，打通多元化出口渠道，扩大农产品国际市场占有份额，打造全国农业国际合作示范区。开展农业领域的"三招三引"活动，广泛引进国外资金、技术、人才、良种、企业总部和科研院所，加快与国际国内先进水平接轨的步伐。

——推进社会化服务。一是坚持主体多元化、服务专业化、运行市场化的方向，构建公益性服务。建立所有涉农部门与相关领域农业生产的定向服务长效机制，强化镇街各站所的职能和力量，提升农业科技推广、动植物疫病防控、农产品质量监管等服务能力。二是发展市场化服务。重点扶持农民合作社、专业服务公司、专业技术协会、农民经纪人、农业龙头企业等发展，催生和壮大一批专业化、社会化的经营性农业服务主体。采取政府订购、定向委托、奖励补助、招投标等方式，引导经营性服务组织参与公益性服务，开展农产品质量第三方检测和病虫害统防统治、动物疫病防控、农田灌排等生产性服务。三是改善金融服务。创新金融产品和服务方式，加大新型生产经营主体信贷支持力度。探索扩大涉农贷款抵押物范围，改善融资条件。畅通支付结算渠道，改善农村支付服务。加强财税杠杆与金融政策的有效配合，落实县域金融机构涉农贷款增量奖励、农村金融机构定向费用补贴、农户贷款税收优惠等政策，推动各类金融机构持续加大涉农信贷投放力度。注意发挥金融衍生品的作用，大力开展政策性农业保险，建立农产品交易平台，积极争取相关农产品期货交易，规避品牌农业经营风险。四是搞好农业科技服务。积极引导高等院校、科研院所等参与开展农业科技推广服务，创新农业科技推广服务模式。探索发展智慧农业，开发引进物联网等技术，改造提升传统农业科技推广网络，加快农业科技成果转化步伐，提升农业产学研一体化水平。五是搞好新型职业农民培训服务。这是全市品牌农业发展的当务之急和现实需要。发挥我市职业技术教育资源密集的优势，在更大的范围内整合教育体系。学习借鉴发达国家经验，研究出台培训计划，全面开展新型农民培育工作。不仅大量培育新一代的青年农民技工，更注意培育高素质的农业生产经营者，要吸引一批"硕士农民"、"博士农民"走进农村、扎根农村。同时，注意研究配套性政策，引导高校毕业生回乡创业就业，做好大学生村官和科技人才下乡等工作，鼓励有文化、有技能的青壮年农民在农村务农创业，培养造就更多高素质的农业生产经营者和科技服务带头人。

三、成效启示

（一）取得成效

潍坊市实施品牌农业以来，保持了在全省和全国的总体领先优势，为培育农业发展新优势奠定了坚实基础。

1.农业综合实力明显增强。经济总量和质量效益不断扩增，主要经济指标长期居于全省前列。

2.农业增长方式发生重大变化。一是产业化成为农业发展的主要形式。龙头企业总数达到 3010 家，其中国家级重点龙头企业 12 家、省级 75 家，上市公司 6 家，居全省前列，带动 85%以上的农户参与产业化经营。二是科技进步逐步成为农业增长的主要推动力。建立了覆盖全市的农业科技信息服务网络，建成各类农业科技示范园区 1000 多个，农业科技贡献率达到 60%以上。农业产业化实施以来，全市培育具有自主知识产权的农（牧、渔）业新品种 196 个，其中经过国家、省级审定新品种 64 个；农业良种覆盖率保持在 98%以上，主要畜禽品种全部实现良种化。寿光市被农业部和省政府确定为全国现代蔬菜种业创新创业示范基地。三是农村体制机制活力不断释放。在不断探索创新的基础上，又集中推开土地承包经营权、农民宅基地使用权和农村集体资产产权"三项改革"，进一步释放体制机制活力。

3.农业基础支撑不断强化。实施病险水库除险加固、大中型灌区节水改造与续建配套、小农水重点县、现代水网体系建设等水利工程，开展"旱能浇、涝能排"高标准农田建设，全市旱涝保收田达到 705 万亩。网上交易、农产品物流等新型流通业态迅速发展，建成了寿光蔬菜、青州花卉、安丘大姜、诸城水产品、昌邑苗木等一批具有全国影响力的骨干批发市场和特色农产品品牌。

（二）经验启示

潍坊市品牌农业的实践经验使我们深刻认识到，发展现代农业，必须坚持以增收富民为核心，以思想解放为先导，尊重群众首创精神，科学把握发展趋势，不断发现新问题、研究新情况、探索新路子、谋求新举措，始终把握创新发展的主动权。而在具体实施措施方面给我们带来的启示如下：

一是建立品牌农业组织领导机制。把品牌农业摆到各级党委、政府工作的重要位置，围绕发展品牌农业，调整充实各级党委农村工作领导小组等各类相关组织领导机构和工作机构的职能设置，建立各级政府品牌农业工作联席会议制度，协商解决工作中的重大问题，研究谋划品牌农业的发展思路和工作措施，形成自上而下的、强有力的组织领导体系。

二是建立品牌农业工作推进机制。根据全市品牌农业发展的实际需要，结合"两河"开发，科学设置品牌农业建设的目标责任体系，把目标任务分解到县（市）区、落实到部门、具体到项目、量化到个人，形成行之有效的工作推进机制。

三是建立品牌农业支撑保障机制。按照以工促农、以城带乡的要求，加大小农资金整合力度，统筹运营各类资源，建立以财政预算正常增长为支撑的长效投入机制，构建多元化品牌农业投入支撑体系。打通社会资本和城市工商资本进入农村的渠道，为品牌农业发展提供持续不断的外源性动力。抓好现代水网工程、大中型骨干河流综合治理、农田水利工程等水利基础设施建设，加强水资源管理和水生态文明建设，为品牌农业发展提供水利资源等基础支撑和保障。

四是建立品牌农业考核激励机制。将品牌农业发展纳入县市区和镇街科学发展综合考核体系，适度加大考核权重，体现工作导向，发挥好考核指挥棒的作用，褒扬先进、鞭策后进，凝聚力量、锤炼队伍，推进品牌农业又好又快发展。同时，探索财政支农资金绩效管理办法和措施，在农业项目申报中增加绩效评估和考核的内容，将项目绩效目标与财政绩效评价管理工作相衔接，作为项目立项、考核验收及绩效评价的重要标准和依据，并建立绩效与预算安排相挂钩的激励机制，激发和调动各级发展品牌农业的工作主动性和积极性。

思考题

1. 潍坊市以品牌农业再创农业发展新优势做法，对你所在地区有何启发及借鉴意义？

2. 推进品牌农业发展，在决策与实施过程中应注意从哪些方面作为着力点？

青海省互助县加强"文化大县、旅游强县"建设的实践探索

（中共青海省互助县委党校　何积英）

青海省互助县准确把握全国唯一的土族自治县，土族民族文化资源丰富，自然风景优美，发展的潜力在文化与旅游，出路和希望也在文化与旅游的基本县情，确立了建设"文化大县、旅游强县"，打造"具有地域民族特色、高原田园风光的国家级旅游休闲度假名城"的战略思路。按照"景以文而存、景以文而昌、景以文而著"的理念，以旅游为载体，以文化为主题，实施民俗文化研究工程，构建公共文化服务体系，规范文化旅游市场，保护开发文化遗产，创新文体赛事活动，开发特色文化产品，做大特色文化产业，开展"双创"（创国家5A级景区和创国家级高原旅游度假区）工作，打造"中国土族·彩虹故乡·醉美互助"文化品牌，逐步探索出了一条"以文化引领旅游，以旅游促进文化，文化旅游深度融合发展"的路子。

一、背景

互助县位于青海省东北部，地处青藏高原与黄土高原接合部，素有"彩虹故乡"的美誉，是全国唯一的土族自治县，"国家4A级旅游景区"、"全

国休闲农业与乡村旅游示范县"。

青海省互助县是全国唯一的土族自治县，总人口为 39.18 万人，境内有土、藏、回、蒙、汉等 20 个民族，其中土族人口为 7.23 万人，占全县总人口的 18%，是国家少数民族之一。这里民族文化资源丰富，有民间故事、传说、歌谣、谚语等民间文学；有特色鲜明、色彩艳丽的民族服饰；有土族盘绣、玉雕、木雕、刺绣、剪纸等精巧、独特的民间技艺；有土族"安召"舞、土族"花儿"等风格浓郁、脍炙人口的歌舞艺术和土族婚礼、土族"梆梆（biangbiang）会"、威远镇"二月二"擂台庙会、安召那顿节等民俗活动，还有源远流长的青稞酒文化和丰富的民族餐饮文化。人文景点遍布全县，宗教文化氛围浓厚，有藏传佛教（黄教）寺院 10 余处，著名的有却藏寺、佑宁寺、白马寺等；拥有物质文化遗产 405 处，其中国家级保护单位 1 处，省级 32 处，县级 49 处；非物质文化遗产 110 处，其中国家级非遗项目 7 项、省级 7 项；国家级传承人 3 人，省级传承人 23 人，省级工艺美术大师 5 人。作为民族县、贫困县、欠发达县如何把促进文化遗产保护传承与推动经济社会发展有机结合起来，走出一条经济发展、生活富裕、文化繁荣、社会和谐的发展道路？互助人立足互助县情，准确把握全国唯一的土族自治县的优势，立足于土族民族文化资源、宗教文化资源和青稞酒文化资源及优美的自然环境资源，确立了建设"文化大县、旅游强县"，打造"具有地域民族特色、高原田园风光的国家级旅游休闲度假名城"的战略思路。按照"景以文而存、景以文而昌、景以文而著"的理念，以旅游为载体，以文化为主题，实施民俗文化研究工程，构建公共文化服务体系，规范文化旅游市场，保护开发文化遗产，创新文体赛事活动，开发特色文化产品，做大特色文化产业，开展"双创"工作，打造"中国土族·彩虹故乡·醉美互助"文化品牌，逐步探索出了一条"以文化引领旅游，以旅游促进文化，文化旅游深度融合发展"的路子。

二、主要做法

（一）加强公共文化服务体系建设，为文化繁荣发展奠定基础

一是加快公共文化基础设施建设。在县城先后建成了博物馆、文化馆、青稞酒文化广场、彩虹部落网羽中心、彩虹剧场、全民健身中心等一批文化基础设施工程，为群众文化活动提供了场所；图书馆馆藏书籍达96000多册，一定程度上满足了群众的文化需求。在农村结合党政军企共建新农村活动，全县19个乡镇，17个建了乡镇文化广场，294个村107个建了村级文化活动室和广场，并配备了音响设备、健身器材。建成农家书屋294个，每个书屋藏书均在2000册以上，征订报刊4种以上，满足了群众的文化需求，提升了农民的文化素养。另外，互助县民族众多、宗教信仰复杂，有清真寺、道观、佛教寺院、山神庙等众多寺庙，所以特别实施了寺庙书屋工程、体育进寺院工程，在一定程度上向宗教界人士传播了社会主义核心价值观，引导宗教与社会主义社会相适应。二是培育基层群众文艺团体，组织县专业文艺骨干和社区文艺骨干到乡镇、村社进行文艺专业知识二次培训，引导乡镇村社群众开展文体活动，加强基层文化演出团体的软实力，振奋农民精神面貌。三是开展全民健身活动，实现广场群众文化活动常态化，推进广场舞活动，编排群众喜爱易学的广场舞，鼓励更多的群众参与广场健身活动，为文化繁荣发展奠定了基础。

（二）加强土族民族文化的开发与研究，打造文化品牌

为了弘扬优秀民族民俗文化，打造"中国土族·彩虹故乡·醉美互助"

特色文化品牌，互助县专门成立了文化大发展大繁荣推进领导小组，组建了土族民俗文化、宗教文化、民族民间艺术、青稞酒文化、城市建筑文化五个专题研究小组，全面开展民俗文化、宗教文化、酒文化等方面的研究，成果突出。一是撰写了《互助县土族礼仪接待手册》、《土族日常用语》等书籍；策划、编排、导演了中国土族大型歌舞剧《彩虹部落》和具有土族特色的现代土族风情剧《兰索姐回乡》，成为宣传"互助土族"的亮丽名片。创作了《阿姑恋》、《望彩虹》等音乐作品和《彩虹舞》、《土族婚礼》等舞蹈作品，《彩虹舞》获中国艺术群星奖；创作完成了绘画长卷《婚礼》、《土族花儿》，绘画作品《日出而作》入选第四届加拿大诗书画大展并在加拿大、北京、香港、台湾巡回展出；设计完成了土族盘绣图册、土族烙画图册、土族剪纸图册、玉雕土族"轮子秋"等特色旅游产品样品。二是实施"五个一"工程（即创作一套好操、一桌好餐、一首好歌、一台好舞、一套服饰），制定安召健身操和民俗餐的推广方案，加大推广力度，使安召健身操先在学校、社区等广泛推行，进而深入到社会各界，使民俗餐成为各大餐饮企业、农家乐、民俗接待点的招牌菜品；邀请知名歌手，参与一首民族好歌的编曲和演出工作，充分利用名人效应打造互助县土族歌曲品牌；实施一台中型民族好舞的编排工作，注入土族歌舞艺术的精髓，掺入土族历史文化和民俗风情，打造出通俗、直观、精致，被大众接受和喜欢的精品节目；规范推广一套民族服饰，成为重大节庆活动、各种会议的工作服，让民族服饰成为宣传互助县的一张名片。三是全面开展文化普查工作和非物质文化遗产保护工作。结合青海省文化新闻出版厅"寻根文化再调查"活动，坚持"保护为主、抢救第一、合理利用、继承发展"的方针，对全县 18 个乡镇、53 个村的自然景观、人文环境、民间艺人、文化遗存、宗教文化现象等进行了调查研究、收集整理，出版了《互助土族自治县非物质文化遗产项目读本》；丹麻镇被命名为 2011—2013 年度"中国民间艺术之乡"。申报了国家级非物质文化遗产 7 项（土族轮子秋、土族服饰、土族婚礼、土族花儿、土族安召舞、土族盘绣、民间文学《拉仁布与吉门索》），省级 7 项（长篇叙事诗《祁家延西》、土族 biangbiang 会、酩馏酒、土族宴席曲、冈日那顿、大寺路朝山会、青稞酒酿造技艺），将土族轮子秋打造成了民族体育品牌，2008 年参加了北京奥运会开幕式前的文艺表演，2011 年在第十届全国少数民族传统运动会上荣获金奖；《土族婚礼》获第三届成都国际非遗节"太阳神"杯银奖。培育了国家非物质文化遗产项目生产性保护基地——互助土族文化传播有限公司和省级非物质文化产业示范基地——纳顿旅游开发有限公司。

（三）培育文化产业，推动地方经济发展

一是以土族民俗文化研究工程为龙头，以各项国家级和省级非遗项目为重点内容，以土族歌舞、土族服饰、土族盘绣、土族烙画、玉雕等为切入点和突破口，鼓励、支持和引导社会各类资本以多种形式投资文化产业，参与文化基础设施建设，兴办民族歌舞演艺、民间工艺品开发、民俗文化旅游接待等文化企业，研发出了服装、香包、盘绣家居系列、土族泥塑等工艺产品，仅皮艺烙画艺术品年纯收入就超过了 50 万元；开发了一系列土族民俗风情和土乡文化的表演项目。二是突出地域文化资源优势，实施"一人一技"、"一村一业"、"一乡一品"工程。各乡镇根据自己的资源优势，打造乡镇文化品牌，带动旅游经济发展。三是以青稞酒酿造文化为基础，经过 50 多年的探索，建成全国最大的青稞酒生产基地。同时，以开辟工业旅游途径来壮大企业实力。不仅展示了土族酒文化，而且收到较好的经济效益。

（四）推动文化与旅游深度融合，做大做强互助旅游品牌

一是以国家扶持少数民族发展为契机，对土族历史文化进行研究和创意，建立民俗文化体验产品体系，打造原生态的土族生活。让游客通过吃土族家宴、品酩馏酒、跳土族安召舞、转轮子秋等，走近土族，体验土族生活，了解土族民俗，成为游客心中最具地方民俗文化特色的旅游目的地。二是利用"中国青稞酒之源"，全国最大的青稞酒生产基地、青稞酒原产地保

护基地等品牌优势,在"驮酒千里一路香,开坛十里游人醉"文化意境中大力发展青稞酒工业游,开发了地下酒窖、酒文化广场、青稞酒文化博物馆、酒吧一条街等项目以及适合旅游购物的青稞酒旅游产品,提高了旅游业附加值。三是加快文化旅游创意产业发展。开发体验、表演、艺术展览、手工等人工旅游活动,使创造力、感受力和故事力成为主要的驱动源,通过"创意"这个主体资源,实现"无中生有"和"有中生优"的创意转化,用无限的创意突破有限的旅游资源约束,淡化季节制约,改变旅游产品不可移动等特性,促进旅游业从资源驱动向文化软实力驱动转变。四是按照"传奇王国、乡村夏都、彩虹部落、浪漫酒城"的文化定位,确立了"四区三线"旅游发展战略,即打造民族宗教文化旅游区、高原生态旅游区、青稞酒工业旅游区、高原农业观光旅游区、提升旅游产业总体规模和整体素质,形成了土族民俗宗教游、青稞酒文化游、森林地质公园生态游三条精品线路,提高了旅游业的综合影响力和竞争力;积极开展"非遗项目"、民间艺人进景区项目,加大了文化旅游融合发展步伐。

三、成效

几年来的实践证明,"文化大县、旅游强县"建设符合互助县的实际情况,让县域发展有了特色,让人民群众得到了实惠,日益彰显出无穷魅力。

(一)文化繁荣、社会和谐

通过"文化大县"建设,昔日隐藏在民间的民族文化资源得到了开发挖掘;公共文化服务体系的建设,为开展群众文化活动提供了设施、场所,群众文化活动有声有色。已发展了民族歌舞演艺团体5家、秦腔业余剧团7家、曲艺队 14 支、广场业余舞蹈队 4 支、民间歌舞队 8 支、社火队 132 个，在这些团体的带动下，节假日、闲暇时，人们聚集在广场跳安召、唱花儿、耍社火、扭秧歌，文化活动拉近了人与人之间的距离，营造了和谐的社会氛围。无论是城镇还是农村，打麻将、赌博的人少了，昔日的麻将馆变成了演艺室、图书室，群众参与各种文化活动。每年组织的文化下乡、送戏下乡、放映电影等活动，丰富了群众精神生活，传播了正能量。特别是互助作为民族自治县，民族成分众多（39.18 万人口中有 20 个民族）、信仰复杂，而丰富多彩的文化活动，增进了不同民族文化的交流，密切了民族感情，促进了民族团结、社会和谐稳定。

（二）群众富裕

"文化大县、旅游强县"建设，既让文化繁荣发展，又让群众生活富裕，实现精神文明与物质文明共同发展。通过挖掘土族民俗文化，开发旅游资源，推出了以饮食品尝、婚俗体验、歌舞欣赏、服饰及手工艺品展示、田园风光游览为主要内容的土族民俗旅游项目，先后建成纳顿庄园、彩虹部落等土族民俗风情浓郁的旅游接待点、玉雕作坊、刺绣农户等。土族盘绣产业以"协会＋公司＋基地＋农户"的运作模式，盘绣产业已成为群众致富的一座"金桥"。随着收入的增加，群众生活更加殷实。全县所有适龄儿童接受了义务教育。文化旅游业的发展带动了产业的发展。

（三）文化遗产得到了保护和传承

"文化大县、旅游强县"战略的实施，使人们对民族民间文化有了新的认识，也引起了对文化遗产的重视。通过申报国家级、省级非物质文化遗产及非遗项目传承人等措施，对有失散和失传可能的民族古籍、技艺、文物等进行抢救性保护。并举办文艺活动、作品展览、技艺大赛、培训研讨以及"非遗进校园"、"非遗进景区"等活动，使文化遗产得到了保护和传承。

四、启示

（一）"文化大县、旅游强县"建设是建设社会主义文化强国的有效途径

"建设社会主义文化强国，关键是增强全民族文化创造活力。让一切文化创造源泉充分涌流，开创全民族文化创造活力持续迸发、社会生活更加丰富多彩、人民基本文化权益得到更好保障、人民思想道德素质和科学文化素质全面提高、中华文化国际影响力不断增强的局面"。互助县下大力气开发挖掘民族文化资源、创新文化精品，保护传承文化遗产，不遗余力地加强文化建设，丰富了群众文化生活，解放和发展了文化生产力，推动了社会主义文化大发展大繁荣。

（二）"文化大县、旅游强县"建设是西部民族贫困县加快发展步伐，打造后发优势的现实选择

西部民族贫困县经济条件差，发展基础薄弱，但在民族民间文化旅游资源方面具有其他地方无可比拟的特色优势。互助县立足自身基础，找准发展定位，突出土族民族特色，营造独特的文化旅游环境，发展壮大文化旅游产业，在青海东部城市群建设中形成了自己的比较优势。

（三）"文化大县、旅游强县"建设是促进民族团结、维护社会稳定的有效抓手

民族地区蕴含着丰富的旅游资源，包括旖旎秀美的自然风光、多姿多彩的民族风情、底蕴深厚的历史文物、独具特色的非物质文化遗产等。文化与旅游融合，展示了各民族优秀的历史文化，加速了各民族之间的往来和沟通，增进了不同民族文化的交流，密切了民族感情，使各民族群众进一步感到"汉族离不开少数民族、少数民族离不开汉族、各少数民族之间也相互离不开"。互助县通过加强文化旅游的深度融合发展，促进了民族团结，巩固和发展了平等团结互助和谐的民族关系，维护了社会稳定。

思考题

1. 互助县在建设"文化大县、旅游强县"方面有什么举措？成效如何？

2. 互助县"文化大县、旅游强县"建设的成功实践有什么启示作用？

3. 结合当地实际，谈谈在文化旅游融合发展方面应开展哪些工作？

土地流转：连接农业现代化和城镇化的纽带

土地流转能够释放农地的价值，是连接城镇化和农业现代化进程的关键因素，因为土地的货币化能带来以下几个方面的直接影响：第一，直接提高农民拥有的资产存量，提高农民收入，从而带动农民消费和农业投资，间接加速农民的市民化进程；第二，带来土地的适度集中，提高农业生产力，大幅提高农业经营效率，反向推动农业劳动力数量的下降；第三，缩小征地价格和农地价格的差值，提高农地征地补偿，更好地保障农民利益。

在我国推进城镇化加速发展的过程中，土地不但要作为农民最重要的生产资料，也要成为农民最重要的财富来源。土地的货币化是一个重要的红利释放过程，土地流转、人地分离的速度在加快，这将带给国家推进城镇化最重要的资金来源。这种资金来源不是来自不可持续的货币投放和政府负债，而是来自资产的注入。土地流转带来的农地货币化，将在未来中国城镇化的推进过程中发挥巨大的作用。

以中国改革开放以来各项重大制度的推广，都遵循先地方进行创新，取得一定成果后再全国进行推广的模式，土地流转已经进入了各地创新的环节。广西南宁市横县云表镇朝南村通过引导农民实行土地流转，解决了当地农村劳力富足与土地利用不充分的矛盾，形成了"公司＋合作社＋基地＋农户"的村企合作模式，成为集体经济增长、农民增产增收的典型，探索出一个发展现代农业的"朝南模式"。

一、案例背景

朝南村位于云表镇东北部，距镇政府 1.5 公里，距横贵公路 1 公里，交通方便。全村面积 3.5 万平方米，共有村民小组 1 个，农户 105 户、458 人，其中中共党员 17 人。全村共有耕地面积 1856 亩，其中水田 460 亩，畲地 1396 亩。以前，朝南村是一个普通的小村庄，农民经济来源以种植优质水稻和外出务工为主，全村全年共种植水稻 150 亩，劳动力 223 人，其中外出务工及驻村务工 180 人。

朝南村以工业化的理念来谋划农业产业化的发展，从农业的研究、培育、种植到销售一条龙，通过土地流转的方式整合成连片的土地，把零散的土地整合起来，在成规模的土地上产生规模效应，通过"公司＋合作社＋基地＋农户"模式，推进农业产业化发展，形成"一业为主，多种经营，全年有收"的良性发展格局，现代农业呈现出勃勃生机，有力促进了农业增效、农民增收和农村发展。"朝南模式"的成功主要得益于实施土地流转经营，追求规模效益。可以说，朝南村是土地流转的一个成功样本。

二、主要做法

（一）土地流转，实现规模经营

土地流转是指土地使用权流转，拥有土地承包经营权的农户将土地经营权（使用权）转让给其他农户或经济组织。作为农民的命根子，广大农民对土地的"溺爱"之情非同一般。许多在外漂泊的打工仔这样描述土地给自己带来的"安全感"："如果我找不到工了，至少家里还有地给我种。"朝南村人也抱着同样的想法。因此，在土地流转道路上，朝南村人并不是先行者。2008 年，由于对土地流转的政策不了解，当朝南村还在观望和犹豫的时候，邻村已通过土地流转红红火火地搞起了农业旅游观光，村民收入翻番。朝南村人看在眼里，终于坐不住了。土地流转这个曾经被怀疑被漠视的名词，带着无比强大的冲击力，空前地深入人心。为此，朝南村党支部多次召开党员会议、村民代表会议研究土地流转工作，最后大家一致同意将全村 1856 亩耕地整体流转，使土地得以成片集中，然后出租给外来企业或本村村民，从而提高蘑菇、甘蔗等农业种植的规模效益。

（二）专业合作社筑巢引凤

土地集中了，接下来朝南村面临的是更为困难的经营问题。为了更方便地从事经营活动，朝南村在横县农业部门的帮助下组建了"新时代蔬菜专业合作社"，并在工商部门进行登记注册。合作社按照"入退均自愿"的原则，积极引导农民以土地入股的形式把土地流转入合作社，使土地得以成片集中，然后出租给本村村民或外来企业，从而提高蘑菇、甘蔗等农业种植的规模效益。"合作社有法人资格，可以进行各种经营活动，朝南村流转的土地从此有了名正言顺的'大管家'。"

有了地的朝南村，创新建立了"公司＋合作社＋基地＋农户"的蘑菇产业化发展新模式。

在朝南村蘑菇工厂化生产基地内，空调呼呼作响，无论寒暑，温度始终保持在 16—18 摄氏度。厂房内蘑菇种植架子有 6 层高，一年 365 天每天都能生产鲜菇，每天产量达 6 吨，产品远销广东等地。以前种植蘑菇，要看天吃饭。暖冬、冻灾、持续阴雨这些异常气候严重影响蘑菇生产。加上冬种蘑菇生产期较短，全年有大半时间无法种植，所以种植蘑菇收入不高。为破解制约蘑菇生产的"瓶颈"，减少甚至避免气象因素对蘑菇种植的影响，加大科技创新力度，建设蘑菇工厂化生产基地，把蘑菇从室外种植"请"进了温室里。采用国际先进的"隧道发酵＋温控菇房"技术，实现了全天候、周年化生产，技术水平和生产能力达到国内先进水平。

蘑菇培育房外排列着不少大型的机器，从机器上的显示屏可以看到每一间蘑菇培育房里的温度、湿度等数据。进入一间菇房，能看到有 6 层蘑菇种植层，每层都有泥土与培养料，上面躺着一团团、一簇簇雪白的蘑菇。有些菇房蘑菇已长成，工人正忙着采摘。大约 1 平方米能收 13.2 公斤，而世界最高水平在荷兰，他们 1 平方米能收 14.7 公斤——可以说，朝南村蘑菇产量接近了世界水平。厂房内每平方米每造可产蘑菇 25 公斤，每年可采摘 6 造，每平方米的年产量约 150 公斤。

三、主要成效

（一）足不出村，昔日农民当上工人

"有田不下田，既上班又收钱。"这是朝南村农民现在的真实写照。以前，种田不来钱，朝南村青壮年纷纷外出打工。外出务工的确能为农民带来一定的收入，也能开阔农民的视野，但由此引发的留守儿童、空巢老人等问题也日益凸显，让在外务工的村民担心不已。

农业产业工业化和规模化相互促进、共同发展。在朝南村，越来越多的农民在家门口挣钱，实现就地工人化。村里 400 多人口，劳动力 200 多人，这 200 多劳动力中有 70% 以上在蘑菇基地上班。这样的转变，让每年春运期间车站里的打工大潮中少了一张焦灼又茫然的脸，而朝南村则多了一双留守的坚实的臂膀。

"每年的采摘高峰期大约有 250 多人在这里工作，就像城里人在工厂上班一样；但我们就在家门口拿工资更方便些。"这里的蘑菇生产没有季节问题，目前年产量已经超过 5000 吨，但仍然供不应求，后续将进一步扩大规模。村民不仅可以享受到基地每亩每年 500 元的土地租金分红，在基地工作的每月还能拿到 2000 元左右的工资。除了给村民分红，村里还专门安排一笔养老资金。朝南村给每位 60 岁以上的老人每月发放补贴 60 元。

如今在朝南村，几乎所有的家庭都经历了生活方式的转变——一部分人变成了老板，更多的人成为产业工人，但他们都有一个共同点：没有离开土地，更没有放弃农业。村民不用像以往外出打工一样，备受思家的煎熬，他们成为家门口的产业工人，走上了致富路。农民返乡务工，使空巢老人和留守儿童等社会问题迎刃而解。

（二）一业为主，多种经营，打造生态农业

朝南村蘑菇基地的发展还带动了蔬菜基地和原料收购运输业的发展。周边地区甚至县外的动物粪便、农作物秸秆变废为宝，收购、运输牛粪、稻草等原料也成为朝南村村民的生财之道。有村民购买汽车从事种菇原料收购和运输。

种植蘑菇后，其下脚料还含有丰富的有机质，是上好的有机肥。长期使用化肥，会使土壤板结，肥力下降，影响农作物的品质。使用生物有机肥，能让土壤疏松肥沃，肥力上升，农作物产量高、品质好，而且食用口感特别好。据土肥专家测算，每种植 1 万平方米的工厂化蘑菇，产生的下脚料可以改良 1280 亩耕地。这些下脚料免费提供给当地村民发展种植业，生产出来的农产品产量高、口感好、营养丰富、质量安全，深受消费者的欢迎。

为充分利用蘑菇种植基地产生的下脚料，朝南村还建成了一座生物肥料厂，提高了有机肥生产效率。将蘑菇厂废弃的种菇下脚料进行再次堆沤，高温消毒，就能生产出肥料。除了种菇废料，糖厂的滤泥、污水处理厂的沉积泥乃至蔬菜收获后丢弃的菜根、菜叶，还有花生藤、瓜藤和部分生活垃圾等等，都可以作为有机肥的生产原料。

除去生产成本，工厂肥料的利润还是相当可观的。村里的大棚蔬菜和传

统种植蔬菜都用的有机肥，成本降低，肥效持久，无论从经济效益还是从社会效益上来说，都是一项非常有前途的事业。

（三）建设乡风文明新农村

对朝南村 470 余名村民来说，高兴的不仅是在家门口上班领工资，还有每年的土地流转分红。村民们有的流转出来的土地多的达到 36 亩，少则也有 20 多亩。

村集体经济发展起来了，朝南村开始下大力气整治村容村貌：有资金投入新农村建设，先后完成了乡村公路硬化，还有标准的篮球场、环村湖、游泳池、农家乐餐厅，村中排污设施、绿化、办公楼、休闲广场、停车场、舞台、路灯、村大门等一批公共设施建设，完成民房统一立面装修、民房推倒重建、民房加层建设等。

美丽的环村小河、天然的松树林，经过整合资源，统一规划，建设了桃花岛、游泳池、林间小道、农家乐餐厅等休闲设施，朝南村成为集休闲、娱乐、餐饮于一体的农家休闲场所。盛夏时节，人们可以在游泳池里欢腾畅游，也可到蘑菇工厂、蔬菜大棚参观，走累了，松林里便是乘凉谈天的好去处。

富裕起来的朝南村，首开全区先河，从 2011 年开始，每年从全村土地流转收益金中按每亩拿出 30 元给村里 60 岁以上的老人每人每月发放 60 元养老金，给 80 岁以上的老人每人每月发放 80 元养老金，从传统的家庭养老变成"土地养老"，给考上大学的学生每人奖励 2000 元，让村民共享土地流转带来的好处。

朝南村经济在快速发展的同时，村民的文明意识也在大幅提高。"以前没有文化娱乐设施，年轻人回村过年过节除了喝酒就是赌博。现在不一样了，村民下班后有的去游泳，有的在家上网，有的去阅览室看书，有的去打篮球。"

四、分析与启示

（一）案例分析

　　土地流转推动土地所有权和经营权、使用权的分离，从而将农村的土地价值重新释放。一直以来，中国农业发展的模式，是小规模土地家庭经营的模式，这和中国农民人口多、人均土地占有量小的基本国情有关。中国的农业现代化道路，必然是小规模专业化经营和适度规模化经营相结合的发展道路。土地流转制度就是要打破农地所有权和经营权统一的情况，实现人地分离，这个过程一旦开始，农地的交易价值就会逐渐提高，土地流转的市场化程度越高，土地的定价越合理。而农业现代化进程的要求，也反过来需要土地流转的加速，从而逐渐推进土地价值的释放。

　　随着我国城镇化进程的加快，大量的农村劳动力向非农产业转移。广大农村青壮劳动力外出打工，这也是时代进步的表现。但同时带来了一些不可忽视的问题，那就是"谁来种地"、"地怎么种"的问题。"朝南模式"对此作出了回答：在引导农户流转土地承包经营权的基础上，推进农业现代化和规模化，通过引进现代农业龙头企业，把新技术、新设施、新经营理念带进朝南，使群众看到了发展经济的方向，也吸引了一批外出务工人员回乡创业，培养了一代新农民。

　　朝南村以"新三农"，即新农业模式、新农民、新农村的崭新面貌出现在世人面前，破解了多年来农业分散经营、效益低、发展缓慢的难题。通过土地流转，招商引资，建立村企合作。农民与企业结成利益共同体，真正解决了土地利用和农民就业的问题，使得农民成为工人在家门口就业，工作和生活方式发生了深刻变化，在此基础上开展新农村建设，健全文体设施，丰富村民的文化生活，提高教育、文化、医疗、卫生的服务水平，让村民更好地享受新农村建设的成果。

朝南村村企合作模式促进了农民收入增加、村容村貌改善，但在土地流转、基础设施等方面仍面临一些困境，需要多方"给力"解决。

（二）启示

"朝南模式"以整村土地流转、统一经营为基础，以农业龙头企业为带动，以农民专业合作社为纽带，以现代化的农业生产基地为依托，以科技进步为支撑，以生态农业为保障，充分发挥农民的主体作用和能人的带动作用，共同致富，建设社会主义新农村。实践证明，这种以组织化为平台、以集约化为基础、以产业化为核心、以标准化为约束、以生态化为保障的模式，充分体现了现代农业高产、优质、高效、生态、安全的要求，显示了无限的生命力。

········ **思考题** ········

1."朝南模式"有哪些成功经验值得借鉴和学习？

2.对解决"朝南模式"面临的发展困境有何建议？

统筹城乡发展湘阴模式

（中共湖南省委党校　肖万春　王克修　张四梅　豆小红）

统筹城乡发展，逐步改变城乡二元结构，实现城乡一体化，是生产力发展到一定程度的必然选择，更是实现中华民族伟大复兴"中国梦"的必由之路。农业县域如何统筹城乡发展，是当前各级党委政府面临的一大难题。湖南省湘阴是一个农业大县，全县总面积1581.5平方公里，辖19个乡镇，总人口75.4万人，耕地面积72.53万亩，是全国商品粮生产基地县，全国农业标准化示范县。

一、案例背景

世界经济社会发展史，特别是世界发达国家工业化、城镇化进程的事实告诉我们：统筹城乡发展是一个国家经济社会现代化发展的必经之路。联系我国经济社会发展的历程和现状，统筹城乡发展已经成为我们的必然选择。

一是工业化进入中期阶段客观上为统筹城乡发展创造了前提和条件。根据世界经济发展的普遍规律：工业化发展通常经过三个阶段，即依靠农业积累建立工业化基础的初期阶段，工农业协调发展的中期阶段，以及工业支持农业发展的实现阶段。当一个国家或地区人均GDP超过1000美元、农业占

GDP 的比重低于 15%、城镇化率超过 40%、农村劳动力就业占总就业比例低于 30%时，就进入了工业反哺农业、城市支持农村的发展阶段。经过多年坚持不懈的努力，湘阴县综合经济实力和城市建设水平达到了一定程度，城乡经济社会发展逐步走上了良性运行道路。随着工业化、城镇化、产业化的快速发展，城乡各项改革逐步深化，城乡交流合作日益加强，统筹发展的意识逐步增强，城乡经济社会进入了相互渗透、融合发展的新时期。湘阴县具备了工业反哺农业、城市支持农村，推进城乡经济社会发展一体化的能力，总体上进入了改变城乡二元经济结构、实施城乡一体化战略的新阶段。

二是统筹城乡发展是解决"三农"问题的迫切要求。从市场属性看，资源要素总是自发地向高收益高回报的产业和区域配置，特别是在工业化城镇化快速推进时期，更容易从农业转向工业、从农村流入城市，存在着推动城乡差距扩大的内在动因。从制度惯性看，城乡二元体制延续时间长、积弊程度深，多重矛盾交织、多方利益纠结，有些方面改不动，有些改革难落实，传统体制仍然在许多方面、以多种方式顽固地发挥作用。从思维习性看，长期形成的"城市中心"思想观念和价值取向根深蒂固，考核政绩过分看重GDP 增长，衡量发展过分看重城市变化，招商引资过分看重二三产业，忽视农业、农村、农民的现象还不同程度地存在。更要看到，市场机制的自发作用与二元体制的运行惯性同步共振，利益格局的刚性制约与传统观念的严重桎梏相互叠加。这就要求我们，必须坚持统筹城乡发展的方略不动摇，咬定缩小城乡差距的目标不放松，推进破除城乡二元体制的进程不停步，加快推进城乡统筹发展，实现共同发展。

三是统筹城乡发展是解决城市问题的重要措施。城乡分治的二元政策，引起了城乡结构失衡，这些问题限制了城镇化的发展，成为国民经济发展的瓶颈。解决这些问题，必须城乡统筹，建立互补互促、协调统一的新型关系。湘阴县城乡一体化建设面临诸多机遇：伴随产业转移步伐加快，湘阴县土地集约、产业集群、人口集聚能力将明显提升，进入了工业化、城镇化和农业现代化相互促动、加速发展的关键阶段；随着京珠西线、芙蓉北路、漕溪港码头等省、市重大基础设施相继启动建设，湘阴的区位优势、区域价值实现新的攀升；湘阴经济社会驶入持续、快速、健康发展轨道。

四是统筹城乡发展是全面实现小康社会目标的根本途径。全面建设小康社会，不能用非常高的城市居民收入和农民低收入的平均数来显示小康水平，而应该使城市和农村协调发展，使农民收入有更高的增长。只有统筹城乡发展，加快增加农民收入、提高农民生活水平，才能建成全面小康社会。

湘阴县坚持以工哺农、以城带乡、以镇带村、以产业带农户，在城乡规划、产业布局、基础设施建设、公共服务一体化等方面下力气，促进公共财政向"三农"倾斜，公共设施向农村延伸，公共服务向农村覆盖，现代文明向农村传播，走出了一条城乡良性互动协调发展的新路子，形成了以"三定、三强、三破、三抓"为主要内容的"4×3"统筹城乡发展模式，有些成功的做法值得推介。

二、主要做法

1. 推行"三定"，实现城乡规划一体化

一是发展定向。坚持"以工辅农、以城带乡，以发达片区带动欠发达片区"，把全县作为一个整体进行规划编制，建立"以县城为中心、建制镇为支撑、中心村为基础"的城乡融合、互动发展的规划体系，实现城乡联动、片区协调发展，加快形成"大湘阴"城镇化的态势。

二是功能定位。主动对接、服务、配套长株潭，着力打造长株潭产业转移承接基地、现代制造业生产配套基地、绿色农产品生产加工供应基地、区域性港口物流基地和休闲旅游度假服务基地，建设岳阳经济次中心、制造业次中心和消费次中心，打造长沙北部卫星城和全国统筹城乡发展样板区。

三是布局定点。打破原有镇村的行政界限，出台"一核、两带、三港、四区"控制性详规，规定禁建区、限建区、可建区引导散居农民适度集中，做到布局合理、城乡互补、相互协调。"一核"即5万平方公里的滨湖示范区金龙新区，"两带"即芙蓉大道湘阴段产业带和沿湘江生态经济产业带，"三港"即建设漕溪港、樟树港、虞公庙三大港口，"四区"即洋沙湖经济片区、

界头铺经济片区、临港经济片区、虞公庙经济片区。

2. 突出"三强"，加快城乡生活一体化

一强基础设施。突出交通对接，以芙蓉大道湘阴段、京港澳高速复线湘阴段等项目建设为抓手，进一步拉近与长株潭城市群的距离；突出县城提质和中心镇建设，采用市场化运作方式，成功完成城镇生活污水处理厂、城镇生活垃圾无害化处理厂等市政基础设施和公益设施建设；突出农村基础设施建设，重点推进农村水、电、路、水利设施和环境卫生整治等基础设施建设。

二强公共服务。每年以60%以上的新增财力投向民生领域，推进公共服务共建共享。统筹城乡义务教育发展，强化农村师资队伍建设，落实义务教育教师绩效工资政策；统筹城乡医疗卫生事业发展，统筹城乡文化事业发展，实施乡镇文化站、村级篮球场、农家书屋全覆盖工程，推进农村社区建设，实现城乡文化信息资源共享。

三强社会保障。积极完善农村低保制度，提高"五保"供养标准，实现"一乡一敬老院"，做到城乡低保应保尽保；健全城镇社会保险体系，启动城镇居民医疗保险和城镇未参保小集体企业职工参加养老保险；全面启动新型城乡居民养老保险制度，统筹城乡保障性住房建设和危房改造。

3. 探索"三破"，促进城乡制度一体化

一破资金瓶颈。争取华融湘江银行在湘阴设立支行，湘财证券在湘阴设立营业部，启动信用联社改制和农村商业银行组建工作，成立县国有资产经营公司、中小企业信用担保公司和小额贷款公司；引导和扶持企业开展直接融资，与华夏证券合作发行企业债券，积极推动企业上市融资，先后有洞庭黄龙、富士电梯在天交所成功挂牌，湖湘木业在香港上市进入实质性阶段，福湘木业、长康实业进入全省上市企业后备资源库。

二破土地瓶颈。坚持以节约集约用地为目标，以强化土地执法为抓手，实施土地收储、供地控制、控建拆违和打击非法倒卖"四轮驱动"，全方位加强土地管理，成立土地储备中心，建立项目用地核审制和联审联办制，制定投资约束指标，严格规范供地行为，加强闲置土地清理，积极与省市沟通衔接，基本确保了项目建设用地需要；积极探索征地拆迁安置新模式，形成了"征转分离、先征后转"土地征收机制和"指挥部牵头协调、乡镇主体包干、部门配合联动"的征拆机制，出台农村集体土地上房屋拆迁安置办法和个人建房管理办法，大力推行货币补偿安置和集中还建安置，在全市率先启动失地农民社保试点，有效破解了征拆难题，推动了土地向规模经营集中。

三破人才瓶颈。坚持不求所有、不求所在、但求所用，实施广人才强县战略，推动产学研结合；建立就业培训网络，充分利用职教中心教育资源优势，大力开展下岗职工再就业培训、新成长劳动力就业培训、在岗职工培训、农村富余劳动力转移就业培训，从源头上促进高质量就业、稳定就业；搭建服务平台，对社区及乡镇劳动保障站实行标准化建设，建立求职登记、用工信息、就业安置等台账，实行城乡劳动力资源数据库管理，为统筹城乡就业奠定基础。

4. 注重"三抓"，推进城乡产业一体化

一抓新型工业化。坚持以新型工业化吸引农民进城就业，既重视增量高新化，更重视存量两型化改造，先后引进了一批大项目，同时通过资产优化重组和技术改造更新，完成企业技术改造，形成了以先进制造业和光伏电子信息为主的六大产业集群，带动了当地农民就业。

二抓农业产业化。按照专业化生产、集约化经营和区域化布局的思路，引进了产业化项目，实施了百里特色湖鲜水产走廊和畜禽养殖示范片、粮食高产示范片、特色湘菜示范片建设，形成了多个有特色、有竞争优势的农产品生产示范区；做大做强农产品加工业，培育出了一批起点高、规模大、具有竞争优势的农产品加工龙头企业，打造了多个在全省和全国响当当的农产品加工知名品牌。

三抓服务业融合化。注重发挥港口对新型城镇化和新型工业化的支撑作用，坚持"以水活港、以港兴城"，按照港口群发展理念，重点加强漕溪港、樟树港、虞公庙三大港口建设，按照"建设大港口、形成大物流、完善大配套"的思路，精心编制漕溪港产业新区规划，着力发展港口物流经济；挖潜提质休闲旅游度假业，按照"休闲天堂，度假胜地"的定位，统筹湘阴生态、山水、人文资源优势，先后引进了顺天洋沙湖、青龙湖、鹤龙湖、丽景湾等休闲旅游度假项目，打造长株潭市民休闲度假目的地。

三、主要成效

1. 推动了城乡经济发展一体化

工业化是城乡统筹发展的根本动力，湘阴以新型工业化为主导，兴工强县、以工促农。一是突出工业经济主导地位。近年来湘阴县先后引进和建设了远大低碳科技园、中联重科、中国铁建重工等一批大项目、好项目，初步形成了先进装备制造、光伏电子信息、建材板材、食品加工、纺织服装等主导产业和产业集群，极大地壮大了工业经济实力。工业在县域经济发展中的主导地位进一步巩固和增强，使以工促农、以工哺农成为可能和必然。二是注重农业产业的拉动作用。通过龙头企业带动全县建立以优质稻、藠头、茶叶为重点的农产品基地。农业产业化进程的快速推进，促进了农村富余劳动力的转移就业。坚持以工业的理念经营农业，走专业化、规模化、品牌化的现代农业发展之路。促进了农业增效、农民增收。

2. 引导了农村人口逐步市民化

在推进新型城镇化进程中，以新型城镇化为平台，融城对接、城乡互动，湘阴县牢牢把握了以下几点：一是突出统筹规划。先后制订了湘阴县土地利用总体规划、城镇体系规划、滨湖示范区湘阴片区总体规划、生态环境保护规划等，以统一的规划引领城乡统筹发展、有序发展，最大限度地保护土地资源，减少重复建设。突出融城对接。按照与长株潭交通基础设施一体化的思路，全面启动了芙蓉大道北拓湘阴段、漕溪港码头等一批重大基础设施建设，进一步畅通融城通道。按照"人文之城、山水之城、宜居之城"和长沙北部卫星城的定位，狠抓了县城扩容提质。按照"县城南区、工业小区、宜居新区"和对接长沙的"桥头堡"的定位，加速金龙新区建设，前移对接长株潭发展的平台，打造滨湖示范区先导区。二是突出城乡互动。一方面，充分发挥城镇的吸纳功能，引农民进城。另一方面，充分发挥城镇的辐射作用，带动农村发展。如湘阴县鹤龙湖镇通过大力发展以吃螃蟹、垂钓等为主的餐饮、休闲业，吸引了人流、物流向集镇集聚，带动了养殖业发展和农民致富增收。

3.助推了城乡公共服务均等化

以新农村建设为载体，加大投入、共享资源，公共资源向农村倾斜。全县90％以上村组主干道硬化，基本做到了"晴天不沾灰，雨天不湿鞋"。保障体系向农村覆盖。农村低保应保尽保，新型农村合作医疗参合率达98％，农村居民社会养老保险覆盖率在90％以上。在农村敬老院建设上，在全市实现了"一乡一院"的目标，集中供养五保老人。社会管理向城乡统筹。按照城乡一体的思路推进城乡社会管理。

4.实现了要素资源配置均衡化

湘阴县委、县政府以机制体制创新为抓手，整体联动、重点突破，充分发挥宏观调控作用，推动土地、资金、劳动力等要素资源在农村和城市之间平等双向流动。在农村土地收益方面，按照"取之于地、用之于地"的原则，明确规定土地出让收入的10％用于农业生产基础设施建设。在农村金融服务方面，提高全县金融机构存贷。在农民进城方面，放宽准入条件，鼓励农民在城镇就业和置业，让稳定就业和居住的农民尤其是新生代农民转为市民。逐步缩小城乡居民收入差距。

四、分析与启示

城乡统筹是以城市和农村一体发展思维为指导，以打破历史和制度设计形成的城乡二元结构为出发点，立足城市发展，着眼农村建设，以最终实现城乡差距最小化、城市和农村共同富裕文明为目的的一项系统工程。城乡统筹，其内涵是要坚持以人为本，使农村居民和城市居民同步过上全面小康的幸福生活，最终目标是要使农村居民、进城务工人员及其家属与城市居民一样，享有平等的权利、均等化的公共服务、同质化的生活条件。湖南省湘阴县作为一个典型的农业大县，在统筹城乡发展方面进行了积极探索，走出了一条适应农业县域统筹城乡发展的特色之路，为全国农业县域统筹城乡发展创造了样本。

一是立足当地实际，走特色统筹城乡发展之路。湘阴统筹城乡发展的指导思想清晰，就是以科学发展观为指导，坚持"以工促农、以城带乡、城乡联动、协调发展"的思路，创新发展模式，提高发展质量，着力推动先进生产要素向农村流动，基础设施向农村延伸，公共服务向农村拓展，不断提高农村综合发展水平。

二是以"四位一体"为框架，推进城乡规划布局一盘棋。湘阴县按照全县、县城、中心镇、中心村"四位一体"的总框架思路，用城乡统筹、城乡一体化的理念统领全县总体发展规划，努力构建合理的城镇布局体系和城乡联动发展的生产力布局体系。重视城镇空间布局规划和村落空间布局规划。

三是调整优化产业结构，推进城乡产业统筹发展。湘阴县重视调整优化城乡产业布局，引导工业企业向园区聚集，农业产业化龙头企业向基地和农户辐射，服务业向生产生活靠拢，促进各类生产要素在城乡间优化配置、合理流动，形成强势工业、城郊农业、现代服务业协调发展新格局。合理规划产业布局，促进城乡产业优势互补；加快发展现代农业，促进城乡资源有机结合；加快新型工业化进程，促进工业反哺农业；切实抓好欠发达乡镇经济发展。

四是切实保障资金投入力度，推进城乡基础设施统筹发展。长期以来，湘阴基础设施建设、资金投入重点在县城，导致农村基础设施建设严重滞后。近年来，湘阴基础设施建设向农村延伸，投资向农村倾斜，逐步实现城乡基础设施统筹发展和一体化发展。湘阴重点加快了城乡道路网络建设，努力打造"畅通湘阴"；加强水利设施建设，切实改善城乡居民生产生活条件；加强城乡能源保障设施建设。

五是加强公共服务体系建设，推进城乡社会服务统筹发展。农村公共事业发展和社会全面进步，关系到农民的切身利益和农村社会稳定。湘阴县按照共享要求，基本做到城市居民享受到的农村居民也同样享受到，确保政府的各项公共服务惠及农村。重点推进城乡教育均等化，推进城乡卫生服务均等化，推进城乡文化服务均等化，推进城乡就业保障均等化。

六是加强组织领导，落实统筹城乡发展的保障措施。推进城乡统筹发展，涵盖的内容很广，且是一个长期的工作任务，为此湘阴县切实加强领导，为统筹城乡发展提供有力的政治保证。重点加强了组织领导，制定了配套政策，建立健全了体制机制。

思考题

1.实施统筹城乡发展战略的重大意义是什么？

2.统筹城乡发展包括哪些方面的内容？

基于城乡统筹的农村土地整治

——以陕西省高陵县东樊村为例

（中共西安市委党校　国家行政学院　吴正海　苏凤昌　张占斌）

土地问题始终是现代化进程中的一个带有全局性、战略性的重大问题。本案例针对城乡统筹和新型城镇化背景下的农村土地整治问题，以陕西省高陵县东樊村的农村土地整治模式为具体案例，梳理了高陵县东樊村农村土地综合整治的基本做法，分析了高陵县东樊村农村土地综合整治的运作模式，根据高陵县农村土地综合整治的成功经验，提出了农村土地综合整治的全域化统筹理念，认为高陵县农村土地综合整治的成功机理在于：统筹产业发展是农村土地综合整治的根基；统筹就业保障是农村土地综合整治的关键；统筹公共服务是农村土地综合整治的支撑。

一、案例背景

土地是人类赖以生存和发展的物质基础，既是发展之基、财富之源、民生之本，也是人类生产关系中的核心要素。英国古典政治经济学家威廉·配第在其著作《赋税论》中指出："土地为财富之母，劳动为财富之父和能动的要素"。土地问题始终是现代化进程中的一个带有全局性、战略性的重大问题。长期以来，我国实行的城乡二元分离的土地产权管理结构，使得城乡土地资源难以得到有效统筹利用。伴随着近年来我国经济快速发展和社会结构加速转型，尤其是在城市化进程不断加快的大背景下，面对人多地少的基本国情，农村土地迫切需要通过有序流转和综合整治以盘活土地资源、提高土地利用效率，从而为现代农业发展、新农村建设和城镇化稳健推进，实现全面现代化提供有力的支撑和保障。在此背景下，深入研究农村土地整治问题具有重要的现实意义和战略价值。

近年来，我国各省市都在积极利用"城乡建设用地增减挂钩政策"开展农村土地整治，并取得了一定成效，为全国范围的土地制度改革积累了经验。本案例针对城乡统筹和新型城镇化背景下的农村土地整治问题，以陕西省高陵县东樊村的农村土地整治模式为具体案例，将定性分析与定量分析相结合，对陕西省高陵县农村土地整治情况进行梳理和总结，揭示陕西省高陵县农村土地整治的运作模式和内在机理，为推动我国农村土地整治乃至促进城乡统筹和新型城镇化稳健发展提供思路。

高陵县地处西安北部，是著名的泾渭分明自然景观所在地。辖区内地势平坦，交通方便，区位优势明显，被誉为"关中的白菜心"。全县总面积294平方公里，县辖4镇4乡2个管委会，88个行政村，740个村民小组。高陵县全县村庄占地面积为6万余亩，农户5.2万户，户均占地1.15亩。村庄大致分为三类：一是地处泾河工业园或县城以内的城中村和园中村；二是地处县城或园区发展规划范围内的城边村；三是地处永久性基本农田规划区内的普通村庄。全县村庄大致有四个特点：一是自然村较多，居住分散；二是村庄占地面积较大，空心化严重；三是村庄面貌陈旧，基础设施落后；四是房屋质量较差，普遍达不到节能和抗震的要求。

东樊村位于高陵县城以东永久性基本农田规划区，属于关中平原上一个典型农村。村庄距县城3公里，全村共有421户1609人，户均3.8人。全村由4个分散的自然村组成，每村相距400米左右。村庄总面积482亩，远远超过农村宅基地户均200平方米的陕西省标准。全村房屋总面积8.2万平方米，户均195平方米，房屋设施陈旧，结构落后且不安全。村民房屋布局以前庭后院结构和砖混两层楼为主，房屋及附着物总资产 3085 万元，户均 7.33 万元。产业层次较低，门类不多，绝大部分村民主要从事传统农业生产和家庭养殖业，青壮年村民在农闲时外出务工，少数村民依托附近的西京水泥厂从事运输业。

二、主要做法

在坚持严格保护耕地、集约高效用地、保障农民权益和推进城乡统筹的四个基本原则下，东樊村农村土地综合整治的主要做法是：

（一）严格操作程序，政府创新不突破

一是摸清家底，全面掌握东樊村基础信息。二是由专业机构进行经济测算，编制上报《鹿苑镇—通远镇城乡建设用地增减挂钩项目》。三是制定《东樊村新社区建设拆迁安置方案初稿》。四是签定协议。由药惠管委会与全村所有农户签订拆迁安置补偿标准，确定每户安置房面积、户型和补偿标准。五是公开出让指标。东樊村可节约建设用地指标 302 亩，获得 1.7 亿元出让收益，解决了村庄改造钱从哪里来的难题。六是由县建设局牵头在项目建新区启动新社区建设。七是归还耕地。由东樊村委会牵头组织实施原村庄拆除，归还挂钩周转指标。八是发展产业。在复垦后的耕地上建设现代农业科技示范区和现代养殖小区。

（二）尊重农民意愿，政府参与不做主

通过进村入户宣传讲解让群众了解城乡建设用地"增减挂钩"政策实施

的规程与步骤，算清能节余多少土地，能拍卖多少钱，改造需要多少钱"三笔账"，让群众心中有数，并由群众参与制定拆迁安置方案、确定建设标准和风格、补偿办法、安置方式等。

（三）维护农民利益，政府实施不赚钱

让农村土地收益回到农村，政府对东樊村建设用地拍卖所得的 1.7 亿元资金建立了专门账户和专款专用、多头审核、按需拨付的资金管理机制，破解农村发展的资金难题。同时政府还投入 200 余万元用于前期的规划设计。

（四）推行多元安置，政府引导不强迫

根据群众意愿，东樊村安置共设计有本村宅基地、本村多层楼房、县城社区、县城社区＋本村多层楼房四种方式，村民以原房屋评估价格为基准进行资产置换，多数户选择了宅基地安置，其余的户选择县城楼房安置和就地楼房安置，仅 1 户选择"县城楼房＋就地楼房"安置。对选择到县城居住的农户，政府一次性奖励每户 3 万元安家费。

高陵县东樊村农村土地整治的运作模式就是"小村并大村"。具体而言，"小村并大村"的农村土地综合整治模式的基本思想就是：按照节约土地增加耕地的原则，对一些距离较近的行政村或自然村择地集中安置，搬迁后村庄腾出的集体建设用地复垦，土地仍属农民集体所有；按照群众不出一分、政府不挣一分的原则，土地指标由政府通过增减挂钩进行异地出让，出让收益用于抵扣安置区建设费用，有效增加了群众的财产性收入。对照高陵县的实际情况，该模式适合在高陵县湾子乡、通远镇、张卜乡、耿镇、药惠管委会等永久基本农田保护区推广。

三、主要成效

高陵县在统筹城乡发展的实践中不断创新，探索出了"小村并大村"的农村土地综合整治模式，土地集约化程度和利用效率不断提高，既促进了现代农业发展，也顺应了工业化和城镇化发展的时代要求。

东樊村有4个分散自然村，共419户，村民房屋总建筑面积82203平方米，平均每户面积196平方米，按每平方米估值375元计，户资产价值7.36万元。在每户资产量化基础上，初步确定新安置房按照关中民居特色建筑每平方米成本900元（含装修），折价每平方米400元与每户进行置换。按照新建8万平方米安置房屋，同时配套集体所有公共设施和宅基地安置60%的土地节余率计算，安置419户共需资金8000万元。此次下达该村周转指标302亩，通过县域内增减挂钩，按照每亩净收益35万元计算，可获得土地收益1亿元以上，收支相抵略有结余，全部返还用于新村基础设施建设。如果部分群众接受县城或就地楼房安置，则可以腾出更多土地恢复为基本农田。因此，规划综合考虑了城镇化、产业化、生态化和关中民居特色，在充分尊重村民意愿的基础上制定了安置方案，实施村庄合并改造后的东樊村将成为"省内一流、西部领先"的样板试点村。

东樊村农村土地整治前后有关数据对比表

	改造前	改造后	差异
人口	1609人	1409人	59户到县城居住
户数	421户（未含分户数）	410户（就地楼房安置21户，庄基安置388户，县城楼房+就地楼房1户）	59户到县城居住；新分48户
户均人口	3.82人	3.4人	减少0.42人
村庄面积	482亩	180亩左右	减少320亩
户均建设用地	1.14亩	0.44亩	减少0.7亩

续表

	改造前	改造后	差异
人均建设用地	200 平方米	85.2 平方米	减少 114.8 平方米
户均住房面积	195 平方米	202.3 平方米	增加 7.3 平方米
人均住房面积	51 平方米	58.8 平方米	增加 7.8 平方米
耕地面积	2281 亩	2583 亩	增加 302 亩
户均耕地面积	5.41 亩	6.13 亩	增加 0.72 亩
户均资产	7.36 万元	25 万元左右	增加 17.64 万元
户均改造成本	23.86 万元		

除"小村并大村"模式外,高陵县在统筹城乡发展的实践中还积极探索推进"城中村融合模式"和"城边村并入模式",通过这三种模式的运作,高陵县将形成"园区、县城、农村"三大板块。据估算,拆迁安置成本城中村每户需 50 万—100 万元,城边村每户需 30 万—40 万元,农村每户需 20 万元(包括部分基础设施费用)。城中村和城边村的拆迁安置成本基本上与当地土地的市场价格相当,即每户拆迁后腾出的土地,使改造费用和成本持平。但是如不实现楼房安置则难以行通,这样就得适当地运用土地价值级差,将腾出的土地指标向高地价区域流动,方可实现盈亏平衡。对于农村地区则通过增减挂钩实现经济上的可行性。经测算,高陵县 6 万多亩农村集体建设用地,实施村庄合并改造后,可节余集体建设用地指标 4 万亩,按每亩地收益 30 万元计,实现价值 120 亿元,村庄改造蕴藏着巨大的潜力和价值。村庄改造按每户平均成本 30 万元计,可以拉动固定资产投资达数百亿元,对县域经济发展起到巨大的拉动作用。

四、分析与启示

从根本上讲,农村土地能否有效实现综合整治,主要取决于该地区的资源能够在多大程度上和多大范围内通过市场手段和政府手段实现统筹配置。高陵县农村土地综合整治的内在成功机理就在于全域化统筹。全域化是相对于区域化而言，这既是发展视角的突破，也是发展理念的提升。全域化统筹所要强调的就是，在时间维度、地理空间和相关领域等范畴，均要树立整体意识和全局观念，以系统思维来配置资源和统筹发展，从而实现资源最佳配置和发展成果普惠共享。

（一）统筹产业发展是农村土地综合整治的根基

产业发展既是农村土地综合整治的内在动因，也是农村土地综合整治的必然结果。一方面，在农业领域，较长的一段时期以来，由于部分农产品实行价格管制，农业生产经营的收益远低于社会平均的行业收益，因此，劳动力资源大量从农业领域向非农领域、从农村向城市转移，农村耕地荒废现象较为普遍；另一方面，大量的人口向城市聚集，既带动了城市消费和非农产业发展，同时也在一定程度上刺激了城市扩张对土地资源的需求。在上述两种力量的综合作用下，城乡土地供求格局发生了较大的变动，城乡土地价格的巨大差异足以表明：城市土地供不应求，农村土地无人接手。如何做到既能够满足城市发展对土地的需求又能够推动农业现代化发展，这就要求在农村土地综合整治的视域下必须统筹城乡产业发展。具体而言，就是要使城镇化进程中的农业发展和工业发展能够形成良好的互动互补机制，只有这样才能保障农村土地综合整治不失产业之基。

高陵县的农村土地综合整治充分体现了统筹产业发展的根本要求。

第一，做到了农村土地综合整治与现代农业发展统筹推进。作为传统的农业大县，高陵县以加快土地流转为突破口，积极推动农地规模化经营、农业产业化发展，在实践中探索出了6种土地流转方式：即农户个人之间自愿或互助的流转模式、土地向种植大户集中的规模经营模式、以企业承包租赁为主的转产发展模式、农业科研单位承包租赁建立科技示范园的流转模式、面向社会推行经营权认购的流转模式、以农民专业合作社主导的"公司＋协会＋农户"模式，从而促进了农业适度规模化经营，增加了农业经营收入。

第二，做到了农村土地综合整治与现代工业发展统筹推进。高陵县在实施统筹城乡综合配套改革的过程中，将农村土地综合整治和工业化有机结合，坚持以工业化带动农村土地综合整治，以农村土地综合整治促进工业化，相互支撑，联动推进，实现了农村土地综合整治与工业化的良性互动。高陵在泾渭三角洲处开发建设泾河工业园，完善基础设施，吸引产业项目，累计吸引投资 500 多亿元，入驻企业 330 多家。随着园区建设的深入和功能的增强，大大加快了园区周边地区的城市化进程。与园区相邻的泾渭镇、姬家管委会和崇皇乡在工业园的辐射带动作用下，逐步由传统的农业乡镇发展成为功能完善、基础设施配套齐全的新型乡镇，当地农民收入大幅增加，生活明显改善。

（二）统筹就业保障是农村土地综合整治的关键

土地是农民的基本生产资料和社会保障，是民生之本。在农村社会保障体系尚未健全的情况下，土地对农民所承担的福利和社会保障功能甚至要重于它的生产经营功能。因此，农村土地综合整治能否顺利开展和取得成功的关键，就在于通过整治是否能够满足农民在就业和社会保障等方面的基本利益诉求。

高陵县的农村土地综合整治充分体现了统筹就业保障的基本要求。

第一，做到了农村与城市社会保障体系的有效对接。高陵县立足 6 个方面，建立"六大机制"：一是，立足社会福利均等化，构建五档投保加三险转接的城乡全覆盖机制；二是，立足实现社会和谐，构建子女参保父母直接领取养老金的"捆绑式两代家庭受益机制"；三是，立足缩小城乡差距，实行"出口补加进口补"的双重激励机制；四是，立足化解社会矛盾，对被征地农民实行社会养老保险补贴机制；五是，立足确保机制常态化运转，推行省市县三级财政合力保底机制；六是，立足防止基金被挪用，构建审计、劳动、社保中心三位一体的监管机制，初步实现了农村与城市社会保障体系对接的良好态势。实现了新型社会养老保险的城乡全覆盖，弥补农民家庭保障与土地保障的不足，对确保农村居民基本生活，推动农村减贫和逐步缩小城乡差距，维护农村社会稳定将产生深远的影响。在社会保障机制建设中，不仅依据县情，充分考虑农村居民的切身利益及家庭现状，采取"五档投保"、"三险转接"和"两代受益"的多种参保方式，而且通过财政拨款对参保人员实行补贴，最大限度地缩小城乡社会保障的差距，实现城乡社会保障体系的均等化。

第二，创立了对失地农民"经济补偿＋就业服务＋社会保障"三位一体的利益保障新模式。通过三位一体的利益保障模式，有效保障了被征地农民的生存权和发展权，较好地破解了被征地农民安置和保障的难题，为城乡社会保障体系建设的全面推进奠定了基础。

（三）统筹公共服务是农村土地综合整治的支撑

统筹推进城乡公共服务事业发展是改善城乡居民特别是农村环境和农民生产生活条件的必然要求。高陵着力在建立社会事业均等化体系上下功夫，在就业、社保、教育、卫生、文化、基层党组织建设等方面全面推动城乡公共资源的均衡配置，使城市公共资源优势逐步向农村延伸和覆盖，使城乡居民实现利益共享。道路建设上，不仅实现了村村通公路、村村通班车，而且开通了西安到高陵的多趟公交线路，县域内基本实现公交化，县域的路网改造工程与西安形成良好对接；全县生态村绿化、美化达4万平方公里，绿化面积翻了两番达到40%，秸秆综合利用率达95%以上，受益人数5万余人；公共服务建设上，泾河绿色文化长廊、运动公园、休闲广场、绿地，以及居民用水用电用气、垃圾集中处理工程已基本建设到位，切实缩小了城乡居民在享受公共服务方面的差距。

全域化统筹既是高陵县农村土地整治的内在成功机理，也是高陵县城乡统筹发展配套改革试点的基本经验。全域化是相对于区域化而言，这既是发展视角的突破，也是发展理念的提升。全域化统筹所要强调的就是，在时间维度、地理空间和相关领域等范畴，均要树立整体意识和全局观念，以系统思维来配置资源和统筹发展，从而实现资源最佳配置和发展成果普惠共享。

思考题

1. 如何深刻理解新型城镇化背景下农村土地综合整治的意义和价值?
2. 高陵县农村土地综合整治的哪些做法值得借鉴和推广?
3. 高陵县农村土地综合整治的成功机理是什么?
4. 结合当地实际谈谈如何科学稳健推进农村土地综合整治。

生态文明建设的示范性探索

（中共云南省保山市委党校　唐继龙）

一、案例背景

　　环境污染、生态失衡已成为世界性公害。据世界卫生组织报告：目前全世界有 10 亿以上人口生活在污染严重的城市，而在洁净环境中生活的城市人口不到 20%。全世界有近三分之一的人口缺少安全用水，"臭氧层的破坏"、"温室效应"、"酸雨危害"，已成为世界性生态危机的三大突出问题。如何搞好生态文明建设？云南省保山市原地委书记杨善洲运用植树造林的方式为解决这一问题作出了很好的示范性探索，杨善洲 60 年坚守共产党员的精神家园，恪守信念，清正廉洁，一心为民，忘我工作，1988 年退休后义务植树 22 年，造林 5.6 万亩，为保山经济社会建设特别是生态文明建设作出了突出贡献。2009 年 4 月，他将活立木蓄积量价值超过 3 亿元的大亮山林场无偿交给国家经营管理。

　　施甸民间流传着一首民谣："杨善洲，杨善洲，老牛拉车不回头，当官一场手空空，退休又钻山沟沟；二十多年绿荒山，拼了老命建林场，创造资产几个亿，分文不取乐悠悠……"这首民谣，不仅体现出当地群众对杨善洲的敬重，还生动地向世人诠释了一名共产党人 60 年如一日对理想信念的坚守。杨善洲同志穷其一生绿化荒山，被称为建设生态文明的伟大壮举。

杨善洲获得过全国绿化奖章、全国十大绿化标兵提名奖、中华环境奖提名奖、全国优秀共产党员、2011 年感动中国人物等数十项荣誉。

二、主要做法

1988 年 4 月,60 岁的杨善洲同志光荣退休。省委领导让他搬到昆明居住，还建议到省人大常委会工作一段时间，杨善洲婉言谢绝了："我要回到家乡施甸种树，为家乡百姓造一片绿洲。"

（一）科学谋划，找准建设生态文明先行区的突破口

杨善洲创办林场的地方就是位于保山市施甸县城东南约 50 公里、海拔在 1800 米—2619 米的大亮山。20 世纪六七十年代，当地农民大规模的毁林开荒，导致原本翠绿的大亮山生态遭到极大破坏，山光水枯，山石裸露，山间溪流逐年减少甚至枯竭，许多农民饮水要到几公里外的地方人挑马驮，附近十几个村也处在"一人种三亩，三亩吃不饱"的贫困境地。为了增加粮食产量，村民只有进一步开荒耕地，导致生态环境急剧恶化。

杨善洲为什么选择"半年雨水半年霜"的大亮山，就是为了改变家乡的生态环境，造福家乡人民。他说："我是在兑现许给家乡老百姓的承诺，在党政机关工作多年，因为工作关系没有时间回去照顾家乡父老，家乡人找过我多次，叫我帮他们办点事我都没有答应，但我答应退休以后帮乡亲们办一两件有益的事，许下的承诺就要兑现。至于具体做什么，经过考察我认为还是为后代人造林绿化荒山比较实在，这既对全县有利，也对当地群众生产、生活有利。"

大亮山附近的人听说他要回来种树就劝他："你到别处去种吧，这地方

连野樱桃树都不长。"然而，杨善洲创办林场的设想和决心没有动摇。他请地县林业部门的领导和科技人员到大亮山上多次调查研究。他们带着帐篷，风餐露宿，徒步 24 天，对姚关、旧城、酒房等地进行了调查。经过调研，更坚定了杨善洲改变大亮山面貌、"种树扶贫"的决心，并将场址选在施甸县的酒房、姚关、旧城 3 个乡结合部的大亮山。

退休当天，杨善洲背起铺盖，赶到了离大亮山最近的黄泥沟。翌日，大亮山国社联营林场正式挂牌成立，大家人挑马驮把粮食、行李搬到离公路 14 公里的打水杆坪子，临时搭建了一个简易棚安营扎寨。深夜，狂风四起，棚子被掀翻，倾盆大雨不期而至，只好钻到马鞍下，躲过一个风雨交加的夜晚。就这样，杨善洲带着县里抽调的几个同志开始了艰苦创业。成立大亮山造林指挥部，杨善洲亲自担任指挥长。成立当晚，他们在用树枝围起的简易帐篷里，围着火塘召开了第一次造林会议，把林场职工分成宣传动员、整墒、育苗三个小组，抢在五六月份雨季来临前育下能种万亩以上的树苗。

到达大亮山的第二天，杨善洲把大亮山社的社长找来，召开了一个小型会议，把他们到大亮山的目的和意义都讲明白了，希望得到大亮山社的支持。大亮山社社长见到老书记身先士卒，早感动得不得了。他连声说："老书记你这么大年纪的人，不住城里住山里，为的是给咱老百姓造福，咱们还有什么可说的。办什么事，就老书记一句话，说什么我们都支持！"

杨善洲一方面又带着人在大亮山区一个山头一个山头调查，进一步摸清了大亮山的底，盘算种什么树、怎样种。他在山上转了 12 天，把能造林的地方都走遍了。回来后，他确定了当年要种 1 万亩松树林，育 20 亩苗圃，以后平均每年种一万亩以上松树林。种树需要大量的树苗，可没有资金，杨善洲绞尽脑汁。他每天和职工们带上工具，到处寻找树苗。他把原来摆放在家里的几十盆雪松、白梅、银杏盆景也全部移种到大亮山上。每年的端阳花市是保山的传统节日，也是果核最多的季节，杨善洲就和全场职工一起到街上去捡果核。1990 年，林场修公路，为了省钱，杨善洲找来仪器，找了几个小工，自己测量自己干，硬是修通了一条长 14 公里的山路，每公里路花费不到 1 万元。林场没有资金扩大种植面积，他不顾年老体弱，多次到省市相关部门争取项目资金支持。

（二）制度创新，活力涌动

那时候大亮山周围的山林完全承包到户了，怎么办林场呢？杨善洲在深思熟虑之后，创造性地提出"国社合作"建场的方案。在得到县委、县政府的大力支持后，县政府召开了有关乡村干部和部分农户代表参加的会议，把绿化造林与发展农业生产的辩证关系，以及林场的性质、范围、办法、利益分配讲清楚，得到了干部群众的一致赞同，然后才开始筹备建场的有关事项。杨善洲创新思路，勇于探索，按照"稳定林地所有权，放活林地经营权和使用权"的思路，采取租赁、承包、拍卖、合股等多种方式，引导干部群众对林地使用权和经营权进行合理流转，大力发展非公有制林业，用制度创新激发农民造林积极性，成绩喜人。"未栽先卖、边栽边卖、栽后可卖"已经成为造林绿化的主要方式。林权制度改革释放出巨大的体制能量，解决了林业经营者的融资渠道，让林农从森林资源中盘出"真金白银"来，拓展了林农增收致富的发展空间，从而改变了传统林业单一的投资结构，为施甸县植树造林增添新的活力。

（三）以林养林提升效益

杨善洲同志认为大亮山林场要发展壮大，必须顺应市场经济的大潮，改变传统单一的经营方式，进行多种经营。建场之初，杨善洲主要以种植华山松为主，后来，他感到仅仅种植华山松不能在近期内产生效益，林场要以林养林，要提高经济效益。于是，他们从广东、福建等地引种龙眼树苗，开辟了龙眼水果基地。施甸县的立体气候十分突出，高海拔地区常年云遮雾罩，是种植茶叶的好地方。酒房乡供销社茶厂生产的袋装黑山银峰茶，曾荣获省农业厅优质产品称号，供不应求。他们从中得到启示，也建立了茶叶生产基地，还专门投资建了一个粗茶叶加工厂；另一方面，杨善洲号召林场职工开拓新的生产经营领域，在他和林场职工的共同努力下，大亮山林场没有几年时间就红火起来了，家业扩大，经济效益也逐步显现出来。

为了搞好多种经营，他们办起了茶叶基地，又建起茶叶精制厂，茶树也长得有半人高了，但正在这时，发生了一场鼠患，一只只肥大的老鼠几夜之间就把三分之二的茶树啃死了，人们辛勤多年的茶园毁于一夜。面对这一挫折，有的人畏缩了，但杨善洲却没有被困难压垮。他鼓励大家，茶园毁了可以重新种植，人的精神垮了，事业就真的完了。他要职工振奋精神，重新与大自然搏斗。初建林场的3年，他们好不容易种活了将近3万亩华山松，有近400亩松树被一种叫紫荆泽兰的毒草侵扰死了，杨善洲又鼓励职工不要泄气，振奋精神重新再干。在他的鼓舞下，林场职工始终没有在困难面前低头。

（四）严格把好"四关"，确保造林质量

严格把好"四关"，即整地关、苗木关、浸泡关、栽植关，不仅仅督办造林进度，更注重造林质量。对于在工作中发现的先进，总结经验，全林场推广；对于后进，予以批评，限期整改；对于不合乎标准的，坚决要求返工；杨善洲在植树造林的黄金时期，牺牲休息时间，随身携带图纸、卷尺等勘测工具，因地制宜，合理规划，统一要求，现场核定苗木需求情况，提高了工作效率，得到了当地干群的好评。

（五）三个"致力于"建设生态美景

致力于"三旁"植树。杨善洲号召林场周边农民充分发掘荒坡废地的造林潜力，高标准地完成退耕还林荒地造林项目。在大亮山附近乡镇"路旁、沟旁、田旁"等区域及沙化土地、低产农地区域，大力营造速生丰产林。

致力于"农田林网"造林。杨善洲号召林场周边农民把农田林网建设与高产良田改造、农业综合开发、农田水利基本建设等工程项目紧密结合，按照"巩固、完善、提高"的原则，搞好农田林网的补植和完善，大力营造高

标准农田林网片块，进一步提高林网建设的整体水平。

　　致力于"生态村庄建设"植树。生态村庄建设是社会主义新农村建设中林业工作的最佳切入点，"生态村庄建设"既突出发展农村经济，又着眼于农村环境改善，促进精神文明建设。杨善洲号召林场周边农民结合水利建设、公路建设，建设生态防护林；以美化人居环境，提高生活层次为目的，建设适宜农民休闲居住的生态景观林；以增加农民收入、壮大林业产业为目的，发展高效经济林。突出多树种、多植物、多层次、多色彩原则，做到常绿树与落叶树相结合，针叶树与阔叶树相结合，乔灌木与花草相结合，使大亮山及周边农村披上绿衣，成为一道亮丽的生态美景。

（六）艰苦奋斗办林场　淡泊名利讲奉献

　　杨善洲虽然是大亮山林场的义务承包人，但他并没有从林场拿工资。最初的几年里，林场只给他补贴 70 元伙食费，后来调到了 100 元。不仅不要工资，杨善洲还经常给林场贴钱。林场在山下办了一个水果基地，招了一些临时工，碰上林场经济困难的时候，杨善洲就把自己的退休金拿出来用于发工资。他的老伴坐过 4 次林场的吉普车，他为此交了 370 元的汽油钱。他说："办林场后，领导考虑到我老了，出外办事不方便，就专门为我配了车。但车子是办公用的，不是接送家属子女的。虽然不在岗位了，但原则还是要坚持。还有我当领导有小车用，那些买不起汽车、买不起摩托车的人怎么办呢？想想这些，我觉得当个领导已经够'特殊'的了，还想多占点其他的便宜，就太不应该了。"

　　1999 年 11 月，手提砍刀给树修枝时，杨善洲不幸踩着青苔滑倒，左腿粉碎性骨折，但半年后他又拄着拐杖执意爬上了大亮山。开始办林场那几年困难很大，但是杨善洲艰苦奋斗，尽量少花钱多办事。没有钱购买农具，就地取材自己动手，办公桌、板凳、床铺都是自己动手做的，晚上照明没有电，每人买一盏马灯……杨善洲出差，都是自掏腰包，从来不拿林场的半分半厘，也不占公家的便宜。从未在林场报过一张发票和单子，也没报过一分钱差旅费。杨善洲说："在林场捞油水的机会还是有的，办林场这么多年，引进资金 300 多万元，按当时规定，引进资金可以提成 5%—10%，能得 30 万，买幢房子不成问题。但我没有要。来造林是了却我的一桩心事，是我应尽的义务，我分文不取。"

三、主要成效

杨善洲带领林场职工人工造林 5.6 万亩，森林覆盖率达 87% 以上，修建林区公路 26 公里，架设高压线路 15 公里，每年无偿为村民提供林柴，为 6 个自然村修通了公路，为 8 个自然村架通了生产生活用电，为 4 个行政村 1 万多人解决人畜饮水问题。村民人均产粮由原来的 100 公斤提高到 450 公斤，附近 4 个贫困村 100 多户贫困户开始脱贫致富。2009 年 4 月，杨善洲将活立木蓄积量价值超过 3 亿元的大亮山林场经营管理权无偿移交给国家。

大亮山的生态修复，使一些濒临灭绝的动植物得到保存。现在，林场珍稀动物有黑熊、豹子、猕猴、凤头鸟、野鸡等，植物有桫椤、银杉、楠木、白杏、雪松等，山石裸露的现象消失，风调雨顺，周边居民修枝打杈就能解决烧柴问题，通过合理采收干巴菌等山珍实现增收。

大亮山林场最显著的社会效益是解决了当地群众的人畜饮水难题。2009 年 9 月至 2010 年 5 月，保山遭遇了百年不遇的特大干旱，但由于大亮山的植被非常好，涵养的水源多，水量充裕，附近群众的生产生活用水在干旱期间仍然充足。

"活树变活钱、叶子变票子、青山变'银行'。"山区百姓说起杨善洲林场带来的实惠时，总爱用这个生动的比喻。

杨善洲 30 岁担任县级领导，39 岁担任地委副书记，50 岁担任地委书记，他在地方党委部门工作的数十年间牢记党的宗旨，保持平民干部本色，戴草帽、穿草鞋，当地群众亲切地称呼他为"草帽书记"、"农民书记"、"粮食书记"。担任地委书记期间，杨善洲带领群众把保山市建成著名的"滇西粮仓"。

四、分析与启示

1.一个人能够给历史、给民族、给子孙留下些什么？杨善洲留下的是一片绿荫和一种精神！对于进一步推动生态文明建设，具有重要的引领和示范作用。

2.杨善洲穷其一生绿化荒山、建设生态文明的伟大壮举，是云南省生态文明建设取得的重大成果，也是开展生态文明教育的活教材。我们学习杨善洲，就要在全社会大力弘扬他这种倾力生态建设、改善自然环境的思想观念和精神境界，广泛开展生态文明宣传、传播生态文明理念、普及生态文明知识，建立正确的价值取向、合理的生产方式和健康的消费方式提高公众生态保护意识和责任意识，逐步形成尊重自然、热爱自然、善待自然的生态文明氛围。

3.当今的时代需要什么精神？中国特色社会主义事业需要弘扬什么精神？广大人民群众需要党员干部发扬什么精神？杨善洲以其淳朴的言行，对此作出了无愧于时代、无愧于党和人民的解答。杨善洲六十年坚守共产党人的精神家园，一辈子忠诚党和人民的事业，坚守信念，淡泊名利，公而忘私，爱民至深、为民至诚，忘我工作，自始至终保持着共产党员的纯洁性，自始至终实践了党的根本宗旨，发挥了老有所为的余热，以感人的事迹，集中体现了一名共产党员的高尚情操，树立了党员干部的光辉形象和时代风貌，是党员干部的学习楷模，是离退休老同志的优秀代表。

4.党员干部应当学习杨善洲保护环境、建设生态文明的精神境界，争做生态文明建设的引领者、推动者和实践者，切实推进生态文明体系建设。

思考题

1.党员干部应当向杨善洲学习什么呢？

2.如何切实推进生态文明建设，争做引领者、推动者和实践者？

"世界布市"轻纺城的传奇之路

（中共绍兴市委党校　宋潞平）

一、案例背景

中国轻纺城坐落于历史文化名城、全国经济强县——绍兴县县城柯桥。中国轻纺城从改革开放初期的"马路布街"发展成如今饮誉国际的"世界布市"，中国轻纺城"凤凰涅槃"般地发展、壮大，生动演绎并真实记录了浙江省改革开放40年的沧桑巨变。中国轻纺城市场形成于20世纪80年代，早在1983年，柯桥设摊从事布匹买卖的个体商户就有200余家。及至1985年，建成占地3500平方米的棚屋式"柯桥轻纺市场"。1988年10月1日，"绍兴轻纺市场"建成开业，市场建筑面积23万平方米，营业房600间，成为当时全国首家室内专业轻纺市场。"若要富，去卖布"，成为当时柯桥人的流行语。随后，"绍兴轻纺市场"建设规模不断扩大，交易品种日益丰富，市场成交逐年提升。1992年，经国家工商局批准，"绍兴轻纺市场"更名为"中国轻纺城"，成为全国首个冠之以"中国"的轻纺专业市场。设门市部77个，摊位89个，日客流量近4000人，市场年成交额约2000万元。1993年3月，中国轻纺城改组为股份制企业，全国第一家以大型专业市场为依托的规范化股份制企业——中国轻纺城发展股份有限公司宣告成立。1997年2月，中国轻纺城集团股份有限公司成功上市，轻纺城上交所上市流通。经过20年的发展，中国轻纺城现已拥有"南北中西"四大市场区域，经营面积238万平方米，营业用房15万余间，经营户1万余家，经营面料3万余种，国（境）外常驻代表机构461家，常驻境外专业采购商3500余人，日客流量10万人次，产品远销全球187个国家和地区。中国轻纺城成为柯桥县城的立城之本、轻纺产业的立业之本、经济强县的立县之本。绍兴县上下统一思想，振奋精神，全面实施中国轻纺城提升发展战略，大力推进市场"二次创业"，中国轻纺城集群化、现代化、国际化建设步伐加快，产业集聚力、市场竞争力、国际影响力明显提升，一个充满生机与活力的"国际纺织之都"正款款出落于世人面前。

二、主要做法和主要成效

"办一个市场，兴一门产业，活一片经济，建一个城市，富一方百姓。"中国轻纺城促进了绍兴县及周边地区经济的蓬勃发展，造就了一代又一代的经营大户，从农民到商人、从穷人到富翁，无数人实现了"淘金"梦，过上了富足生活，创造了一个又一个财富神话。中国轻纺城的崛起最主要的原因是早期的市场股份制改革和之后政府产城融合政策的推动。

（一）市场股份制改制

1992年，中央领导到中国轻纺城视察，对市场对推动绍兴县乃至浙江经济发展起到的促进作用感到满意，同时从市场经济发展的高度，建议中国轻纺城在体制上进行彻底改革，在产权制度上先走一步，为全国大市场发展树样板。明确提出，中国轻纺城可以搞股份制并争取上市。

省、市、县三级领导对此十分重视。时任浙江省委和绍兴县领导连夜研究改制情况。建议去考察上海的城隍庙已经搞了股份制。第二天，绍兴县立即组织班子去了上海，随后开始组建"中国轻纺城发展股份有限公司"，目标是"争一流企业、争尽快上市"。

1992年，改制工作下半年开始。1993年5月9日，浙江中国轻纺城发展股份有限公司正式成立。按照现代企业制度建设市场，此举开了全国专业市场改革之先河，成为全国第一家以大型批发市场为依托的股份制企业。

1994年12月，浙江中国轻纺城发展股份有限公司被列入全国百家现代企业制度试点单位，成为全国专业市场中唯一列入试点的企业。1995年，浙江中国轻纺城发展股份有限公司更名为"浙江中国轻纺城集团股份有限公司"。

1997年1月，经中国证券监督管理委员会批准公开向社会发行股票。同年2月，"轻纺城"股票在上海证交所正式上市流通，股票代码为600790，开创了全国专业批发市场为主体股票挂牌上市的先河，被誉为"中国专业市场第一股"。

轻纺城公司成立后，担负了市场的开发、建设、培育等物业管理职责，走上了一条以资本运作为纽带、不断提升发展专业市场的股份制经营之路，股票上市后向社会公开募集资金7.57亿元，为市场持续繁荣发展作出了积极贡献。

市场股份制改造，打破了原先工商部门既当运动员又当裁判员的管理模式，将专业市场由行政管理改为市场经营，为市场持续发展注入新的活力。股票成功上市，极大地鼓舞了中国轻纺城市场创新的信心。

（二）产城融合新发展

中国轻纺城作为柯桥城市的发动机，从设市伊始，一直发挥着集聚要素、凝聚人口和兴商建城的作用。

绍兴县从中国轻纺城历史演变进程中，敏锐地捕捉到了又一个发展市场的契机，并开始了第二次市场创新之路。

2000 年，绍兴市县体制调整、绍兴县行政中心迁址柯桥。

2001 年 3 月，精明的绍兴人，抓住了这个化市为城的历史性机遇：绍兴新县城需要商贸之城，中国轻纺城的建设需要现代化的商贸城市，以城市建设带动市场升级，以发展生产性服务业集聚人气，保持中国轻纺城的活力。

绍兴县委县政府作出科学理性的决策，提出"柯桥就是轻纺城、轻纺城就是柯桥"的发展战略。很快，确立了"南闲、中城、北工"的城市规划格局，市场与城市实现了同步发展。

目前，柯桥城区金融业迅猛发展，商贸三产业遍地开花。已有中、农、工、交、建及市商业银行、县农村合作银行、浙商银行、招商银行、华夏银行、中信银行等 11 大银行 250 家金融网点。笛扬路步行街商圈、万商路商圈、柯北商圈构成了繁荣的商业服务区，香港莎鲨家纺、国际女装"沃普斯"时代广场店、"钱江源"鱼庄、迪欧咖啡东方店、西湖春天餐馆、"四海一家"音乐餐馆、世茂君亭酒店、"沈园堂"足道、澳门豆捞等一大批美食、娱乐、购物品牌店纷纷开业；蓝天·市心广场、都市春天等大型的、特色化、规模化和人性化的购物中心、超级市场、商业连锁等多种零售业态服务，成为中国轻纺城市场配套的商业服务中心。"两湖"区域、瓜渚湖西岸、北岸公园开发建设，打造市民休闲之地；柯南新区打造高品质居住社区，使万商云集的中国轻纺城成了一座宜居之城，让居民安居，让商人安心。这不仅使市场与城市基础建设形成了良性互动，而且营造了良好的商务环境，使中国轻纺城市场获得了一种可持续发展的内在动力。

2006 年，绍兴县强势启动中国轻纺城"二次创业"，提出了改造"一个主体市场、健全完善两个配套市场、发展壮大三个要素市场"的市场发展战略，按照轻纺市场提升发展与城市建设互动并进的思路，适当扩大门市部交易面积，完善仓储、中介服务等配套设施；在柯北新城区加快建设现代交易区，启动建设 CBD 中央商务区，以世贸中心为主体，推出一批现代化产品展示区，推进公司化、订单交易，加快电子商务的推广应用；完善配套设施，发展现代物流、咨询、高档酒店等现代服务业，吸引更多的国际采购商到柯桥设点采购。一系列的市场升级改造工程，对外贸易的开展，市场经营户开始迈出国门，变城际交往为国际交往。

2007 年 10 月，商务部正式授权发布"中国柯桥纺织指数"，这是中国第一个纺织指数。一年之后，轻纺城建管委建成英文网站，指数扩大到全球发布。中国轻纺城，由此也成为全球纺织商人判断产业变化的"风向标"。

2008 年 11 月，绍兴县中国轻纺城市场开发经营有限公司成为"轻纺城"实际控制人，国资重新控股"轻纺城"。

如今的中国轻纺城，一个名副其实的世界纺织品集散地，已成为绍兴县的"金名片"。

目前，中国轻纺城已形成了"南、中、北、西"四大市场区和东部仓储物流配套区，市场总面积 326 万平方米，营业房 2 万多间，注册经营户近 2 万家，各类面料 3 万多种，采购商日均 10 万人次。中国轻纺城与世界各地 187 个国家和地区有贸易往来，全球每年有四分之一的面料在这里成交，全国近一半的纺织企业与轻纺城建立产销关系，全球顶级服装品牌均直接或间接在这里采购面料。轻纺城已成为全球最大的纺织品交易中心。

（三）分析与启示

中国轻纺城，一个不断创新的市场。从最初的化纤布，延伸发展成为集服装面料、家纺面料、产业用布、辅料、原料、坯布、纺机等 20 多个专业市场的超级轻纺专业市场。轻纺城崛起的原因可以归纳为以下几点：

一是历史传承的技术积累。绍兴纺织业已有 2500 多年的历史，早在隋唐五代，县城柯桥一带已"时闻机杼声，日出万丈绸"。改革开放后，各家各户自产自销成为轻纺产业集群成长的开始阶段模式。随着 1988 年柯桥"中国轻纺城"的崛起，目前在绍兴形成了一个规模较大的依托中国轻纺城发展的纺织业经济群落，形成了依托中国轻纺城发展的绍兴轻纺产业集群发展阶段的模式。纺织技术和工艺的代代相传和发展使其在各行业中日渐表现出行业优势。市场之门一旦打开，家庭式作坊和大中型生产商就能很快适应国内外市场需求，形成独特的竞争优势。

二是公开透明的行政体制。绍兴县政府坐落于轻纺市场中心柯桥街道，政府的政务以经济发展需要为中心而展开，办事程序公开透明。1.政务公开。政府明确规定政务公开的内容、范围和时间。生产企业不管是进入还是退出市场，只要按照法定的程序进行办理就可。2.内外结合的监督机制。政府内部按照《机关工作人员守则》和《街道党政班子成员廉洁自律的若干规定》等对行政人员的行为进行监督和约束，公众也可以依据《柯桥街道机关党风廉政建设制度》、《柯桥街道机关政务公开制度》、《机关推行"两卡两制一窗口"制度》、《保密制度》、《柯桥街道财务管理制度》、《柯桥街道机关工作制度》等的执行情况对相应的行政人员进行投诉。3.首问责任制。政府明确规定，"凡来机关办事的同志，首先问到谁，谁就是首问责任人，就有责任协助其办好事情。"这就避免了职能部门之间相互推诿的扯皮现象，极大地提高了行政效率。

三是健全高效的配套服务。1.完善的基础设施。市政公用基础设施以高起点、现代化为目标建设，配套完善。城市主干道和生活干道以大宽度规划建设，汽车站、火车站、供水、排水、电力、电信等设施的建设适度超前。各项市政基础设施已全面配套，金融、财税、消防、宾馆、娱乐等设施的建设也颇具规模。2.发达的配套产业。轻纺产业的发展促进了服务业的发展，包括金融服务、快递业、人力车业、代理中介业、法律会计业、纺织技术服务、成果转化服务、人才推介服务、技术培训服务、制造业信息化服务、企业咨询服务等行业，使绍兴形成以纺织行业为主导相关配套产业健全的产业集群。

四是便利快捷的商务平台。和我国小商品集散地义乌一样，有很多来自世界各地的外国客户常驻或者频繁考察绍兴柯桥市场，所以大街小巷都是外国商人，处处充满商机。不同的是，义乌商品品种繁多，而柯桥商品单一，主要是面料等轻纺产品，所以整体商业气氛是以轻纺为中心的，很多新技术、新设计都可能发生在日常生活场所的交谈中。另一方面，信息社会背景下因特网的作用日益凸显，绍兴大多数生产企业或贸易公司都有过网络交易的经验，利用电子商务平台搜索供需信息、联系客户和生产商，打破地域和空间的限制。随着信息社会的发展，网络交易将变成一种越来越重要的交易形式。

虽然轻纺产业经历了快速的发展，但是当前也面临着诸多问题。首先，路径依赖下的技术创新问题。纺织工业生产的技术特点，决定了纺织工业技术结构是多层次的，先进技术与传统技术将在相当长时期内并存。要保持动态的竞争优势，必须摆脱传统技术的路径依赖，培育学习型组织环境，实现轻纺产业的创新集群。其次，出口导向下的价格竞争问题。绍兴轻纺产业集群基本上是由民营企业组成的，市场进入和退出壁垒相对于国有企业低很多。但是，在出口战略下，数量众多的中小企业之间的竞争基本上是价格竞争。整个市场中，拥有自主品牌的企业很少，品牌意识淡薄，因为即使不走品牌之路，拥有少量的订单也能维持生存。最后，集群发展下的环境污染问题。在绍兴，很多印染加工生产企业都具有一定的污染性，环境质量较差。要实现经济的可持续发展，必须协调人口、资源、环境与经济发展之间的关系，绍兴轻纺产业集群的发展已经受到资源环境的约束。如果轻纺城要实现可持续发展，可以从以下几方面着手：

　　第一，加强知识产权保护力度，提高企业研发积极性。企业是知识产权的主要创造者和使用者，也是知识产权保护的主要力量。中国的企业和企业家有义务、有责任自觉地承担起增强自主创新能力和加强知识产权保护的历史责任。有效保护知识产权，一方面使惯于模仿和窃取新技术的纺织企业禁止"搭便车"行为，尊重其他企业的劳动成果；另一方面使具有创新能力的纺织企业有充分的积极性来进行自主研发。

　　第二，实行法律管制、经济激励和公众参与相结合的环境治理模式。环境治理要兼顾效率和公平。对于严重污染纺织企业，要采取法律管制的方法禁产或者限产。对于正常污染的纺织企业，则实行"谁污染谁治理"、"使用者支付"的原则，采取征收庇古税或者发放排污许可证等经济激励方法把污染控制在社会可承载的范围之内。再者，加强公众的环保意识，及时准确地向公众传达环境信息，确保环境决策民主，保障公民的环境公益诉讼权。

　　第三，引导企业走出价格竞争误区，实行行业和企业自律。市场经济是竞争经济，价格竞争是竞争的最初始形态，正常的价格竞争，无论对企业、消费者，还是对整个社会都是有益的，但以低于成本价进行倾销的恶性价格竞争会导致严重的损害。绍兴轻纺企业大部分采取的都是粗放型经营方式，在价格竞争下，给外商的价格接近成本价，附加值很低。要改变现状，必须规范企业行为，实行行业自律。比如，积极发挥中国纺织工业协会在建立行业自律机制方面的作用。

第四，培育企业的自主创新能力，打造纺织品牌。纺织行业的现状是：品牌自主营销能力薄弱，自主品牌进入国际市场刚刚起步；企业以劳动密集型为主，大部分缺少核心技术、核心品牌和跨国的竞争能力；资源与环境发展制约因素日益显现。要把增强自主创新能力作为纺织行业发展的战略基点和调整产业结构、转变增长方式的中心环节，大力提高原始创新能力、集成创新能力和引进消化吸收再创新能力，鼓励民营企业走出去，形成自己的品牌和竞争优势。

思考题

1. 产业集群是现代经济发展的必然趋势，县域如何培育发展产业集群？
2. 产城融合是我国未来发展县域经济的新方向，如何做好产城融合？

中新农业泰生示范农场的实践与启示

（中共上海市崇明县委党校　陆菊萍　蔡颖娟）

一、中新农业泰生示范农场发展背景

社会经济的发展绝不能以牺牲自然环境为代价，经济繁荣、社会和谐与生态优美完全可以兼得。建设社会主义生态文明，只有从建设生态文明的高度来协调经济发展与环境保护的相互关系，才能达到人与自然的和睦相处，才能实现经济社会的又好又快发展。

建设生态文明是关系人民福祉、关乎民族未来的长远大计。通过生态文明建设，大自然会留下更多修复空间，农业将留下更多良田，留给子孙后代的将是天蓝、地绿、水净的美好家园。崇明作为上海的农业大县，生态文明建设赋予了崇明农业更高的历史使命，同时也提供了难得的发展机遇。无污染、低排放、就业带动作用大的高效生态农业正是崇明岛的选择。其农业的探索与实践将为生态文明建设提供一种新的示范。

随着世界城市化水平的提高，有关国家和地区的专家学者相继开始了一些高效生态农业的研究，并不断深化。我国高效生态农业也提出并开始实践探索，其中以地处长江三角洲、珠江三角洲、环渤海湾地区的上海、北京、天津、深圳等地开展较早。崇明需要探索适合崇明实际的农业发展的好模式。

崇明的定位是生态岛，决定了工业的准入门槛会很高，如何使崇明农业既生态又高效，中新"泰生农场"以发展畜牧养殖为龙头，把畜牧养殖与有机种植和食品加工、教学观光基地相结合的循环经济模式，值得研究推广。

二、中新农业泰生示范农场的主要做法

中新泰生有机农场位于崇明现代农业园区内，总面积 730 亩，其中，农艺与园艺作物区 430 亩，猪舍 120 亩。是一个真正实现种养结合，资源循环利用的有机农场。农场采用泰生农业，内部无机、有机相结合。除了为度假村及会员提供新鲜、安全的农产品外，农场还对公众开放，为游客提供多项休闲服务。农场设有多媒体影视厅、园艺作物区、猪舍、废水生化池，还提供如骑自行车、喂养动物、种植和烧烤蔬菜、涂鸦等娱乐活动，并积极开展校农合作，把绿色理念传递给下一代。这里不仅是天然氧吧，更是大都市的世外桃源。

泰生农业采用《易经》"泰卦"卦辞"天地交，而万物通；上下交，而志其同"的精义，以分享、和谐、共生的理念，不仅致力于农场生物与环境间物质、能量的循环畅通，也致力于农业、农民、农村的共存和共荣，以期达到风调雨顺、国泰民安的境界。农场的发展理念得到了业内的充分肯定和支持，现已被列入上海科普教育基地，并与上海交通大学共同研发"国家公益性行业（农业）科研专项"。

泰生农场为什么选择养猪业？泰生农场创始人、新加坡国际元立集团主席陈逢坤家族早年在新加坡以养猪业起家，对养猪业有特殊的情结，陈逢坤多年前来到崇明，深深地被这方土地的生态环境所吸引，没有污染、没有噪音，远离尘器，于是便创建了中新泰生农场。

到上海崇明岛养猪时，首要考虑的一件重要事情，就是要妥善解决排放物问题，否则养猪场就没有办法延续下去。如何解决猪排放物？猪粪经过固液分离后，固体与秸秆混合生成有机堆肥，液体排泄物则排放至 6 个生化池，逐塘净化后，或回归猪圈或灌溉农田，真正意义上实现资源循环利用。

泰生是上海地区唯一的养猪业和种植业的连体农场，是首家实现了循环的生态休闲农庄。

种植业发展情况：多样种植，物理防虫。生态农业是按照生态学原理和经济学原理，运用现代科学技术成果和现代管理手段，以及传统农业的有效经验建立起来的，能获得较高的经济效益、生态效益和社会效益的现代化高效农业。它要求把发展粮食与多种经济作物生产，发展大田种植与林、牧、副、渔业，发展大农业与第二、三产业结合起来，利用传统农业精华和现代科技成果，通过人工设计生态工程、协调发展与环境之间、资源利用与保护之间的矛盾，形成生态上与经济上两个良性循环，经济、生态、社会三大效益的统一。

崇明是长江冲积岛，不是黏土，就是沙土，前者不透气，后者太贫瘠，无法提供植物所需营养；猪的排泄物，则由循环系统进行处理，与秸秆混合生成有机堆肥，这些肥料就是蔬菜最好的营养。农场的蔬菜不施化肥、不打农药，完全靠物理、生物杀虫和人工除草，经过几年土壤的改良，盐碱度明显改良，有机质的营养土，原产地是农场的猪舍。

泰生发展有机农业，将猪粪等排放物作为堆肥材料，而为了善加利用这些肥料，才种植蔬菜。种植业解决了养猪的污染问题，又促进了养猪业的发展。

泰生是如何解决好病虫害问题的？多品种栽种并存：来到农场的蔬菜种植区，你会发现多品种栽种并存。同一片方寸之地，青菜、萝卜、茄子、番茄等多种品种并存。虽然既不方便施肥，也不方便采摘，但增加菜地的生物多样性，生态系统就更稳定，可有效控制虫害，减少喷药。

种植芳香植物：从接待中心到农场服务站有一条步道，道路两旁看似随意生长在这里的花花草草，其实都是经过园林部专业规划种植的，不仅讲究颜色搭配，让人视觉舒服，在品种上也是五花八门的，据说光是薄荷草就有不下七八种，苹果薄荷、花叶薄荷、亚洲薄荷、香草薄荷……香味各不同，还有留兰香、迷迭香、洋甘菊等。

利用性激素的气味来诱杀虫害的诱虫灯、黏性很强的黄色塑料板、天然的"生物防治部队"鸡群等"物理驱虫装置"在农场随处可见。

排除异味：为了做好农业旅游，猪场四周架设了喷雾管路，释放臭氧分解异味；栽植的香花、香草清香扑鼻令人心旷神怡。

为了消除猪圈臭气，不仅让猪保持干净，还采用先进的工艺，消除氨气和硫黄物质，并造高猪舍，让流动气流稀释浓度。

发展体验农业：现在泰生示范农场已经被列入上海市科普教育基地，农场专门拓出几块区域，让大家认识动物。积极开展校农合作，把绿色理念传递给下一代。

农场特别增设了丰富的体验活动，例如喂养动物、种植蔬菜、河边垂钓、烧烤甜薯、创意涂鸦等，让你在回归大自然学做农夫的同时，也感受到大自然的美好和田园生活的乐趣。包括鸡棚、鹅舍，都有小朋友喂饲区。

在专门用来体验种菜的蔬菜大棚里，地已经按照一定的比例划分好了，一个家庭可以种一垄地，农场会备好菜苗和铲子放在空地上，棚子里有一张种菜流程图可以参考，也可以让农场的工作人员做示范，菜的种类都不太一样，但通常会给一些成长期较短就可以收获的菜苗。菜苗种好后，农场的工作人员会进行后期的照顾，如果有时间，你也可以自己来给你的地施肥、浇水、除草。这些农事可以让孩子们真正懂得"谁知盘中餐，粒粒皆辛苦"的道理。

另外，让孩子们在这里的几十个大棚和几百亩田园里自由活动，认识甜菜、油菜、崇明金瓜、生菜、番茄、茄子、土豆等等几十种蔬菜瓜果，夏天的时候农场还会种一些葫芦科的植物如木瓜、丝瓜，它们的藤会爬满棚顶，果实垂下来，人走在中间可以摘瓜，还能认识田边的金盏菊、蚕豆、草头等各种花草，就是一堂从书本里走出来的课外教学了。

户外运动：农场里还有一个 300 平方米的大草坪。农场的服务站提供一些运动用品租借，包括风筝、羽毛球、乒乓球、自行车等。在农场的深处，养着十几只崇明白山羊的地方有一条小河，那里现在被划为钓鱼区，这些活动全家人都可以参与，都是增进家人感情的好方式。

泰生农场的住宿有两种，一种是普普通通的标准间。这仅有的 8 间标准间，其实是由太阳岛度假村设计和管理的，在住宿条件上还是比较有保证的。8 个标准间的房型大小几乎一样，都在 10 平方米左右，两张单人床，有电视、数字机顶盒和衣柜，卫浴产品用的是太阳岛度假村的，卫生间里都有吹风机、接线板、烧水壶。每间房的门口都有一组沙发和茶几，这一排的沙发构成了一个休息区，每间房以蔬菜名命名，如胡萝卜、芝麻菜等等，体现出农场的感觉。因为数量不多，而且硬件不错，每到节假日来农场游玩的人一多，就供不应求了。

泰生农场还增加了一个新奇有趣的住宿方式，夜宿草原，住蒙古包。

在农场的户外草坪上，一块专门的区域被用来建造了 10 个蒙古包。虽说是蒙古包，但却和我们印象中的不同，设计师是来自台湾地区，设计借鉴了台湾地区农场住宿的设计理念。蒙古包是用铁架和厚防雨布搭成的，水泥地基上铺了木地板，门是竹制的，加入了一些自然元素，顶部做了一个旋转的通风口，另外有两扇可通风的小窗，房间里的配置和标准间是一样的，也配置了挂式空调。

三、中新农业泰生示范农场的主要成效

（一）自然生态理念得到广泛认同

中新泰生农场实践着"自然生态"理念，农场边的人造湿地水鸟多了、生物多样化了、步道上的香樟和棕榈迎风摇摆，在崇明这片净土上，散发着蓄势待发的生机……他们的理念是：

0 排放：农场产生的废弃物不排放到场外造成污染，而是将废弃物减少到最低，并使资源完全循环利用，不给大气、水体和土壤造成多余的污染，最终实现零排放的目标。如本农场利用猪粪尿与植物秸秆制作堆肥，产生沼气。

1 个理念：秉持泰生精神所建立的泰生农场，推出"泰生农法"，用悲天悯人的心情关怀土地，善待万物。泰生农人坚信人类只是这个地球的居民，应与其他生物共同经营维护我们所居住的地球环境。道法自然，共生、分享、和谐。

2 种结合：动、植物相互依存，彼此满足养分需求，自成体系，创造一个和谐的生态环境，从而实现 1+1 > 2 的佳境。

3 才论述：回归古人生态农耕思想中天、地、人的"三才论"，让更多的人认识自然、尊重自然，按自然规律办事，顺应自然万物相互依存、和谐共生的自然法则，使之永续发展。

4 个层面：泰生进行整体、系统的思考及实践，关怀并促进土地、个人、家庭、社会的健康，从泰生农场到餐桌，所有过程公开、透明。

5 项概念：反思：农业含义。减少：能量消耗。再用：雨水灌溉。循环：变废为宝。恢复：土壤肥力。

6 层过滤：猪粪尿经由 6 个生化池进行逐塘过滤，随后灌入水生植物区和湿地。净化水可以用来灌溉和清洗猪舍。同时，循环使用也节约了水资源。

7 项全能：农场推行泰生农法，实现生物多样、混合经营；资源循环；培育土壤；病虫害生物防治与健康管理；保护自然资源；建立作物可追溯制度；修炼身、心、灵；从而达到天人合一的和谐思想。

（二）打出了品牌

泰生厨房售卖从农场直接配送而来的天然蔬菜。泰生厨房 85% 的食材都来自崇明岛的泰生农场，只有 15% 的食物，主要是菌菇类，是由指定的供应商提供。随着泰生厨房的逐渐壮大，现在面临的却是蔬菜供不应求的问题了。

四、分析与启示

其一，现代高效生态农业离不开科技的引领，在挖掘传统生态农业技术精髓的基础上，采用现代农业技术弥补其缺陷，使生态农业转变成现代高效农业。

其二，以适度规模经营提升生态农业的效益。农业适度规模经营可以促进规范化生产，不断降低单位生产成本，不断提高经营主体的效益总量，弥补传统生态农业的不足。

其三，以生态循环原理规划农场，进行多样性经营。农场通过一产的农业生产连接加工、包装，再联动三产的旅游，真正延伸产业链实现"接二连三"延伸产业链。

其四，制度建设是实施生态建设的重要前提。与一般农业发展模式相比，现代高效生态农业具有更强的正外部性，但同时也承担着更大的机会成本。换句话说，发展现代高效生态农业在短期内可能要面临一些经济上的损失，比如使用环境友好型的投入品和操作规程会增加生产成本，由于市场机制还不够完善，其产品的真正价值还无法通过现有的市场体系得以实现。在这种情况下，生产者往往缺少发展这种模式的动力和激励。弥补的办法就是实施扶持政策。比如，对维护产地优良生态环境、使用绿色农资、采用生态循环模式给予补贴等。同时，还可以采取推动生态认证等方式方法，使生态产品的价值可以通过市场得以充分实现，从而激励生态型农业发展模式的推广。

思考题

1. 上海在生态文明建设中的机遇和挑战，上海未来发展的方向是什么？

2. 中新农业泰生示范农场生态文明建设的经验有哪些？还存在哪些尚待解决的问题？需要在哪些方面进行改革创新？

垃圾资源化，腐朽化神奇

——格林美"城市矿产"开发案例分析

（中共湖北省荆门市委党校　贾贤良）

一、案例背景

随着循环、低碳经济趋势的发展，再生资源循环利用行业迎来了黄金发展时期。在此背景下，"城市矿产"循环利用大有可为，再生资源循环利用行业迎来了黄金发展时期，未来市场规模和发展潜力都很大。

（一）最好的矿产资源就在城市

所谓"城市矿产"，是指那些富含锂、钛、黄金、铟、银、锑、钴、钯等稀贵金属的废旧家电、电子垃圾等，该概念首先由日本南条道夫教授等提出，并将其上升到理论高度，在日本、韩国和中国等亚洲国家广泛使用。西方发达国家一般称其为电子废弃物。

"城市矿产"蕴含的资源"品位"很高，城市矿产是与消费同步增长、永不枯竭的城市财富。开展城市矿产示范基地建设是缓解资源瓶颈约束、减轻环境污染的有效途径，也是发展循环经济、培育战略性新兴产业的重要内容，对城市发展具有重要意义。经过工业革命300年的掠夺式开采，全球80％以上可工业化利用的矿产资源，已从地下转移到地上，并以"垃圾"的形态堆积在人们周围，总量高达数千亿吨，并还在以每年100亿吨的数量增加。因而，开发这些"城市矿产"，实现资源的再循环利用成为各国的重要任务。以开采城市矿产为己任的格林美的诞生和发展不仅解了这个燃眉之急，也为地区经济发展添加了新动力。当年"全国循环经济试点市"落户在湖北荆门，作为湖北省唯一的国家循环经济试点市，搞好循环经济建设，成为荆门经济社会走向低碳环保的一条可持续发展的绿荫道。

（二）开采城市矿产，点亮美丽中国

格林美在国内率先提出"开采城市矿产"的思想以及"资源有限、循环无限"为产业理念，开采城市矿产的循环经济产业模式，是国家主导的战略性新兴产业，是这个时代的环保产业，格林美的发展可以说占尽天时。荆门市格林美新材料有限公司主营业务是无害化处理电子废弃物、废旧电池、钴镍钨锡废料、报废汽车、废旧灯管、废塑料、稀土稀散稀贵金属等各种报废资源，循环再造钴镍、铜钨、金银、钯铑等十多种稀缺资源以及新能源材料、塑木型材等多种高技术产品，形成了从资源回收到技术开发，再到资源化利用的完整的资源循环产业链发展体系。

（三）变废为宝，捡垃圾的股票能上市

格林美2001年成立于深圳，2010年1月正式登陆深圳市中小企业板A股。格林美公司不断发展壮大，被誉为我国开采城市矿产资源第一股。格林美年处理废弃物总量100万吨，以废旧电池、电子废弃物、钴镍钨工业废弃物和稀贵金属废弃物为主体，每年回收处理小型电池占中国总量的10％以

上；每年回收处理废旧家电 200 万台以上，占中国报废家电处理量的 10% 以上；每年回收的钴资源 1500 吨以上，与中国原钴开采量相当；每年回收的钨资源 3000 吨以上，占中国原钨开采量的 6% 以上，有效地缓解了中国钴镍钨等战略资源的紧缺。

二、主要做法

近些年来，荆门废弃资源回收利用产业发展迅猛，已成为湖北省主要的再生资源产业集聚区之一。格林美城市矿产资源循环产业园被确定为国家第一批循环经济教育示范基地和第四批国家"城市矿产"示范基地，格林美公司开发利用城市矿产资源的做法被确定为 60 个循环模式之一在全国推广。

（一）政策支持助推循环新梦想

灵活优惠的政策是一个产业发育和壮大的外因，是不可或缺的重要条件。2008 年荆门市被确定为国家循环经济试点城市，陆续出台了《加快推进循环经济发展的实施意见》、《加强环境保护的决定》、《节能减排行动计划》及《节能减排目标责任考核办法》等文件，并严格践行；建立了市委、市政府、市纪委、市循环办"四室联动"督办制度，加强年度工作目标任务完成情况的检查、督办；加大财政支持，每年拿出 1000 万元用于支持循环经济项目建设，相关部门也分别就支持循环经济发展制定了具体措施。

（二）将地域特色与优势产业相结合

地域不同，产业发展优势也不同。在发展中，各地应依据不同地区的地域特色和优势产业，综合考虑经济、社会发展和资源环境的基本情况，突出有利条件，分析制约因素，全面把握重点突破。

1. 要素成本低廉

荆门具有得天独厚的工业资源优势。首先是先天资源丰富，开发价值大。境内已探明的 21 种主要矿产储量大，开发价值约 1460 亿元，其中水泥用灰岩、石膏和累托石粘土储量居全省首位，磷矿和电石用灰岩储量居全省第二位。其次是再生资源丰富，使用成本较低。大宗工业固废是与消费同步增长、永不枯竭的城市财富。对于没有能力开发利用的废弃物产生企业而言，消除环境影响的责任较大，因此出售次生资源的获利要求不高，这就为发展"城市矿产"经济创造了成本优势。再次，其他资源供应充足，价格低廉。荆门水、电、土地、劳动力等要素基本能满足生产的需求，与沿海城市相比具有成本优势。

2. 资源就地取材

荆门市工业尾矿、磷石膏、粉煤灰、硫石膏、工业铁渣、木质纤维、废棉等主要再生资源来自境内洋丰集团、热电厂、京山轻机、宝源集团、众和纺织等大企业，在区域内就可实现企企交换的无缝供销对接，供料半径小，经济效率高。这种就地取材的资源利用模式，缩短了从原料进厂到最终产出产品的整个生命周期，与其他地方发展同类产业相比，具有成本和效率优势。

3. 典型企业技术

粉煤灰再利用技术、工业废渣再利用技术、废旧电子电器再利用技术支撑荆门走出了一条绿色循环经济发展之路。其中最具竞争力的是格林美公司的废旧电子电器再利用技术，已成为荆门"城市矿产"经济的品牌和旗帜。在废旧电池、钴镍废料、电子废弃物循环利用与低碳制造领域拥有 80 余项专利，牵头或起草国家标准/行业标准 30 多项，形成了自有的技术与标准体系，克服了国际上在废旧电池、电子废弃物循环利用等领域的技术壁垒。

（三）六大核心产业链多元触及城市矿产

通过采用自主研发的新型工艺及设备，从稀土废料中生产出的单一稀土氧化物纯度在 99% 以上的稀土金属，并建成一条具有国内先进水平的中试实验生产线。形成六大核心产业链，创建"吃干榨净"的产业模式：

一是废旧电池、废弃钴镍钨稀有金属资源循环利用产业链。利用废弃电池、含钴镍钨工业废料提取超细钴粉、超细镍粉、钴镍锰动力电池材料、高纯钴镍化学品、超细碳化钨粉末。

二是电子废弃物循环利用产业链。从废弃原料中提取有用的原材料：铁、铝、铜、塑料等。

三是废塑料与农作物废料循环利用产业链。利用废塑料与农作物废料制作塑木型材、注塑托盘、大型垃圾桶。将废弃电器电子产品拆解的废塑料、回收的废塑料生产塑木型材、塑料制品。

四是稀土、稀散、稀贵金属循环利用产业链。利用废弃电器电子产品、废线路板、废五金、永磁电机、光伏器件提取钕、钇、镝、铈、铽等稀土金属，镓、锗等稀散金属，金、银、铂、钯等稀贵金属，铜、铝、锡等有色金属。

五是报废汽车与废钢的循环利用产业链。将废汽车与废钢铁回收利用，加工出黑色金属（钢、铁），有色金属（铜、铝等），非金属（塑料、橡胶、玻璃等）。

六是工业废水、废渣、废泥循环利用产业链。将工业废水、废渣、废腻循环利用，加工成电积铜、环保砖、化肥、回用水。

（四）跨区域、多层次回收体系

经过几十年探索实践，格林美建立了以城市为主体、以社区为单元的多层次、多方位、跨区域的城市矿产开采商业模式。

有着中国最大规模废旧电池回收体系，把中国废旧电池回收率从不到

1%，提升到现今 10%以上；全国首创——电子废弃物回收超市，形成了以斤论价，阳光交易，规范收集，绿色处理的"格林美模式"；世界首创——3R 循环消费社区连锁超市，形成以社区消费为主，形成覆盖生产、消费、回收的闭路循环消费新型商业模式；搭建物联网信息体系，为循环消费提档升级，3R 中国循环消费网上商城——全国第一家以循环消费为主题的电子商务平台。

（五）突破关键技术，成行业的技术引领者

格林美成功解决了中国废旧电池、废旧灯管和电子废弃物等突出污染物的绿色回收利用技术难题与产业难题。

1.废旧电池涅槃重生，引领战略新兴产业潮流

废旧电池中提取的镍钴粉是未来 3D 打印材料的关键材料，突破了由一次废旧干电池循环再造充电动力电池用镍钴锰三元材料的循环再造关键技术，通过这一关键技术，利用大量报废的各种电池（铅酸电池除外）生产动力电池用高性能镍钴锰多元前驱体产品，打通不充电的干电池到可充电动力电池的循环再造产业链。

2."产学研"协同共进，树立行业新标准

格林美国家循环经济教育示范基地大楼与格林美中央研究院大楼在湖北荆门格林美城市矿产循环产业园落成。成立深圳、荆门两地"博士后科研工作站"，"面向家电等行业的电子线路板绿色处理与再利用关键技术研究及产业示范"国家高技术研究发展计划（863 计划）项目的获批。

三、主要成效

荆门以格林美为代表的"城市矿产"的开发，是应重化工业城市转变发展方式、节能减排的要求，是循环经济的纵深发展，对于创新发展模式、改

变增长方式，实现区域经济又好又快发展发挥了极其重要的作用。

（一）促进了发展方式转变

"城市矿产"经济的兴起，使荆门循环经济的发展发生了质的飞跃，极大地促进了发展方式的转变。首先，"城市矿产"经济提高了资源效率。其次，"城市矿产"经济减轻了环境负荷。使烟尘、粉尘排放量下降、空气质量达标率上升，集中饮用水源水质达标率提高到100%，环境质量出现了明显的改善。最后，"城市矿产"经济改变了增长方式。"城市矿产"经济是依靠专业技术集约发展的产业。将来，必将使增长与资源消耗脱钩，与生态破坏脱钩，实现创新驱动型增长。

（二）调整优化了产业结构

资源再生产业是比传统工业更轻型化的产业，它包含了技术、信息、管理等现代高级生产要素，是与现代服务业高度融合发展的产业，它的产生和发展是区域产业合理化与高度化的表现。改造和提升传统产业，着力发展资源再生产业，增强产业的纵向延伸、横向耦合，使荆门产业结构的调整，经济发展方式转变收到了一定的成效。首先，产业结构得到了一定的优化。总体趋势是农业和服务业比重逐年下降，工业比重逐年上升，形成了以一产业为基础、二产业为主导、三产业为支撑的新格局。其次，高新技术产业获得了快速发展。

（三）培育起新经济增长点

大规模、高起点、高水平开发利用"城市矿产"资源，是区域经济发展的必然选择。荆门在重化工业的生态化改造中，发展理念从源头预防、末端治理延伸到中间消化，大力加强废弃物综合利用。通过完善生态产业链，荆门尝试建立了废旧物资分类回收利用网络，启动了产业技术深度研发，提高了企业的加工利用能力，完善装备设施水平，已初步形成涵盖回收、运输、拆解、加工、研发、销售等环节的再生资源产业体系，培育起荆门经济的新增长点。

四、分析与启示

循环经济是符合经济发展规律的全新经济模式，其理念的贯彻不仅涉及生产、销售、消费全过程，而且还涉及三个层面的循环：企业内部的循环、企业间的循环和全社会的循环。另外，还必须有个人、企业、政府这三类主体的广泛参与。

（一）全社会参与，共创循环新生活

循环经济不仅是企业的事，它需要全社会各层面的广泛参与，全社会力量积极配合。

1.政府首先应加强引导，完善再生资源交易市场建设。借助政府支持成立了地区固体废物交换中心，格林美建立布局合理的固体废物回收网络和逆向物流服务。中心可以处理和回收利用的固体废物全部运至园区内进行处理和资源化利用，中心不能处理和利用的固体废物可以通过逆向物流项目的实现送至周边地区进行资源化利用和处理。

政府应同时推动建立设施先进、管理手段现代化的再生原料交易市场及再生资源利用开发，首先是产业政策和技术政策重构：建立不断淘汰落后生产力，支持相关研发活动，对推动 3R、节能和高效利用资源的新技术的扶持、推动产业结构升级和工业用地合理优化的政策。

其次为推进循环经济创造其赖以运行的市场体系。包括运用经济激励手段校正市场失灵，将损害循环的经济行为的外部成本内部化，修正生产者和消费者的行为；通过政府采购、转移支付等手段维持这个新兴产业度过最初成长期所需的基本需求规模等。

再次要加强法律法规体系改革：加强循环经济法治建设，包括明确与循环经济相适应的市场主体责任体制；强制性标准和规范的制定；培育推进循环经济所必需的制度能力。

2. 公众要广泛参与。鼓励公众直接参与城市循环经济管理是非常重要的，循环经济如没有公众的积极广泛参与，将是徒劳无功的。公众可以直接参与，也可以通过各种类型的社会组织建立与政府间的对话平台，通过对话形式参与。

发展循环经济的理念已成为国际上一种新的潮流和趋势，一些国家的环保 NGO 也开始把这一理念融入自身的各项绿色行动。由于其成员大多具有较高的专业素质和环保理念，因此，其在普及循环经济知识，对公众进行环境教育，代表公众利益参与政府环境决策，监督环境政策、法律的实施和推动企业的履行环境责任发挥着不可替代的作用，并日益成为促进可持续发展的一支重要力量。

3. 企业要从科技、投入方式、人才及内部环节等方面建立循环经济新模式。

（1）企业要更加注重科技创新。企业通过技术创新，采用产、学、研相结合的设计开发道路和业内领先的创意数据库，使产品质量更好、档次更高，强大的创新与研发能力使格林美成为中国城市矿产资源行业的技术先导企业。因此，企业要在循环经济竞争中占据一席之地，也必须依靠科技创新，不断转型升级，走低碳路线，才能在众多同行中脱颖而出。

（2）企业的发展应逐步从靠要素、投资驱动转向靠创新驱动。著名经济学家波特（M. Porter）提出了"经济发展四阶段论"：即要素驱动阶段、投资驱动阶段、创新驱动阶段和财富驱动阶段。其中要素驱动阶段主要依靠廉价的劳力、土地、矿产等资源来推动经济的发展；投资驱动阶段主要依靠大规模投资和大规模生产来带动；而创新驱动阶段追求人的个性的全面发展，追求文学艺术、体育保健、休闲旅游等等生活享受，第三产业将进一步分化，其中的创意产业、精神产业和内容产业将逐步成为经济中的主产业。

（3）企业应加快人才聚集，为企业发展提供核心创意资源。人才是企业之本，也是企业未来发展的最重要的核心资源之一。科技创新、文化创意都离不开人才，人才问题是企业发展创意的核心和根本，能为企业提供源源不断的创意。格林美招揽大批专业人才，有着识才的慧眼、聚才的方法、用才的气魄、爱才的感情，不拘一格引人才，灵活多变用人才，才能使企业在竞争中立于不败之地。

（4）企业内部一体化发展。打造企业内部循环链条，是实现企业经济效益与环境保护双赢的核心环节。为此，要在企业内部努力革新传统工艺和延伸产业链条，鼓励企业梯级利用能源，逐级开发资源，在资源——废弃物——再生资源的封闭式循环生产中，实现企业节能、降耗和零排放的环保需求与吃干榨净、变废为宝的增收需求。

（二）全领域覆盖，构建资源新系统

首先需要构建发达的各类再生资源回收网络系统。据统计我国的各种家用电器、手机和数码更新换代迅速，报废数量也将急剧上升，因此这类再生资源产业利用潜力巨大。要从门类上扩大"城市矿产"资源利用种类。对于再生金属行业：除了继续加大对废铜、废钢等传统再生金属资源的开发利用力度外，还应该重视对非传统再生金属资源的开发，比如综合利用废铅锌金属制造工业产品，从国外引进高端设备和技术，购买技术专利，从废电池、废渣、废液、废催化剂等废物中提取回收金、银、钼、钯、钴、镍等稀有贵金属，进行提炼再加工，生产出纯度较高的贵金属，实现产品的高附加值。

（三）全环节渗透，锻造循环产业链

循环经济要求生产的各个环节都要实现循环、环保和绿色，在这方面，发达国家有很多完善的经验可供我们参考借鉴。

1.在生产环节方面：德国首创的"绿点系统"DSD是1990年由95家包装工业、消费、零售企业发起成立的，由DSD包装组织推行回收再利用包装的"绿点系统"。所谓"绿点"，就是在商品包装上印上统一的"绿点"标志，表明此商品生产商已为该商品的回收付了费。按照规定，DSD企业成员向DSD组织支付了一定使用费后，就取得"绿点"包装回收标志的使用权。DSD组织则利用成员交纳的费用，负责收集包装垃圾并进行清理、分拣及循环再生利用。所有"绿点"标志的商品，居民使用完后，就将产生的垃圾放到特制的黄塑料袋子中而经营"绿点"系统的公司会有专人定时来各家各户收取。

日本政府制定绿色采购政策。1994年，日本政府在滋贺县实施绿色采购方针，展开政府为主要购买主体的绿色采购活动，以自身为表率带动社会其他主体的绿色购买行为。2001年实施的《绿色采购法》中将政府承担优先购买环保产品义务的行为上升到法律政策的高度，规定政府必须拟定具体的年度绿色采购计划和实际采购报告，以履行优先购买环境负荷小的绿色产品的义务。

2.在销售环节方面：美国威尔斯大学的肯·毕提（Ken Peattie）教授曾指出："绿色营销是一种能辨识、预期及符合消费的社会需求，并且可以带来利润及永续经营的管理过程。"绿色销售是传统市场营销的进一步扩展和深层次延伸，也比传统市场营销意义更深远，更具时代性。

3.在消费环节方面：购物是日常生活的一部分，我们现在所做的抉择将直接影响未来的生活质量。绿色消费也是循环经济发展的一个重要环节。在消费环节我们可以购买可循环使用的产品、少购买一次性产品、用可充电的电池、买二手的或者翻新的物品、购买节能小产品等。

成功经验中存在着共性，在共性的指导下稳步向前，才能避免城市社会发展陷入资源环境困境，我们应当立足我国具体国情，逐步探索适合我国循环经济发展现状的路径。

思考题

1. 什么是循环经济？与以往的经济模式有什么区别？
2. 为什么要大力发展循环经济？

西部民族地区农村综合改革探索与实践

——以云南红河州"美丽家园"建设为例

（中共云南省红河州委党校　马泽波）

随着农村综合改革的全面深化，政治、经济、文化、社会、生态文明建设等诸多领域的改革被赋予了新的时代内涵。如何在改革进程中寻求新的突破口，推动农村经济社会可持续发展，全国各地都在积极探索与实践。

红河州作为云南省农村综合改革试点，以"美丽家园"建设作为全面深化农村综合改革的主攻方向，走出了一条农村经济社会协调发展的新路子。

一、建设背景

红河哈尼族彝族自治州（简称红河州）位于云南省东南部，具有山区多、民族多、贫困人口多、边境线长等特征。山区面积占全州面积的85%，农村人口占全州总人口的78.4%，除汉族外，境内还居住有哈尼族、彝族、回族、苗族、傣族等11个世居民族，少数民族人口占58%，是我国西部典型的边疆民族地区。由于农业人口多且分散，农业生产大部分集中在山区、半山区，土地零散难以精耕细作，加之受基础设施建设滞后、经济条件薄弱等客观条件的影响，红河州城乡差距依然明显，"三农"问题较为突出。特殊的地理位置和现实州情决定了红河必须要加快经济社会自我发展的转型升级。面对这样的关键选择期，在深入调研、统一思想、形成共识的基础上，启动和实施了"宜居红河·美丽家园"建设行动计划，从改善与农民群众切身利益息息相关的农村人居环境入手，通过在下辖各县（市）推动农村"美丽家园"建设为统领的综合配套改革，着力转变农民传统生产、生活方式，以此带动提升农业生产经营基础条件，促进农民增收致富和农村发展。

二、建设内容

实施"做特民居"建设工程，全面推进房村镇城建设、改造和提升工程，在全州农村建成51.6万户以上实用、坚固、经济、美观的"特色民居"。实施"做美村庄"建设工程，按照"道路硬化、街道亮化、沟渠净化、环境绿化、村庄美化"的要求，围绕打造"生态村、特色村、文明村、和谐村、宜居村、小康村"为目标，实施村庄基础设施建设、自然生态保护、环境卫生整治、村庄绿化美化净化亮化等重点工程，构建舒适的农村生态宜居体系。实施"做优集镇"建设工程，围绕打造"生态集镇、特色集镇、旅游集镇、魅力古镇、宜居集镇、宜赏集镇"目标，建成140个生态文明、传承历史、延续文脉、特色鲜明的集镇。实施"做强城市"建设工程，以建设"滇南中心城市、特色城市、中心县城"三个城市体系为重点，把城市作为县域经济发展的平台和突破口，着力打造风貌各异、特色鲜明的滇南城市群落。在全州建成"房美、村美、镇美、城美"的红河美丽家园。

三、主要做法

红河州农村综合改革以"美丽家园"建设为载体，激发政府引导、农民主体、产业支撑的内生动力，聚合一切有利于推进农村综合改革发展的力量，加强与统筹城乡发展相融合，强化与州、县、乡、村四级党建工作相融合，以项目支撑产业发展，有力促进了农村经济、政治、文化、社会与生态文明建设"五位一体"协调发展。其改革路径既坚持了"宜居红河·美丽家园"的建设原则和总体要求，又凸显了全面改善人居环境的特色，勾画出了红河州解决"三农"问题的运行轨迹，形成了自身建设和发展的"X+5"模式。"X"表示具有地区特色和优势的资源，这些资源可以是特色农业产业化，可以是具有开发乡村旅游潜质的自然生态环境、丰裕的土地资源，或是浓郁的民族文化等优势产业；"5"表示"主体培育、组织引领、文化塑造、城乡一体、环境改善"，即在项目支撑产业发展的促进和带动下，构建"培育新型农业经营主体、创新基层党建工作机制、坚持文化塑造群众'美丽心灵'、推进公共服务城乡一体化、提升农村人居环境质量"与"美丽家园"行动计划的融合发展机制。

（一）因地制宜，坚持走项目支撑产业发展之路

红河州各地深度挖掘自身产业优势、生态优势和民族特色，找准产业支撑点，通过引进和开发项目推动产业发展，为"美丽家园"建设提供持久的经济保障。具体做法是对全州"美丽家园"建设进行整体策划，根据各地产业优势将项目打包，与上级部门的项目做好对接。州级层面向中央、省申报建设项目，县级层面则向省、州争取专项建设项目，形成上下联动、内外合作的项目建设运行机制。同时，加大招商引资力度，实行村级集体经济或农民以土地作价与企业联合组建农业产业股份有限公司，吸引社会各界积极参与"美丽家园"建设。譬如，在开远市龙溪村，其"美丽家园"建设突出生态发展主题，整合土地、水利、乡村旅游开发项目资金，规划建设生态旅游小镇发展乡村旅游，融合发展一、三产业，统筹发展其他各项事业，初步形成乡村旅游综合体的发展格局。

（二）加快土地流转，坚持走培育新型农业经营主体之路

红河州积极推进农业产业现代化，大力发展高原特色农业，促进农业持续增效。一是加快土地流转，提高土地利用率。通过引导群众按照依法、自愿、有偿原则，将农村富余土地进行规划整理，建设现代农业示范园区，推进优势产业向园区集中，提高土地利用率和农业综合生产能力。二是探索"七向"主体培育模式。即探索土地向新型经营主体集中，基础设施向新型经营主体配套，项目资金向新型经营主体汇聚，金融支持向新型经营主体倾斜，信息向新型经营主体传输，人才向新型经营主体流动，科技服务向新型经营主体覆盖的"七向"主体培育模式。三是创新农村经济合作机制，推行"政府＋龙头企业＋合作社＋基地＋农户"模式。通过政府引导、龙头企业带动、合作社支撑、基地示范、农户参与，稳定农户生产环节收益，探索农户参与农产品加工、流通环节利润分配机制，大幅度提高农民资产性收入和工资性收入。

（三）加强农村基层党组织建设，坚持走村民自治
　　　　与民主管理之路

农村基层党组织将党内民主和人民民主有效结合，保证基层党组织的政治核心作用落到实处，通过建立一系列制度和机制，把民主管理和民主决策始终贯穿于乡村治理全过程。在民主参与的渠道上，借助村民代表会议、村民大会、基层党员会议，加强公共事务的管理。一是选齐配强村委班子人员，将文化程度高、致富能力强的村民推选到村委班子。二是加强政治理论学习，坚持"三会一课"制度，认真组织学习党的基本知识、党在农村的方针政策、法律法规、农业科技等，提高党员群众的综合素质与致富能力。三是加强思想作风建设，坚持把群众利益放在首位，村里的大小事务和大小开支均严格按照审批制度落实，实行有效的监督。四是做好党员发展工作。坚

持把责任心强、有知识、有能力、有一定经济头脑、有一定科技知识、懂经营管理的知识青年充实到党员队伍中来，全面提高党员队伍的整体素质。

（四）强化农村精神文明建设，坚持走"美丽家园"与"美丽心灵"融合发展之路

"美丽家园"建设不仅是改善农村人居环境的重要抓手，更是塑造农村群众"美丽心灵"的重要途径。与建设秀美村庄同步开展的精神文明建设，提高了群众对社会主义核心价值体系的认同感。一是以改造民居为依托，解决农村群众的后顾之忧。通过对民居、公共服务基础设施的重建和改造提升，实现了"住有所居"、"病有所医"、"老有所养"，让农村群众感受到社会主义的温暖。二是以传统文化为依托，提升农村群众的幸福感。利用"村中幢幢房、村中堵堵墙"上书写的做人道理和村规民约，发挥农村传统文化独特的教育功能，加强农村社会管理，切实提升农村群众幸福感。三是以创建精神文明村为依托，塑造农村群众"美丽心灵"。组建老年人协会、农村文艺队，设立图书阅览室、党员活动室，满足农村群众的文化需求；建设墙体文化长廊，宣传党风廉政知识；建立居家养老服务中心，在农村营造养老敬老的良好氛围。

（五）推进农村社区化改革，坚持走城乡一体化发展之路

一是深化农村户籍制度改革，落实农村土地承包经营权、农村宅基地使用权、林权制度改革政策、农村集体资产产权"四个不变"，鼓励农民转户入城，在教育、低保、计划生育及住房保障方面实现与城市人口平等享受。二是建立农村社区党组织体系、农村社区居民自治组织体系、农村社区新型经济管理体系、农村社区协会组织体系"四大管理体系"，为居民全方位提供公共服务。三是引入城市社区管理和服务模式，提高农村公共服务能力。

将城市的所有社区服务功能引入农村，把公共职能、经济职能、自治职能分开，政府、市场、居民各负其责，突破以往城乡间基本公共服务不均、城乡居民权利不等、城乡管理模式不同等一系列阻碍统筹城乡发展的制度瓶颈，彻底激活农村经济社会快速发展的内在动力，不断完善、丰富、提高对农村的服务能力和水平。

（六）全面改善农村人居环境，坚持走生态文明建设之路

针对直接影响群众生产生活的突出问题，开展城乡人居环境综合整治工程，完善农村水电路网等基础设施建设和改造，初步实现了村庄道路畅通，农村饮水安全，公共服务设施基本齐全，城乡环境卫生和面貌明显好转。一是加强农村自然生态保护，建立高效持续、良性循环的生态农业系统，做好农村饮用水源地保护工作。二是加强农村污染治理，在全州农村组织开展以农村生活垃圾、污水治理，土壤污染防治，农村工业污染、畜禽养殖污染整治工程。三是强化农村环境的监测、监管、监督执法能力，加强农村环境建设。四是开展生态示范创建工程，引导和推动一批具有较好社会基础、较强经济实力、较优生态环境的乡镇、村庄率先达到生态乡镇、生态村建设标准，提升农村生产与生活环境质量。

四、主要成效

红河州在下辖13个县（市）选取了165个村庄作为"美丽家园"建设示范点。经过一年的实践，示范村各项改革有序推进，在农村人居环境、农业产业发展、基层组织引领、农村社会治理、基本公共服务等方面取得了"一改善三转变五提升"的阶段性成效。

（一）农村人居环境明显改善

一是按照"政府主导规划、农民乐意接受、农村发展可持续"的基本要求，稳妥推进危旧房建设改造提升，提高农村住房保障水平。二是推进公共基础设施建设，逐步缩小城乡差距。对农村水、电、路网进行全面改造提升，科学规划村级信息服务站、卫生所、居家养老服务中心、村民文化娱乐活动室，促进城乡公共资源均等化。三是开展农村环境卫生综合整治，通过开展"清洁家园行动"和改厨、改厕、改圈的"三改行动"，全面改善农村群众的居住环境。

（二）促进三大转变

一是促进传统农业向现代农业发展方式转变。抓住土地流转和培育新型农业经营主体两个关键，建立土地流转服务中心，吸引农业经营大户或专业合作社租用土地规模种植，积极稳妥推进家庭经营、集体经营、合作经营、企业经营等共同发展的农业经营方式。二是促进农村管理体制向居民社区管理体制转变。推进以集体经济改为股份制或合作制经济、村民委员会改为居民委员会、农民改为市民、农民宅基地置换城镇保障性住房为主要内容的"三改一换"工作。三是促进基层党委政府职能与干部作风转变。充分发挥基层党委政府为主导、农民为主体合力共建模式，形成有领导班子、有目标任务、有工作责任、有考核标准、有监督管理的"五有"工作机制，为"美丽家园"建设提供了有力的组织保障。全面推行"阳光工程"，落实行政问责制、服务承诺制、首问责任制和限时办结制，确保"美丽家园"行动计划有序、快速、高效、廉洁推进，进一步促进了基层干部作风转变。

（三）实现五大提升

一是农民收入水平提升。通过引进和整合农业项目支撑产业发展，着力培植示范村产业，保障农村经济持续增长。以开远市龙溪村为例，其依托农业产业股份有限公司大力发展乡村旅游，带动了农业产业的延伸与拓展，农业产出值不断增加，农民收入稳定提升。二是基层党组织引领作用提升。基层党组织在"美丽家园"建设行动中充分发挥先锋模范作用，带头贯彻落实各级党委政府的决策部署，带头对危旧房拆除重建或改造提升，带头学习政策法规和农业科技文化，引领农民参与建设。严格实行"一事一议"制度，对群众关心的问题及时解决协调，在实际工作中不断提高民主管理和村民自治水平，切实加强基层民主政治建设。三是农村社会治理水平提升。村庄社会治理主要依靠完善的村规民约引导和管理，示范村建设内容之一是进一步加强农村文化建设，提升村民思想素质。包括通过制定村级组织学习和会议制度、家庭及村卫生评比制度，加强村庄公共管理；通过开展墙壁文化，重点宣传社会主义核心价值观、十富赞歌、十穷戒词、文明修养等文化建设创新农村社会治理。四是农村基本公共服务水平提升。在农村义务教育、医疗保障、居家养老方面改造、新建标准化中小学、幼儿园、卫生室及养老服务中心。五是村民思想素质水平提升。坚持用文化塑造农民"美丽心灵"，在"美丽家园"建设实践中培育社会主义核心价值观。引导农民主动学习科学文化知识，提高生产经营管理能力，提升爱国爱乡爱家的思想道德素质，激发村民参与建设的积极性和主动性，突出农民主体地位，发挥农民群众巨大的发展潜力和创造力。

五、案例分析

红河州"美丽家园"建设的主要经验是"围绕一条主线，依托一个载体，推进五项改革"。

一是主线清楚，目标明确。"美丽家园"行动计划目的是通过改善人民生活质量，提高生活品质，优化生活环境，把更多的公共资源向农村倾斜、向农村延伸，让广大农村、广大农民获得更加均衡、更加优良的公共服务，共享改革发展的成果。

二是载体恰当，内容多元。红河州以建设红河"美丽家园"为载体，通过解决好老百姓的居住问题来实现"以房惠民"、"以房带产"、"以房聚财"、"以房扩需"、"以房促变"。整合项目、资金和人力，联动推进城镇化、城乡一体化和农业现代化进程，促进城乡经济、政治、文化、社会、生态文明建设多元化改革与发展。

三是机制融合，保障有力。为顺利推进"美丽家园"建设行动计划，红河州出台一系列配套政策，在政策法规、体制机制、规划设计、标准规范、技术推广、资金投入和产业支撑等细节提供有力保障。以村庄建设为基础，坚持农民自愿原则，激发农民主动参与"美丽家园"建设的动力；制定州、县级机关与村庄的结对挂钩帮扶制度，形成党委领导、政府主导、农民主体、部门协作、企业参与的工作机制；整合扶贫开发和农业现代化建设项目，以项目建设带动产业发展，统筹资金投入，对不同地区不同类型的规划给予不同的资金支持；加强金融服务，鼓励银行、信用社等金融部门向农民降息放贷，支持"美丽家园"建设；加大考核评价与督查力度，细化量化"美丽家园"建设指标体系，将其列入年度机关工作目标考核，实施考核激励机制，保证建设的时序与质量。

六、案例启示

（一）"美丽家园"建设的根本目的是促进农村自身发展

在农村广泛开展"美丽家园"建设不可能一蹴而就，面临的困难主要有建设资金短缺，技术指导不够，村级集体经济活力不足等。面对这项长期而系统的工程，只有坚持"突出主体、科学规划、因地制宜、深化改革、统筹兼顾"的建设原则，强调农民主体地位，通过产业发展带动建设，推动城乡规划、产业布局、基础设施、公共服务、社会管理、劳动就业的城乡一体化发展与改革，才能在"美丽家园"行动计划中，创造和发挥出最佳的建设效果，从而促进农村自身发展。

（二）以乡村经营理念建设"美丽家园"是农村发展的持久动力

在我国大部分农村，经营活动局限在初级农产品的输出上，农村经营范围狭窄，农业生产功能和资源优势没有得到充分开发。实际上，大部分农村具有发展第二、三产业的外部条件和潜力，但由于缺乏经营乡村的意识和能力，使得农村许多资源条件没有得到很好利用。树立乡村经营理念，积极探索乡村经营模式，成立股份制公司、农业专业合作社，通过"政府＋合作组织＋农户、政府＋公司＋农户、公司＋协会＋农户"等多种途径，对土地和农业产业进行规模化经营，释放了农村优势资源的最大产能，从而保证农村发展的可持续性。

（三）"美丽家园"建设的最终目标是深化农村综合改革

红河州围绕深化农村综合改革的目标，实施农村生产要素改革，培育新型农业经营主体，创新土地流转模式，依托优势产业壮大集体经济，稳定增加农民收入；实施农村金融体制改革，支持创建农业产业股份制公司，发展现代农业；实施农村社区化改革，促进城乡一体化发展，真正实现农村的繁荣。随着一系列改革措施的深入推进，红河州将着力扭转经济发展滞后、社会保障不足、生态文明建设意识不强的不利局面。从出台的一系列改革方案和配套政策文件以及今后的发展来看，红河州"美丽家园"行动计划在深化农村综合改革方面进行了超前实践，具有前瞻性，其战略意义为我国西部民族地区实现农村可持续发展提供了鲜活样本。

思考题

---

1. 面对西部民族地区财政现状，如何通过建设"美丽家园"深化农村综合改革，解决农村贫困面貌具有哪些优势？

2. 红河州对农村综合改革的路径选择？

三、社会管理篇

中国梦从这里启航

——合肥市蜀山区先进文明社区建设案例研究

（安徽省合肥市行政学院　陶晓娟　洪爱华　尹　俊　汪　敏）

一、案例背景

社区是社会的基本构成单元，社区建设是构建和谐社会的基础所在。随着社会治理创新的不断推进，社区日益成为各项创新工作的立足点和着眼点，也逐渐成为社会生活的支撑点和各种利益矛盾的交汇点。近年来，合肥市蜀山区不断巩固和扩大首批全国和谐社区建设示范城区创建成果，站在新的起点上纵深推进社区建设，取得了明显成效，居民幸福指数进一步提高，和谐稳定的社会局面进一步巩固。本案例研究组通过深入走访合肥市蜀山区家家景园社区，向居民发放问卷，采访社区负责人，参与社区活动等，深切感受到文明社区建设对人民群众的居住环境和生活的改善。

（一）合肥市蜀山区的基本情况

蜀山区是安徽省会合肥市的四大中心城区之一，位于城市西南部，是合肥市委、市政府所在地。区辖 8 个街道、3 个镇、一个省级开发区，共有 61 个社区、30 个村。国家级合肥经济技术开发区、高新技术开发区和市政务文化新区位于区内。区划总面积 457.8 平方公里，总人口 96 万人。近年来蜀山区荣获了全国和谐社区建设示范城区、全国计划生育优质服务先进区、全国普法工作先进区、全国老龄工作先进区和全国社区残疾人工作示范区等国家级桂冠。

（二）合肥市蜀山区为建设先进文明社区改革的动因

1. 进行街居体制改革的动因

近年来，随着经济的快速发展和社会的加快转型，作为城市建设管理的基础和"细胞"的街道、社区，承担的任务越来越重，固有的体制机制和管理模式越来越不适应新形势、新任务的要求，主要表现在：

一是街道、社区职能错位。之前街道机构设置小而全，每个街道机构设置都在 15 个左右，机构臃肿、职能交叉、协调不畅、缺乏合力。社居委承担着过多的行政管理事务，大大小小 100 多项。二是人员编制"既超又缺"。一方面人员总数偏多，特别是自聘人员过多，人浮于事；另一方面，精于管理、敢于创新的高素质人才偏少，存在着"有的人无事干、有的事无人干"的现象。三是运行机制存在着严重弊端。用人"终身制"，人员入口不严，出口不畅，缺乏竞争择优和淘汰机制；岗位"固化制"，一个干部往往多年在一个岗位，既得不到多岗位锻炼，又难有长久的激情与创新，缺乏动力和活力；分配"身份制"，往往同一个岗位，由于身份的区别，报酬差距很大，同工不同酬，报酬、保障缺乏绩效挂钩机制。

2. 推行网格化管理的动因

街居体制改革后，由于人员分流，大量的行政事务落实到社区，社区自身人手有限，工作中难以实现横向到边、纵向到底的全覆盖化管理；人员职责交叉，有的甚至"身兼数职"，难以确保服务的及时性和有效性；信息共享机制尚未形成，为民服务的主动性、贴近度、精细度不高。所以又在社区推行网格化管理。

3.深化和创新社会治理的动因

社区实行"议行分设"后，社区工作行政化的倾向日趋凸显，社区居民自治工作不完善，用行政代替服务的现象普遍存在，社区职能常出现"错位"、"缺位"、"越位"等现象。在网格化管理同时也显现出很多不相适应的问题，出现了许多制约网格化管理工作的瓶颈。为进一步增强自治功能，推进网格化管理工作，结合社会治理创新试点又进一步深化和完善了改革。

二、主要做法

（一）大胆改革街居管理体制，努力激发基层一线新活力

一是街道机构设置实行规范统一。探索实行职能有机统一的大科室体制，打破上下机构设置对应模式，大幅度精简街道内设机构，由 15 个左右规范统一设置为 6 个，内设机构领导职数由 30 个左右精简到 12 个。二是社区机构实行"议行分设"。打破"议行合一"体制，组建社区工作站。明确社区党组织、社居委和社区工作站的关系：社区党组织是党在社区全部工作和战斗力的基础，是社区各类组织和各项工作的领导核心；社居委是居民自我管理、自我教育、自我服务、自我监督的基层群众性组织，是社区居民自治的组织者、推动者和实践者，接受社区党组织的领导和街道办事处的指导，承担"议"的职责，代表社区居民讨论、研究和审议社区事务，监督社区工作站工作，履行自治职能，更直接地服务群众。社区工作站是街道办事处的派出机构，接受社区党组织的领导和社居委的监督评议，承担"行"的职责，作为街道办事处在社区的工作平台，承担社区的行政性事务。在深化和完善街居管理体制改革基础上加大推进基层社会服务平台建设，构建社区管理新体制。通过在琥珀、西园试点街道成立街道级社会工作服务中心和社

区级社会工作服务站等社区服务类社会组织的"两委两站"模式基础上，在全区各镇街园和社区推广该模式。全区各镇街园和社区已全部成立社会工作服务中心（站），构建出"社区党组织领导、社区居委会议事、社区工作站做事、社工服务站服务"的社区管理新模式。同时为适应新时期对城市基层党组织建设的要求，积极探索党建模式，带动社区管理。以家家景园社区为例，针对社区党员数量不断增加、构成日益多样化，但党员作用缺乏有效发挥平台等状况，社区党委从党员年龄、文化、职业等特点出发，将党支部建在小区、企业，党小组建在楼栋，划分成 4 个党支部，8 个党小组，成立 4 个非公企业党支部，形成了纵向到底的"三级核心网络"。此外，聘请党委兼职委员，并和其单位签订共驻共建协议，发挥单位行业特点开展活动，发挥社区党组织的主导推动作用。

（二）全面推行和深化网格化管理，努力探索社区服务管理新模式

刚引入网格化管理时，蜀山区按照"任务相当、方便管理、界定清晰"的要求，将全区 50 个社区、7 个村划分为 619 个网格，每个网格确定一名网格长，由社区工作站工作人员、4050 人员兼任，实行一岗多责、一专多能。但由于网格长工作职责过于繁杂，有些项目政策性极强，且绝大多数网格长本身工作任务较重，投入网格的精力得不到保障，因此，这种网格化管理偏于理想化，不易操作。后期在深化和完善街居管理体制改革中，对网格化管理作了重大调整：一是重新划分了网格。按照相邻相近、便于管理服务的原则，以驻地单位、居民小区、商业街面、商务楼宇等为单位，将社区划分成若干个片区，作为基本网格。每个社区网格数控制在 20 个左右。这样划分，平均每个社区网格数量增加了近一倍，更细、更科学、更利于服务管理。二是建立了多元化的网格长队伍。通过民主推荐、公开推选程序，从生活居住在本网格内的居民小组长、楼栋长或居民小区业主委员会、物业公司、驻地单位物业部门负责人等人员中确定网格长。网格长对本网格情况熟

悉，具备做群众工作的经验，同时，有热情有威信，利于调解纠纷，化解矛盾，维护稳定。三是重新规定了网格长职责。实行"专人专格专责"，网格长主要负责网格内基本户况信息的采集和动态情况的收集、网格内简单问题的协调和处置、协助社居委和社区工作站开展相关工作。四是健全责任考核机制，完善奖惩考核制度。网格长的选定、日常管理和考核由社居委负责，实行日常考核与年终考核相结合，社区工作站与社居委评议相结合，考核结果报社区党组织，作为奖惩及辞退、续聘的依据。五是确定了网格长待遇。网格长全部由辖区居民担（兼）任，区财政给予工作津贴每人每月400元。目前全区划分998个网格。仅网格长工作津贴区财政每年支出近400万元。调整之后的网格化管理，网格长职责较为单一，经常走家串户，与居民群众没有距离、没有隔阂、联系紧密，使居民增加了认同感，容易形成与社区的良好互动，保证了各类信息的鲜活性和准确性。以家家景园社区为例，该社区根据社区所辖范围、居住人口、治安状况、工作难易、基础好坏等情况，确定了三级网络、四片责任区和31个小网格的党员群众服务体系，每位工作人员认领400余户的网格"责任田"摸民情、解困难、交朋友，并耗资2万余元在辖区375个楼栋口安装网格责任公示牌，网格责任人、社区民警和党员楼栋长的照片、手机号，社区民警、党员、志愿者、楼栋长等纳入网格管理团队，形成"一人负责、多人协同"的工作格局。同时"一栋一册"、"一户一卡"的登记方式，使社区准确掌握各类民生信息、治安信息、特殊人群、就业信息等重点需求信息，形成一份完整规范的第一手民情资料。

（三）积极探索社居委建设，强化基层社会管理基础

一是加强社居委班子建设。社居委成员由专职委员和非专职委员两部分组成。专职委员实行坐班制。非专职社居委成员由本社区内党政机关、企事业单位在职或退休党员干部、群团组织负责人、社会知名人士、社区群众担任。二是明确社居委成员待遇。专职社居委成员与社区工作站工作人员享受同等待遇，实行工资制。非专职社居委成员，不拿固定工资，给予一定的误

工补贴。三是完善社居委工作规范。依法组织居民开展自治活动，召集社区居民会议，推行居务公开。社区一般性自治事务由社居委会议研究决定；对涉及本社区经济社会和居民切身利益的重大事项，由社居委召集和主持社区居民代表会议讨论、决定。开展各类服务活动，组织居民积极参与社会治安综合治理、群防群治，调解纠纷，及时向街道办事处和社区工作站反映社区居民的意见、要求和提出建议。协助社区工作站开展工作，推动政府社会管理和公共服务覆盖到全社区。四是履行社居委监督职能。组织社区居民有序参与涉及切身利益的社区重大事项评议活动，定期组织开展对社区工作站及其工作人员工作、驻地单位参与社区建设情况进行民主监督评议。五是理顺社居委与社区内其他社会组织的关系。政府对所属社区自治事务的工作，由社居委以及社区内其他行业组织、协会组织首先协调处理。社居委指导、监督小区业主委员会和物业服务企业，定期召开由社居委、社区工作站、业主委员会、物业服务企业等参加的协调会。组织、引导社区内各类公益性组织建设，加强与驻地单位的联系，拓展社区服务的平台和载体，进一步提升服务群众的能力和水平。切实增强社居委组织居民开展自治、协助基层政府及其他派出机关开展工作，提升社会管理、提供公共服务的能力，维护社区居民的合法权益。在小区治理问题上，蜀山区五里墩街道家家景园社区根据自身实际，积极探索，整合社会资源，创新工作载体。家家景园社区是一个以纯物业小区为主的新建社区，辖区内共有住宅小区 13 个，分别入驻了 9 家物业公司，但是由于业主和物业之间缺乏沟通，经常会接到业主对物业的投诉。为了协调物管与业主之间的纠纷，社区发挥党建引领作用，探索物业管理新形式，物业党建联建。一是成立物业管理联合党支部。首先从物业公司党员抓起，组建了由居民党员、物业公司党员、社区干部党员组成的物业管理联合党支部。这个党支部除了和社区其他党支部一样开展各式各样的活动外，还担负有协调物业公司和居民之间矛盾的职能。二是创立省内首个物业联席会。由社区党委牵头，业主委员会代表、物业公司代表、居民代表、片警、社区、律师、区住建局物业科工作人员等共同参与成立物业联席会议通过在物管会议上的及时沟通与协调，社区与物业公司共为居民解决各类物业问题和纠纷，收到了很好的服务与管理效果，提升了小区管理和服务水平，探索出一条民主自治的新路径。

社区党委在缓和业主与物业之间关系的同时，同步促进业主与业主之间的邻里关系，在党委副书记负责的"责任田"中试点建立"e 家楼友会"，甄选出每个楼栋的党员代表成立"楼栋自治议事会"，每月组织开展一次楼栋文娱活动，年终评选标杆楼栋，这不仅可以增进邻里间的感情，同时也可以寻找到一批支持社区建设的热心居民，以此带动其他楼栋居民走出家门融入社区，打造自己居住小区的文化特色。

三、主要成效

蜀山区通过以上改革和完善，不仅优化了工作流程、理顺了运行机制、提升了社区服务水平、提高了居民满意度，社区居民的自治和民主与法制建设也取得了突破性的进展，文明社区建设也站在了新的起点。

(一) 社区管理运行机制逐渐科学

通过街居体制改革，建立健全了区委、区政府统一领导，民政部门牵头，相关部门配合，社会各界广泛参与的社区建设工作运行新机制，使管理更严密、机制更科学、服务更周密，实现了人员向一线倾斜，责任在一线明确，问题在一线解决，实绩从一线检验。

(二) 社区民主政治建设日趋健全

社区工作程序日趋规范，居民参与社区建设的意识不断增强。比如在旧城旧村改造过程中，充分尊重群众意愿，帮助群众算好环境账、经济账、安全账、和谐账，吸收群众全程参与，小区改造是整治还是征迁，由居民民主票决，怎么征迁、如何管理也由居民主导，政府变身为协调员，变"领导"为"指导"，为居民自治拆迁、自治管理提供服务、政策等方面的支撑。逐步探索形成了"群众自治"搬迁模式，受到《人民日报》等中央媒体的广泛关注。

通过以上工作，一是走出了以社区为主体的城市基层管理新路。一批较高素质人才充实到社区工作者队伍，社区工作经费纳入区级财政，真正做到有能人干事、有经费干事、有权力干事，初步实现"小事不出社区、大事不出街道"的目标。二是形成了科学规范的社区工作运行机制。社区党组织、居委会、工作站、社会工作服务站"四驾马车"架构合理、运行顺畅、协同并进。社区党组织的核心统筹作用得到加强，为辖区单位党组织和党员参与社区事务提供了平台；社居委的自治职能逐渐回归，从体制上保证了有人员、有时间、有精力组织开展居民自治事务，真正成为群众的"头"。三是构建了特色鲜明的社区管理体系。选聘网格责任人都是群众威信较高、熟悉社区情况、热心社区公益事务的居民，使社区在居民中有了很好的依托；网格责任人"分田到户"，各管一块，有效避免了遇事互相推诿扯皮现象；以社区网格为基础，建立了区、街、居一体的舆情汇集应对机制，许多隐患苗头得以及时发现并解决，筑牢了"保平安、促和谐"的第一道防线。

同时，蜀山区创新思路，深入开展"培育社会组织体系"和"加强社工、义工队伍建设"工作，培育社区服务组织特色品牌。一是培育社区"枢纽型"社会组织。如从福彩公益金中拨付经费用于支持全市首个社区社会组织联合会——琥珀潭社区社会组织联合会，发挥其"枢纽型"社会组织作用，孵化培育社区社会组织，开展社区为民服务。试点单位西园街道作为全省首家街道级社会工作协会，打造了一批社区服务的特色项目品牌，如"小树苗学堂"为辖区困难家庭子女进行学习辅导成效明显，"黄梅戏团"走进各社区露天广场演出受到群众喜爱等。二是加大政府购买服务力度，引入专业社会组织，完善"社工＋义工"联动机制，实施服务项目。区财政投入 1000 余万元在各镇街园（社区）社会工作服务中心（站）设置社工岗位，通过购买专业社工机构的职业社工来开展项目策划和资源统筹工作，运用社会工作理念和方法来开展社工服务，实现全区社会工作管理和服务人才全覆盖。立足基层社工服务的热点、重点与难点，通过引入职业社工和培养专业社工在社区居家养老、儿童青少年、人口计生、社区服务等领域进行探索，突出特色，凝练服务品牌，实现项目化运作。各街道、社区也根据自身实际，积极打造特色品牌。例如家家景园社区90%的老人生活"不差钱"，身体较健康，但很多人从单位退休后交际圈小、和人交流少。为了能让这部分人员克服社交障碍发挥余热，社区成立家年华文化活动中心，采取"先发展、后规范，先备案、后登记，部门联动、分类指导"的办法，牵头成立随风逸太极队、家家景园艺术团等10余支文体类的社会组织。现在，每月开展的文化活动吸引了越来越多的居民，有些队员主动成为社区的网格长、楼栋联络员，将快乐、活力辐射到小区楼栋里，不少居民结合自己的职业特色也当起了居民的志愿者。

四、分析与启示

1. 以人为本，尊重民意，是文明社区建设的关键所在

要牢固树立以人为本、执政为民的理念，始终把增进民生福祉作为社区建设的出发点和落脚点，工作中注意问政于民、问计于民，努力做到重民意、解民忧、顺民心，从而得到了群众的信任和支持。

2. 试点先行，典型引路，是文明社区建设的重要途径

试点经验的总结推广，先进典型的示范引导，有力地推动了全区社区标准化、特色化建设，带动社区建设水平整体提升。形成社区、社会组织和社工"三社联动"。

3. 勇于进取，开拓创新，是文明社区建设的持久动力

在文明社区建设的各个方面都注重吃透上情，掌握下情，敢于创新，努力寻找破解难题、推动工作的好途径、好办法。一系列改革创新举措的实施，充分激发了工作活力，为社区建设注入强大动力。

社区是我们生于斯、长于斯、死于斯的生命家园。社区建设则是一项极

富挑战性，为民办事实、办好事的民心系统工程，是社会转型时期解决社会问题最重要的社会层面。社区作为国家的细胞，承载着实现中国梦的重任。小家能够达到小康水平，国家才能稳步实现小康。社区是小家与国家的纽带，只有建设好社区，每个社区都能和谐发展，中国梦才能真正实现！

思考题

---

1. 如何拓宽社区服务的渠道，完善社区服务价值体系？

2. 如何充分挖掘和调动社区居民对社区建设的积极性、主动性并引导社区居民树立正确的社会主义核心价值观？

公众参与：社会治理的重要基石

——江苏省南通市崇川区"邻里自理"的调研报告

（中共江苏省南通市委党校　戚小倩）

社会治理，重点在基层，关键靠群众。不断扩大公众参与是加强和创新社会治理的重要基石。江苏省南通市崇川区坚持将引导群众与依靠群众有机地对接起来，扩大公众参与，积极探索"邻里自理"模式，充分让群众实现自我管理、自我服务、自我教育、自我监督，取得了明显成效。

一、"邻里自理"的背景

近年来，南通市崇川区在社会建设的实践中不断"探索—总结—再探索"，全力服务群众。为了让群众在家门口就能享受到公共服务，崇川区在全国率先创建社区公共服务平台，将政府的公共服务职能延伸至社区；为了切实联系服务群众，崇川区探索开展"百千万连心行动"，组织全区党代表、人大代表、政协委员、机关干部挂钩联系百个社区、千家企业、万名群众，要求每个干部都有明确的"连心"对象、每个家庭都有明确的"连心"干部；为了满足居民群众多元化的服务需求，崇川区探索推进千家社团建设，以

"千家社团服务万家居民"的理念服务群众，取得了卓著的成效。

但是，与发展需要相比，仍存在许多不适应。一是新形势下人民群众的服务需求日益多元。随着改革开放的深化，越来越多的困难群体、特殊群体汇聚到社区，越来越多的居民生产生活需求集中到社区，与人民群众日益增长的服务需求相比，社区服务不优、不足、不均等问题仍然比较突出。二是由于社区管理和服务中人权、事权、费权不统一而造成的矛盾日益突出，社区服务资源又极度短缺，难以满足群众不断发展的民生需求。三是由于群众主体作用发挥不足，使社区从源头上及时发现、预防和消除各种不稳定因素的工作受到制约。这些问题如不及时加以解决，势必影响社区的生机与活力，影响和谐社区建设的发展步伐。

在这样的背景下，认真总结实践经验，探索建立适应新形势发展，具有时代特征、多元参与的常态化、精细化、高效化的现代社会治理模式，已日益凸显其必要性。

二、"邻里自理"的崇川探索

构建邻里组织体系。崇川区在不断扩大群众有序参与的同时，积极探索公众参与社会治理的现实途径，在社区居委会以下，以居民小组为基础，以网格化为依托，以打通服务群众最后 500 米为目标，组建基础治理单元——邻里，推行"邻里自理"。按照"地域相近、楼幢相连、资源相通"原则，以 3—10 个楼幢、300 户左右为单位设置邻里，构建区—街道—社区—邻里四级组织架构。按照把党组织建在邻里上的要求，在邻里普遍建立了党支部，邻里党支部书记和支部委员由党员大会选举产生。根据党员数量和楼幢分布情况，优化完善党小组设置，同步明确党员中心户，努力构建"社区党委—邻里党支部—楼幢党小组—党员中心户"的组织体系。同时，在邻里成立"邻里和谐促进会"。"邻里和谐促进会"理事长、理事由居民选举产生，基本形成"一心一会三组力量九大员"（即：邻里党支部、邻里和谐促进会，以及共管、专业、志愿三组服务力量，信息、保洁、保安、调解、巡防、宣传、评议、秩序、帮扶九类服务人员）组织体系。街道、社区还为每个邻里配备1名专职社工担任干事，履行"服务、信息、自治"三项基本职能。服务职能主要包括代理服务和志愿服务，主要提供就业社保、民政福利、卫生计生等社会事务、生活服务代理，大力开展环保、睦邻、慈善、敬老、爱幼、创文等志愿服务；信息职能主要包括日常居民服务型信息及邻里公共性信息的采集和反馈，自治职能主要通过召开邻里评议会、邻里议事会、居民代表大会，制定落实邻里公约、开展评议公共服务、协商公共事务、推选居民代表等居民自治活动。这一引导群众与依靠群众有机对接起来的"邻里自理"模式，大大激发了居民群众的参与热情。居民群众的广泛参与已经成为崇川区社会治理的基础力量。全区107个社区，已建邻里组织901个。灵活高效、贴近需求的组织体系，使信息传递更加顺畅，民意落实更加高效，纠纷化解更加及时。

倡导基层群众自理。基层群众自理的主要形式是建立居民议事会制度，最大限度地集中民智、激活民力、凝聚民心。曾经由于信息输送不及时，小事变成了大事，小矛盾变成了大问题，有的还变成了上访户。而有了理事长、干事、社工、理事、楼长、楼道长，一有事，楼道长或楼长马上反映到理事长，一般来说，理事长出面，群众总要给理事长一个面子，低头不见抬头见，一般问题都能解决，不能马上解决的问题，理事长马上反映到社区。而社区总是在第一时间积极地去帮助理事长协调解决问题。邻里自理与社区工作相互统一形成了良性循环。同时每个邻里在居民较集中、最方便的地方设立"居民议事厅"，确保居民"议事"有地方；居民"议"的事，不管大事小事，都要记录在案，能当场解决的当场解决，不能当场解决的说明原因。通过召开居民议事会、居民代表大会、邻里评议会，自主解决邻里事情，做到"小事不出邻里"。为强化居民议事会制度，开展了三项民主实践活动，即以居民会议、议事协商、民主听证为主要形式的民主决策实践；以自我教育、自我服务、自我管理为主要目的的民主自理实践；以邻务公开、民主评议为主要内容的民主监督实践，推进"邻里自理"的制度化、规范化、程序化。

推进服务力量下沉。着眼于服务居民、强化基层、促进"邻里自理"，崇川区着力将全区服务力量下沉到邻里。一是要求全区公职人员、党员干部到居住地邻里报到，亮身份、亮承诺，认领服务岗；二是分批次派驻机关干部到邻里，轮流担任一段时间的社工，协助做好进门入户、信息采集、代理代办等服务事项；三是将城管、规划、建设、工商、卫生等专业力量下移到邻里。初步形成了"人员下沉在邻里，事务办结在邻里"的新格局。同时推进全区服务资源下移，把服务资源更多地交给邻里。建立稳定规范的邻里工作经费保障机制，为全面构建邻里服务体系提供保障，以满足群众日益增多的服务需求。一般而言，一个社区有 10 个左右的邻里，一个邻里至少有 10 个以上的骨干群众(理事长、干事、社工、辅工，以及理事、楼长、楼道长；邻里党支部书记、楼幢党小组长、党员中心户)，这样，一个邻里将有 10 人以上的骨干群众在联系服务群众。通过把工作力量充实到邻里，把工作平台搭建到邻里，把基础保障落实到邻里，真正做到有人管事、有钱办事、有场所议事、有能力干事，形成了组织与群众、政府与社会共治共管的新格局。

三、"邻里自理"的积极成效

经过实践与探索，崇川区的"邻里自理"模式取得了令人欣喜的成效。

促进了社会治理主体转变，即从单元管理向多元共治转变。具有自下而上、多向互动为特点的"邻里自理"模式，更加注重构建多元参与、多方受益、各方幸福的邻里生活共同体。通过培育互相关爱、彼此理解的邻里关系，营造"有交往就有邻里、有参与就有幸福"的邻里氛围；通过建立难有所帮、需有所应的邻里关系，增强邻里人群的凝聚力、向心力，营造共享幸福生活、共同承担邻里义务的氛围；通过推进群众自我教育、自我管理、自我服务，真正让居民群众爱在邻里，服务在邻里。崇川区"邻里"已成为最小的基础单元服务大社会，成为联结政府与百姓的便捷纽带。

促进了社会治理重点的转变，即从侧重事后处理向更加重源头治理转变。生活中，私占小区绿地、噪声扰民、争抢车位、宠物惹事、乱丢垃圾、违章搭建等，成了引发邻里矛盾的常见问题。""邻里自理"使问题在第一时间发现、隐患在第一时间排除，实现了矛盾及时化解。由于邻里理事长有较高的群众基础，基本上做到"当天问题、当天矛盾当天解决、当天化解"。"邻里自理"有力地促进了社会融合，百姓的矛盾纠纷、居民的生活诉求、邻里的大小事情，多在邻里收集、协调和解决。现在，居民群众对"邻里自理"的关注度、参与度和满意度不断提高。

促进了社会治理手段的转变，即从侧重党政作用向更加重视党政主导、社会共同治理转变。通过强化各级党委政府在社会治理中发挥主导作用的同时，全面实施引导广大居民群众积极参与社会治理，完善公共治理机制，形成有效的治理合力，初步形成党政主导、社会共同治理的邻里自理新格局；通过强化群众自理，动员广大居民群众积极参与社会各项事务，切实保障居民的知情权、决策权、监督权和管理基层公共事务、公共事业的权利，在邻里利益的协调、矛盾的化解、服务的提供、环境的维护等方面开展了卓有成效的工作，促进了居民的参与互动，激发了居民的个人责任感，增强了邻里居民的联系和凝聚力，在解决邻里问题方面具有政府和市场不可替代的作用。

四、"邻里自理"的分析与启示

"邻里自理"为扩大公众有序参与提供了有效途径。我们必须顺应形势发展，最广泛地动员和组织广大群众积极投身社会治理，在各个层次、各个领域支持和推动公众实现自我管理、自我服务、自我教育、自我监督。崇川区探索建立起来的"邻里自理"模式的亮点在于：坚定不移地动员和依靠人民群众，充分调动人民群众的积极性、主动性、创造性，充分发挥他们的主体作用，使基层社会治理建立在坚实的群众基础之上，实现政府治理与群众自我管理的有效衔接和良性互动。

"邻里自理"是社会自我运行机制的重要创新。加强和创新社会治理，迫切需要创新社会自我运行机制和健全一套及时有效处理和化解社会矛盾的机制，实现基层社会的良性运行。崇川区的"邻里自理"模式，形成了以公众参与为导向的社会自理机制，使得化解社会矛盾的主要方法从诉讼、信访、调解变成了群众自我化解。这一深刻变化，推动了诸多社会治理理念和方法的变革。用群众自我化解的理念化解社会矛盾，促进了社会治理从刚性向柔性转变；把党的思想政治工作、群众工作与社会工作紧密结合，有效整合社会资源，实现社会矛盾纠纷常态化解，促进了社会治理从一元转向多元，在政府与社会之间构筑一道矛盾纠纷的"缓冲带"和"减压阀"，为变化中的社会发展提供支撑。

　　"邻里自理"赋予社会服务以新的时代内涵。群众是社会服务的分享者、受益者，也是参与者、推动者。崇川区"邻里自理"的创新之处就在于：把服务过程变成了居民群众的参与过程。在"邻里自理"的实践中社区居民不再是被服务、等服务的消极对象，而是服务的积极参与者、服务的提供者、服务的主体力量。通过邻里自理，群众的主动性和积极性得到了释放、不同利益诉求的声音得到了表达，这种参与过程的相互交流增进了理解，融洽了邻里关系，形成了社会包容的良好氛围。同时，参与服务的过程也是参与治理的过程，借助各种形式的自助、互助和志愿行动，培育起了基层社会的自律、自治、自我教育和自我管理的能力。从"参与服务"到"参与治理"，不仅确保了社会安定有序，而且进一步激发了社会活力。

　　"邻里自理"体现了基层民主建设的基本要求。邻里的事，群众说了算，引导群众用民主协商的办法管理好身边事，这是"邻里自理"模式的一个显著特点。以居民会客厅、邻里议事点、居民议事园为阵地而建立起来居民议事会制度，有效促进邻里更加注重通过平等交流、民主协商来解决社会事务，推动邻里自理方式民主化。通过探索实践，不断丰富民主形式，健全民情恳谈、听证会、邻里评议等对话机制，推进邻里议事协商制度化。议事协商、民主协商在社会事务中的具体运用，有利于各方面诉求充分表达，通过协商达成共识，有效促进不同人群的深度融合，这不仅以群众积极参与为主体的基层民主进一步扩大，而且有力地夯实了基层社会的民主基础。

思考题

1."邻里自理"模式中的核心是什么？

2."邻里自理"的模式如何诠释基层社会治理的创新？

城市名片　公益先行

——深圳打造"志愿者之城"

（中国浦东干部学院　李　娜　章志刚　李亚娟　景　临）

改革开放 40 年来，伴随经济社会的腾飞，深圳的各类公益性社会组织得到蓬勃发展。深圳是全国志愿服务的发源地之一，自 1989 年以来，诞生了国内第一个法人志愿者组织、第一批国际志愿者、第一部地方性志愿服务法规、第一个"义工服务市长奖"、第一本青少年志愿服务教育读本、第一张证卡分设多功能电子义工证。深圳在全国首个系统性提出建设"志愿者之城"，推动志愿服务事业进入新的发展阶段。以志愿组织为代表的公益性社会组织已发展壮大为一支重要的第三方力量，成为深圳建设公民社会，促进社会和谐稳定的坚实基础。深圳义工"参与、互助、奉献、进步"的志愿服务精神也已经成为深圳城市精神的重要组成部分。

一、案例背景

从客观环境、内在动力和外在契机等 3 个方面分析，深圳志愿服务发展得益于其独特的城市禀赋和社会文化，而世界大运会等重大契机是"志愿者之城"建设的重要推动力。

(一) 城市禀赋提供了良好环境

一是经济基础。深圳是我国改革开放的"窗口"和"试验田",特区成立前30年GDP年均增长达25%,从一个边陲小镇成为国内经济总量第四大的城市,生产力发展水平和经济体制改革进程走在全国前列,为志愿服务的广泛开展提供了良好的经济环境。二是文化传承。深圳是一座典型的移民城市,五湖四海的文化在这里交汇、碰撞、融合,形成了开放包容的城市文化,这里既继承了中华民族优秀文化传统,又充满了各种全新的时代理念。中国悠久历史长河中蕴含的朴素的义工精神,与现代义工的助人理念和现代化的制度形式,在深圳有了融合的平台。三是地缘优势。深圳毗邻港澳,受国防志愿文化的影响较深。特别是积极学习借鉴香港地区的经验,于20世纪90年代就建立起社会化程度较高的志愿服务体系,并逐步建立了"社工+义工"联动、志愿服务组织法人化等工作机制。

(二) 经济社会转型创造了大量需求

改革开放以来,深圳经济和社会取得了飞速的发展与进步,与之相伴的是各种社会问题,带来了主体和客体两方面的强烈的志愿服务需求:一方面,经济和社会急剧转型带来的人们生活状况的变化、外来建设者在陌生环境中情感和物质的支持、社会服务力量的相对缺乏等问题,急需一支服务力量。另一方面,在市场经济大潮中,深圳人在相互竞争中对互爱的渴望、对互助的追求,比任何地方都显得更为迫切和强烈,"奉献爱"已经成为一种社会需求;同时,"先富带后富"的责任意识,也使深圳人格外热心社会公益事业。深圳人乐于助人、甘于奉献的特质成为志愿服务发展的精神基础。

（三）政府支持提供了有力保障

政府的支持与推动，是深圳志愿服务产生和发展的强力后援。政府推动由民间力量参与公共服务的思路，推动各类民间组织成为在政府和企业之外，服务公共职能的第三支重要力量。1987年1月1日起正式实施的《中华人民共和国民法通则》，列明了"社会团体法人"的法律地位，为第一个义工社团法人的诞生提供了法律基础。深圳义工诞生后，深圳市、区政府在国内率先探索了"政府委托代理"、"政府购买服务"的方式，在人员编制、财政经费等方面给予了大力支持，使之成为政府公共职能的有效补充。在义工事业的发展中，深圳以法制和制度实现了义工事业的"可持续发展"，《深圳市义工服务条例》的通过、对献血和见义勇为的鼓励、市长亲自为优秀义工颁奖等举措，给予了义工激励，为义工解决了后顾之忧，让义工事业有了制度保证。

（四）重大活动带来了重要发展契机

1990年深圳市义工联的成立、1999年首次组织高交会志愿服务、2005年出台《深圳市义工服务条例》等重大事件，特别是2011年组织世界大学生运动会志愿服务，对深圳"志愿者之城"建设起到了重要的推动作用。一是带动了全民参与。127万赛会志愿者、城市志愿者和社会志愿者直接服务大运，20%左右的市民以参与社区治理、文明引导、绿色出行等多种方式践行志愿服务，演绎了志愿服务的全民总动员。大运会之前，深圳注册志愿者人数年均增长16%左右，2011年之后注册志愿者人数年均增长达64%。二是形成了社会风尚。"红马甲"、"向日葵"、"小青葱"在世界大运会"不一样的精彩"成为志愿服务的最佳展示，"参与、互助、奉献、进步"的深圳志愿精神、"来了就是深圳人、来了就做志愿者"等志愿口号深入人心。三是建立了服务终端。大运会后保留58个城市志愿服务U站作为服务市民的

"门店终端"，累计有 50 万人次的志愿者依托 U 站服务市民，成为"志愿者之城"建设的重要标识。

二、主要做法

"志愿者之城"建设工作得到深圳全市上下的支持和推动，逐步探索出具有深圳特色的志愿服务工作体系。

（一）加强宣传，全民参与，始终坚持社会化运作

建立组织化与社会化相结合的一套运作模式。一是组织化动员。市委市政府成立"志愿者之城"建设工作领导小组，形成强有力的志愿服务工作领导机制。各区、各行业、各系统联动，形成全市共建"志愿者之城"工作合力。二是社会化动员。参与群体社会化，全市注册志愿者中，非户籍人口占 59%，户籍占 41%；在校学生占 18%；政党机关和社会团体占 22.4%；企业员工占 26.6%；其他社会人士占 33%。资金保障社会化，注册成立深圳市志愿服务基金会，除由财政支持 500 万元启动资金外，面向社会募集原始资金超过 900 万元，用于资助和实施志愿服务项目。组织运作社会化，市义工联以社团方式运作，由社会人士担任理事会会长，以"直营"的方式推动直属的各志愿服务组发展，以"加盟"的方式吸纳团体会员单位，广泛联系社会各类公益性社会组织。

（二）加强立法，完善机制，始终坚持法制化服务

构建法规政策与配套措施相结合的一套制度体系。一是构建法制框架。

2005 年 7 月 1 日，《深圳市义工服务条例》颁布实施，从法理上进一步规范了志愿服务工作，推动深圳志愿服务迈上法制化发展轨道。市义工联作为全市志愿服务活动的统筹协调者，建立了理事会、监督委员会、道德委员会和法律顾问单位的社团法人治理结构。二是明确政策方向。《关于建设志愿者之城的意见》、《深圳市"志愿者之城"建设目标指引》出台，进一步明确了全市志愿服务的发展方向和路径。三是制定配套措施。各区、各高校出台建设"志愿者之区"、"志愿者之校"的文件，各行业、各系统制定志愿服务积分入户政策、市民文明行为促进条例、党员志愿服务"四化体系"建设、"公务员志愿者服务日"行动方案等，有效激发了志愿者的积极性。

（三）加强交流，促进合作，始终坚持国际化方向

深圳义工的诞生，建立在向香港地区和国际发达地区学习的基础上，其本身就是国际化和本土化结合的过程，是国际交流的成果。多年来，深圳义工联充分发挥窗口优势，通过加强国际交流，参与义工服务国际项目，积极学习国外先进的义工服务理念和经验。建立义工互访项目和交流机制，每年有近百批次，上千人次的互访团队参与国际交流。积极学习借鉴国际先进的志愿服务工作经验，探索理念与产品输出相结合的一种文化推广模式。一是弘扬志愿服务理念。"送人玫瑰，手有余香"的志愿服务理念入选深圳"十大观念"，"来了就是深圳人，来了就做志愿者"成为城市宣传的"流行语"，"有困难找义工，有时间做义工"成为深圳人熟悉的口号。二是推动志愿服务课程化。编制全国第一本《青少年志愿服务读本》，并在 16 所中小学开展志愿服务课程化试点，3 所高校开设志愿服务选修课程。28.6%的注册志愿者为 28 岁以下的青少年，每年暑期参与志愿服务的学生达到 10 万多人次。三是全媒体传播志愿文化。发布"志愿深圳"微信服务号，推出"志愿者之城"动漫、画册、手机报。在全市主要交通枢纽、公交车身及站台等设立 2000 多块志愿服务广告，志愿服务广告占全市公益广告数量的 3%。全市各级志愿者组织积极开通微博，"粉丝"数超过 120 万。聘请知名人士担任深圳志

愿者形象大使。

（四）找准需求，发展组织，始终坚持专业化发展

着力打造专业化与大众化相结合的项目库。一是专业化。针对市民的个性化需求，集中力量打造深圳志愿服务"U爱"品牌。在助残等重点领域，开展"U爱康行"青年志愿助残阳光行动。在环保、教育、应急、医疗等19个领域成立专业志愿服务组织，打造品牌项目，切实服务居家养老、法律援助、校外教育等个性化需求。二是大众化。依托深圳"智慧型"志愿服务信息平台、"志愿深圳"微信公众号，建立志愿服务项目库，实现志愿服务项目发布、推介、报名、签到、考勤的"无线"管理。自发布"志愿深圳"微信公众号服务平台以来，全市各级志愿者组织发布了数以千计的志愿服务项目，涵盖应急培训、教育培训、垃圾分类等多个服务领域。

（五）搭建平台，提升服务，始终坚持信息化建设

着力建设虚拟化与实体化相结合的工作平台。一是建设智慧型"志愿者之城"信息平台。在全国率先推出集管理与服务为一体、证卡分设多功能的电子义工证，"志愿深圳"手机应用、志愿服务PC端信息化平台、电子义工证、POS考勤终端机全部推广运行，"一库、多终端"的智慧型"志愿者之城"信息化体系已经形成，初步建立志愿者、志愿服务组织、市民的三方互动机制和供需对接机制。二是打造社区志愿服务实体阵地。《关于推动志愿服务社区化的意见》将志愿服务纳入社会建设和社区工作格局，依托社区服务中心建设社区志愿服务U站。全市建成了上百个社区U站，几十万社区志愿者以社区U站为主要阵地，开展社区矫正、社区平安、社区教育等常规服务和"菜单式"特色项目。

（六）党政重视，双工联动，探索培育、激励、监督相结合的管理体系

一是探索志愿服务培育机制。市总工会、团市委、市妇联分别牵头成立深圳市服务职工社会组织联合会、青年社会组织总部、妇女社会组织服务基地，团结、联系、吸纳186家同类社会组织参与志愿服务。福田、南山、龙华等区分别成立市高新科技园区青年志愿者孵化中心、少儿社会组织服务基地、志愿服务中心，为公益性社会组织注册、承接政府职能、参与志愿服务等提供支持。二是探索建立志愿者长效激励体系。政府激励方面，在全国首个推出"义工服务市长奖"，率先出台志愿服务积分入户政策。组织认证方面，全市形成志愿者组织认定"一星级到四星级"、"深圳市五星级志愿者"、"深圳市百名优秀志愿者"等多层次、广覆盖的志愿者荣誉认证体系。社会关爱方面，团市委联合中国银行、中国电信、深圳通公司等推出电子义工证，持证的志愿者免费获得实名制红马甲以及在市内参加服务期间的10万元保险。三是探索志愿服务评估监督机制。建立市、区义工联的直属服务组、团体会员工作制度，全市志愿服务逐步实现网上管理，接受公众评议。

三、主要成效及亮点

深圳建设"志愿者之城"取得显著成效，在培育城市精神、促进城市文明中发挥越来越重要的作用。

（一）志愿服务工作实现"六大创新突破"

一是创新志愿服务工作规划。制订"志愿者之城"建设目标指引，系统

性提出"志愿者之城"的目标体系，明确了全市志愿服务工作的"路线图"、"项目库"、"时间表"。二是创新志愿者保障长效机制。通过社会化运作的方式，为注册办理证件的志愿者提供公益、志愿服务、金融、保险、交通、医疗、旅游等9大领域的服务，系统性免费解决志愿者的证件、服装、保险等保障问题。三是创新推动志愿服务课程化。组织编写《志愿服务青少年读本》，并在中小学试点志愿服务课程化，推动高校开设志愿服务选修课程。四是创新志愿者队伍注册条件。在全国首次将注册志愿者的年龄"门槛"放宽到10周岁以上。五是创新志愿服务管理机制。建设智慧型"志愿者之城"信息平台，实现志愿服务全过程的信息化管理，改变了深圳志愿者"纸质凭证、手工登记"的历史。六是创新志愿文化推广模式。率先在志愿服务领域引入"全媒体"概念，通过发布"志愿深圳"微信公众号、设立公益广告、聘请志愿者形象大使、推出"志愿者之城"动漫等方式，全方位推广志愿服务文化。

（二）志愿文化"四个要素"深入融入城市精神

"参与、互助、奉献、进步"是深圳志愿文化的四个核心理念，随着"志愿者之城"建设的推进，已经成为深圳城市精神的重要内容。一是志愿服务成为市民"参与"社会治理的重要载体。上百个城市U站全年365天"不打烊"，吸引近400多万人次的市民参与志愿服务体验，28万人次的志愿者常年提供交通引导、文化宣传、应急帮扶等服务，在文明建设、诚信建设、禁毒宣传、旅游推广等多个领域发挥着重要作用。二是志愿服务成为居民"互助"的重要途径。全市575个志愿服务点遍布社区、医院、交通枢纽等人流密集区，社区U站常年开展社区矫正、社区教育、社区平安等7类志愿服务，"爱心银行"等居民互助平台吸引社区居民通过志愿服务参与社区建设，社区志愿者达35万人，约占全市志愿者的40%。三是"奉献"的志愿服务理念深入人心。深圳志愿者覆盖到10周岁以上的各年龄段，全市注册志愿者达95万人，占常住人口的比例超过8.5%，人均每年志愿服务时间达 42 小时，位居国内大中城市前列。四是志愿服务促进城市"进步"。青年是城市的未来，全市吸引近 27 万青年参与志愿服务，为城市建设发展贡献青春智慧和力量。志愿服务的社会功能逐步显现，累计 47 万人次的青年志愿者参与"文明创建 志愿争先"活动，在深圳创建全国文明城市中发挥重要作用；"深圳青年义工突击队"积极参与汶川抗震救灾，青年志愿者连续服务高交会、服务文博会，在全市重大活动中发挥重要的人力资源补充作用。

四、分析与启示

深圳的案例从历史与现实、经济与社会等多个维度展现了城市文化的发展脉络，耐人寻味、发人深思。通过分析可以发现，专业化、社区化、制度化、信息化、国际化是深圳打造"志愿者之城"的重要启示，也是其未来的发展方向。

（一）以专业化提升志愿服务"含金量"

随着经济社会的不断进步和志愿者工作的日益发展，细分服务对象、提高服务效率日渐成为志愿服务的必然要求。法律援助、社区医疗、留守儿童教育等新兴志愿服务项目对志愿者群体提出了较高的专业化要求。而志愿者受教育程度的提高、各类专注于不同领域的非政府组织出现则为志愿服务的专业化提供了现实可能。志愿服务专业化不仅有助于提升服务的精细化水平，也有助于拓宽志愿服务的内涵与深度、增强其参与社会治理的能力。

进一步提高专业化水平的具体启示包括：一是支持和发展专业志愿服务组织。推动降低法人志愿服务组织的注册门槛，进一步放宽注册资金、登记地点、会员人数等条件限制。二是鼓励专业人才加入志愿者队伍。鼓励各行业部门出台支持专业人才参与志愿服务的政策措施，引导社工、医生、教师、律师等成立专业志愿服务队伍，使拥有专业资质的志愿者在队伍中的比例进一步提升。三是加强志愿服务理论研究。参考北京、广州等地做法，探索建立志愿服务研究机构，组建志愿服务专家库，加强志愿服务的理论研究。四是推动志愿服务项目化管理。坚持需求导向、问题导向，从最关注、最热点的社会需求和问题出发，建立志愿服务项目库，通过"自下而上"、"自上而下"相结合的方式，建立储备一批、实施一批、转化一批的项目滚动管理机制。五是打造志愿服务品牌。拓展大运会志愿服务"U"品牌的内涵，打造深圳志愿服务"U爱"品牌，在扶残助残、文化娱乐、心理咨询、帮困助弱等领域，开展"U爱康行"、"U爱传声"、"U爱阳光"、"U爱包"等系列项目。进一步丰富城市U站、社区U站的服务内容，推广绿道U站试点，完善U站品牌连锁服务体系。

（二）以社区化实现"志愿服务就在身边"

大运会结束后，志愿服务的开展形式将从大型项目推进型逐步转为基层社区服务型。原因有三：一是社会化运行模式下，只有立足基层才能广泛动员社会力量，发掘志愿服务工作需求，使得志愿服务"找得着、靠得住"。二是随着城市规模的不断扩大，社区正日渐成为一个独立的治理单元，这为立足社区自身特点开展志愿服务工作提供了可能，如进城务工人员子女集中的社区可以开展相应的儿童关爱类活动，有利于提高志愿服务的针对性。三是随着志愿者数量的不断上升，就近开展志愿者服务不仅降低了志愿者的工作成本，也便于志愿服务的管理进行。

志愿服务社区化的启示：一是加强社区U站建设。在全市所有社区服务中心建设社区U站，纳入深圳社会建设"风景林"工程，将社区志愿服务纳入社区服务中心的评估范畴。开发"菜单式"的社区志愿服务项目，丰富不同类型社区U站的工作内容，提升社区U站的活力。二是开发社区志愿服务岗位。鼓励各行业部门在社区综合服务中心、社区党员活动室、社区图书室等开发设置志愿服务岗位，如社区日间照料、家庭调解、四点半学校等，便于志愿者居家或在工作单位就近参与志愿服务。三是发展社区志愿服务队伍。重点发展志愿服务的专职社工队伍，采取专职社工任社会服务项目经理的方式，推行"医务社工＋志愿者"、"环保社工＋志愿者"、"学校社工＋志愿者"等服务形式，加快构建"社工＋义工10分钟服务圈"。

（三）以制度化保障志愿服务常态化开展

对志愿服务工作来说，制度化的意义首先在于消除不同志愿者组织在注册、认证、服务时间记录上的差异，建立一个统一的志愿者管理服务体系，从而提高整个志愿服务工作的行动效率。同时，制度化也有利于更好发挥志愿者的主体作用，通过为志愿者提供制度化保障和专业化培训，有利于更好调动志愿者的积极性与创造力。最后，制度化有利于对各种先进经验与创新做法进行梳理总结，从而推动志愿服务工作长效化发展。

志愿服务制度化的具体启示包括：一是完善志愿者组织管理制度。建立志愿服务组织管理标准，对全市志愿服务组织实行标准化管理，探索建立退出机制。在推广电子义工证的基础上，进一步规范志愿者注册、培训、服务时间记录等相关制度。二是完善志愿者长效激励机制。在社区推广"爱心银行"，探索建立志愿服务积分通存通兑、延时使用机制。推动将参与志愿服务作为入党入团的基本要求和党团员教育管理的重要内容。推动《深圳经济特区文明行为促进条例》实施细则出台，将志愿服务纳入社会诚信体系、市民文明行为档案，探索以志愿服务折抵不文明行为的罚款处罚。三是完善志愿者培训制度。坚持志愿文化理念培训和专业服务知识培训相结合，加强医疗、法律、交通安全、社会救助等方面的专业技能培训，完善基础培训、专业技能培训、骨干领袖培训等多层次培训体系。

（四）以信息化推动服务机制创新

信息化是未来全国志愿者平台建设的重要组成部分。如今的青年人是名副其实的网络新媒体一代，这就要求志愿服务工作必须主动迎合青年的这一群体特征。信息化手段的运用一方面为志愿者的组织、动员、宣传提供了全新的机遇和视角，另一方面也为志愿服务项目的对接、运行、评估开辟了高速、便捷的通道。

具体来说，其启示包括：一是做好智慧型"志愿者之城"信息平台后期开发完善工作。结合深圳智慧城市建设，整合社会资源，继续完善以"一库——志愿服务数据库"、"多应用——服务项目PC端在线发布、POS智能机实时考勤、志愿服务地图动态更新"为核心内容的智慧型信息平台建设。二是建立信息化管理机制。全面推广电子义工证，完善全市统一的志愿服务信息平台和志愿者数据库，实现全市志愿者注册、招募、培训等的信息化管理，实现志愿服务项目发布、参与、绩效评估的信息化管理。三是完善供需对接机制。加快推动志愿服务数据的多终端应用，实现志愿服务项目的"无线发布"和"地图式"展现，实现志愿服务组织、志愿者和市民的有效对接。

（五）以国际化促进志愿服务交流合作

深圳市的志愿服务工作水平仍与世界发达国家相比还存在一定距离。同时，志愿者作为构建中国负责任大国形象的"民间大使"，在展现国民良好素质、巩固中国与受援国友谊等方面发挥着不可替代的作用。推动志愿服务国际化既可以丰富我国对外援助的内容和领域，又有助于培养一批具有国际视野、综合素养突出的优秀青年人才。

其具体启示包括：一是建设国际志愿者队伍。组建一批国际志愿者队伍，积极服务国际赛会展会、参与国际交流，参与举办"深圳周"等国际性活动，助力国际化城市建设。开展"市民讲外语"等活动，提高志愿者的外语水平。二是开展国际志愿服务项目。坚持"走出去",继续推动教育、文化、卫生、外事等部门,派遣志愿者参与国际志愿服务项目。坚持"引进来",推广福田、南山组建国际化城市志愿服务队等做法,引导境外志愿者组织有序参与深圳志愿服务。三是加强志愿文化国际推广。建立一套便于国际交流、符合深圳形象的志愿者形象识别系统,创作和推广一批符合国际主流、体现深圳特点的志愿服务主题文艺作品,增加反映志愿服务的公益广告、主题演出数量,促进深圳志愿精神的国际传播,增强志愿文化的社会渗透力和时尚影响力。

思考题

1. 在新的时代背景下,志愿者工作对推动社会治理现代化的意义体现在哪些方面?

2. 弘扬志愿服务精神对培育和践行社会主义核心价值观有何意义?

大连沙河口区"帮万家"架起治理畅通桥

（中共大连市沙河口区委党校、大连市委党校　高丽莉等）

一、案例背景

作为大连市核心城区，沙河口区在创新社会治理过程中既面临其他地区社会发展的共性问题，又面对特殊性挑战：一是人口密度大。全区面积48.32平方千米，常年居住人口超过100万，人口密度高达每平方千米2.06万人，公共服务需求涉及面广、数量大；二是区域发展不均衡。区内既有西安路商圈、星海湾金融商贸区，也有春柳、李家、马栏街道等发展相对滞后的老城区，不同辖区居民对公共服务和社会治理提出了不同的要求。如何改变社会服务中政府买单居民不买账的状况？如何满足多样化、异质性的社会需求？如何让改革开放的成果惠及全体人民，化解矛盾，凝聚发展共识，进而提升政府诚信度和公信力？为此，沙河口区开始了社会治理方式和体系的艰辛探索——"帮万家"服务体系的建立正是这一探索的阶段性成果。它以公平正义的价值观和为人民服务的宗旨为引领，以信息化建设为技术支撑，逐步整合行政、市场、社会三方资源，形成了政府推动力、市场运行力、社会参与力"三力合一"的新机制，开创了为民服务新模式，在社会治理体系创新、提升为民服务效率和水平等方面走出了新路子、取得了新成果。

二、主要做法

（一）核心理念

沙河口区"帮万家"服务体系，初创时只是黑石礁街道成立的一支便民服务队，初衷就是"民求我应，民困我帮"。后来经过多年的不懈推广、大力深化和不断升级，一个覆盖全区范围的公共服务平台逐步形成。在"知万家要准、帮万家要实、兴万家要真"的核心理念指导下，整个体系的运转模式实现了权力由向上集中到重心下移至社区的转变，在建设服务型政府的实践中，发挥居民多样需求在资源配置中的决定作用，由下而上建立服务体系、培育社会组织、发挥党员和基层党支部战斗堡垒作用，实现政府提供的公共服务与群众日益增长的物质文化需求的直线对接。

（二）组织架构

沙河口区"帮万家"服务体系以三级机构为依托，畅通需求解决渠道。三级机构分别是区帮万家服务中心、9个街道帮万家服务中心和89个社区帮万家服务站。

1.区帮万家服务中心。主要负责指导帮万家服务体系建设，各街道服务中心运行情况的监督和检查，管理应用系统的动态运行监控、各部门及服务企业的统计分析与服务考核、居民服务投诉受理等工作。

2.街道帮万家服务中心。主要负责落实"受理服务"与"主动服务"过程中产生的居民需求、扶持培育社会组织、组织志愿活动、处理投诉意见等工作。

3.社区帮万家服务站。主要负责整合社区内各方面力量进行社区治理和社区自治、落实帮万家网格化工作，开展"帮万家民情日记"活动、组织志愿活动、创建品牌活动。

在这一架构中，直接面向群众的街道和社区成为"帮万家"的主力军，各项服务工作的主体，帮万家服务热线"96685"话务员，便民服务队都建在街道。这种安排便于组织、服务、管理群众，利于把握群众的需求和愿望，整个服务体系运行起来也更加顺畅。

（三）服务内容

沙河口区"帮万家"服务体系以三个"帮万家"服务为核心，有效涵盖民生领域。

1."专业帮万家"。通过吸纳加盟服务企业、便民服务类社会组织、政府购买服务（帮万家便民服务队）为居民解决生活服务需求。主要涵盖家政服务、家庭维修、教育培训、餐饮服务等。

2."民生帮万家"。通过整合政府职能部门、人民团体、社会事务类社会组织、政府外包企业为居民解决办理行政事务的需求。主要涵盖矛盾调解、权益维护、创业就业、城建管理、卫生医疗、养老助残、困难救助等。

3."爱心帮万家"。针对公益慈善组织主动提供公益服务的愿望，通过设立政府专项扶持补贴资金，支持和发展志愿服务组织。发挥公益类社会组织、志愿者队伍、爱心企业、党员、人大代表、政协委员作用，为居民解决公益类需求。主要涵盖环境治理、文化健身、心理疏导、邻里互助、矛盾调解等。

（四）服务载体

社会有需求，政府有责任，企业要效益，三者矛盾如何求解，考验着基层社会治理创新的智慧。沙河口区"帮万家"服务体系通过搭建五大平台，以三个"帮万家"服务为重要支撑，使各方力量在社会治理中找准位置，各司其职。

1. 民意信息采集平台。"帮万家"服务体系中，居民的需求由"帮万家"民意信息采集平台从"万名党员进万家"、"政协委员进千家"、"帮万家民情日记"、"舆情信息监测系统"、"问需于民"问卷调查5种方式收集上来，再按服务需求进行分拨。

2. 群众诉求受理平台。该平台包括居民来电、来访、网站、微信、微博、家庭智能终端6种渠道受理辖区居民的诉求，并即时通过帮万家应用系统形成服务工单。

3. 便民生活服务平台。该平台将分散的居民生活服务资源进行整合分类，完善社区便民利民服务网络，吸纳辖区服务业加盟企业，成立帮万家服务业协会，发挥协会优势，形成行业自我约束、自我管理、自我发展的良性循环，实现居民不出家门就能享受到优质、方便、快捷的家庭生活服务。

4. 公共服务管理平台。该平台充分整合政府、社会、市场各方资源，开展"一口受理、全区通办"及"四统一"（统一服务受理号码、统一服务处理平台、统一信息共享平台、统一考核通报）创新工作模式，有效对接百姓服务需求，在辖区内形成及时处置、科学预测、矛盾排查、调处化解、有效防控和高效应急处置的公共服务、公共安全和矛盾调处的工作机制，为居民群众提供规范高效的服务。

5. 社区公益服务平台。该平台有效整合社会资源，将区内服务功能好、活动能力强和热心公益活动的社会组织及爱心人士纳入"帮万家"服务体系，创建12个"帮万家"爱心品牌，通过开展"爱心品牌"活动和"公益创投"活动，引导和规范社会力量参与社区服务工作。

三、主要成效

（一）大胆探索政府行政资源、市场资源和社会资源的有效整合，实现"三力合一"

首先，政府主要部门的服务职能逐步纳入"帮万家"服务体系，街道工作全部纳入体系，党代表、人大代表、政协委员、党外人士，以制度化的方式参与体系，确保民意充分表达，诉求渠道畅通。其次，充分发挥了市场资源和社会资源。"帮万家"服务功能覆盖52类185项与百姓生活息息相关的内容，基本涵盖从衣食住行到生老病死的各项服务内容。其中的"专业帮万家"和"爱心帮万家"重点发挥了市场资源和社会资源的作用。目前已有200多家合作企业，按照不同需求为辖区居民提供不同的服务。全区常年活跃着519个爱心服务组织，志愿者已达4万多人，他们也在为沙河口区老百姓的幸福生活用心奉献。

（二）改进机关作风，密切党群、干群关系

首先，系统的流程设计使群众的诉求进入系统之后，谁受理、办理、督查等环节都会形成清晰的"工作轨迹"，实现了进程和责任的绑定，有效地治理了推诿扯皮、浮庸散奢等问题，作风建设得到加强。其次，系统搭建了党和政府联系群众的新平台，诉求表达更顺畅。帮万家服务体系中的群众诉求受理平台，通过来电、来访、网站、微信、微博、家庭智能终端6种渠道，全面受理群众各类诉求。使群众既能够通过传统方式来找到"帮万家"，也可以利用新媒体、新技术来联系"帮万家"，实现了服务的全覆盖、零距离，使社会矛盾和问题得到及时、有效的表达和解决。再次，"帮万家"服务在接受

百姓诉求，提供服务的同时，变被动为主动，通过居民代表大会、民情恳谈、社区听证、社区论坛、社区评议等多种形式，依托服务平台、民情日记、舆情信息管理系统、社区服务站等多种途径，及时、深入、广泛地听民声、访民意、察民情，把问题发现在群众反映之前，把难处解决在群众闹心之前，增强了党群、干群的"鱼水情"。最后，在沙河口区的"帮万家"服务体系中，党委和政府的工作方式得到了进一步转变。群众利益成为考核评价的重要标尺，群众需求成为区委、区政府工作的重要导向，职能部门不再高高在上，党员干部不再坐在大楼里等事办，所有的单位和部门都在研究民生、服务群众，依靠做好每一件小事，成就社会管理向社会治理转型的历史性大事。

（三）领导、管理与服务三者的相互统一，加快政府职能转变

改进社会治理方式，要加强党委领导，发挥政府主导作用，鼓励和支持社会各方面参与，实现政府治理和社会自我调节、居民自治良性互动。沙河口区"帮万家"服务体系从流程的设计、机构的设置、信息化平台建设和管理、社会力量的动员和参与等多方面进行了大胆探索，使得相关部门、单位和组织的资源得到整合，与百姓诉求得到有效对接，克服了"政出多门而没人管"的乱象，开创了"一口受理，全区通办"的服务渠道，工作质量和效率得到提高。在这一过程中，三方共建共享社会治理新格局，市场能解决的让企业来做，社会组织能办到的让志愿者来办，政府只把该管的事务管好，加快推进了政府自身职能的转变。

（四）建立有效的预防排查机制，化解社会矛盾，维护社会稳定

"帮万家"服务体系在接受居民需求环节上，采取的是主动发现与受理

服务相结合的模式，其中民意信息采集平台就是起到主动发现问题及需求的作用。由基层网格员按照网格化管理区域，通过入户调查、走访巡查了解情况，记录"帮万家民情"日记，并将发现的问题及需求向服务体系反馈，通过相应平台予以解决。在网格员走访过程中，可及时发现矛盾苗头及安全隐患，实现治理环节从事后处置向源头治理和预防治理的端口前移。

四、分析与启示

（一）启示

1.帮万家是在区域治理中实现党的领导与人民当家作主的有机融合的较为成型的微观运行模式。"帮万家"服务体系之所以取得明显成效，主要是有各级党委政府高度重视。沙河口区为此累计已投入资金3000余万元，如果没有各级党委和政府的鼎力支持，体系不可能获得这么大的实效。反过来，服务体系的有效运作强化了党的领导，使党的领导落到了实处，让老百姓看得见、摸得到，密切了党群关系、促进了干部作风转变、加强了矛盾化解、推进了基层民主建设。

同时，人民群众通过体系的信息反馈和提供的服务，对区委区政府的工作思路和措施有了更深入了解；通过居民民主议事平台，实现了社区居民在社会治理中的自我管理、自我教育、自我服务。设立的党代表、人大代表、政协委员、党外人士的工作室，不仅使代表和委员直接了解社情民意，而且他们通过参与重要事件的处理，有效地发挥了参政议政作用。可以说，通过"帮万家"服务体系，使得党的领导与人民当家作主在为群众服务过程当中得到了有机的融合。

2.积极践行党的群众路线，宗旨意识彰显重大现实意义。沙河口区"帮万家"服务体系，着眼点是社会治理创新，出发点是以群众需求为导向，落脚点是践行党的群众路线。遵循"知万家要准、帮万家要实、兴万家要真"的核心理念，整个服务体系坚持真心服务群众，依靠群众，把人民群众当主人，把自己当公仆，始终摆正与人民群众的关系，加强与人民群众的血肉联系。帮万家服务体系彰显了在新的历史发展时期，党的基层组织积极践行"为人民服务"的宗旨，具有重大的现实意义。

3.实现物质文明建设和精神文明建设的紧密结合。沙河口区"帮万家"服务工作，一个最大的亮点，就是在关注老百姓的生活便利、生活琐事之外，更关注对人民群众的幸福感，人生价值等精神层面的教育、引导和建设。其中的"爱心帮万家"便是通过发动慈善机构、爱心组织、志愿者队伍，为辖区居民提供爱心公益服务。"帮助别人，快乐自己"正成为全区上下一种风气，这些爱心之举也向社会传递了源源不断的正能量。

（二）建议

沙河口区"帮万家"服务体系走过十多年的发展历程，目前体系已初步建立并取得了一定的成效，从长远发展着眼，提出几点建议：

1.加快"帮万家"服务体系制度化与法治化的进程。创新社会治理，除了党委领导、政府负责、社会协同、公众参与之外，法治保障也是重要的一环。体系的初见成效，得益于各级领导和全体辖区居民的大力支持。但目前的机制尚未上升为法治层面。如果没有制度化、法治化的保障，无论何种形式的创新社会治理，最后都有可能成为昙花一现。社会治理创新模式的成功，依赖于其能否常态坚持，依靠制度化，法治化的有力保障。所以如何把公共服务体系上升到法治的轨道中来，是摆在沙河口区党政干部面前的重大课题。

2.扩大宣传，增强服务的针对性、有效性。目前，还有相当一部分群众对"帮万家"服务体系认识或模糊不清或存在误区。下一步要重点宣传推介这套服务体系，把宣传做到细致入微，深入到群众生产生活中去，比如可以上网，可以上微信，可以上微博，可以打96685，可以到社区，可以到街道，政府能提供什么服务，能向社会提供怎样的产品，都应该让人民群众充分了解。

3.加大人才资源储备。随着未来"帮万家"服务体系的推进，服务项目越来越多，对于组织者和参与者的能力要求也越来越高，因而需要提早谋划，加强对人才的建设和培训，不断提高整个服务体系的人才储备，提高工作人员应对各种事务的能力。

4.与市级相关职能部门对接，寻找更宽更广的发展空间。过去"帮万家"只为沙河口区服务，未来"帮万家"要与更大的市场对接，比如甘井子区的企业需要"帮万家"的服务，那我们也可以提供相应的服务。再比如说和市里的民意网合作来借用社会资源，还可以和市级部门合作，借势发展，以此来推动区域社会治理这项事业的全面、协调、可持续发展。

沙河口区"帮万家"服务体系的创新实践，切实提高了党和地方政府的微观治理能力，提升了社区服务质量和服务效能，有效地解决了群众反映集中的现实问题和生活难题，为基层社会治理现代化模式研究提供了新鲜经验。但作为一个新生事物，其不可避免地还存在需要改进的地方。只要我们目标明确，意志坚定，在实践中不断总结完善，一定能走出一条开放性、包容性与可问责性相结合的现代化社会治理新路径。

思考题

1.基层政府如何实现服务与百姓需求的有效对接？

2.如何建立"帮万家"服务工作长效机制？

构建全模式管理体系
促进社会和谐稳定

——北京市朝阳区构建全模式社会服务管理体系实践

（中共北京市朝阳区委党校、案例研究组）

　　加强社会建设，是社会和谐稳定的重要保证。必须从维护最广大人民根本利益的高度，加快健全基本公共服务体系，加强和创新社会管理，推动社会主义和谐社会建设。加强社会建设的基本目标之一，是"健全基层公共服务和社会管理网络，建立确保社会既充满活力又和谐有序的体制机制"。这一重要论述为加强城乡社会服务管理创新指明了方向。

　　北京市在网格化社会服务管理方面进行了探索，成效显著。其中朝阳区构建的全模式社会服务管理体系，是其中的一项突出成果，影响广泛。所谓全模式社会服务管理，是指借助现代信息技术，通过政府与社区、单位、市民、院校、企业以及其他国内国际机构合作，形成的以空间的全覆盖、资源的全整合、业务的全集成和主体的全参与为特征的新型社会服务管理模式。朝阳区从数字化城市管理起步，经过数字化为民服务、数字化文明城区建设等阶段，逐步建立了全模式社会服务管理系统。这一系统自运行以来，内容不断丰富，机制不断创新，取得了多方面的成效，获得了居民的认可，为转型时期的城市社会管理和服务体系建设积累了可供借鉴的经验。

一、案例背景

朝阳区辖区面积470.8平方公里，实有人口423万(其中常住人口251万，流动人口172万)，是北京市面积最大、人口最多的城区，经济总量居北京市16区县之首。就城市硬件设施建设和经济发展速度看，朝阳区已达到或接近"世界城市"水平，但由于受传统管理理念的影响，城市社会服务管理存在责任落实不到位，手段落后，对责任主体监督不够等情况，社会服务管理水平距"世界城市"仍有相当差距。朝阳区借鉴东城区经验，[①] 开始建设网格化城市管理系统，并于2005年11月成立了"朝阳区城市管理监督指挥中心"(以下简称区监督指挥中心)，着手建设朝阳区网格化城市管理信息平台。这一时期的网格化城市管理主要监督街头小广告、无照游商、机动车乱停放、乱倒垃圾等通常意义上的"小城管"问题。后来，以全方位服务保障奥运为契机，朝阳区开始将城区"门前三包"责任单位与物业公司纳入网格化管理，后又逐步将消防安全、食品安全、人口管理、社会保障等纳入网格化管理系统。与此同时，又陆续将原有的工商、房管、市政等20多个部门的热线电话整合为统一的"96105"城市管理热线，并将其逐渐扩展为"96105为民服务平台"，纳入城市管理监督系统，构建了"大城管"格局。以争创全国文明城区为契机，朝阳区进一步把创建文明城区和精神文明建设纳入网格化管理系统，并在数字化城市管理系统的基础上，结合"全国文明城区测评体系"的要求，全面启动了社会信用评价体系建设。朝阳区在总结网格化城市管理工作的基础上，开始构建全模式社会服务管理系统。经过多年的发展，目前，这一系统的业务内容包括11大模块，共分为121大类、590小类、3537细类，基本上涵盖了社会服务管理领域的各项内容，这些内容均按照规定的流程进行科学管理，形成了一个全方位、设计严密的"全模式"管理体系。

---

① 2004年，北京市东城区开始探索建立网格化城市管理系统，取得了初步成效。2005年，国家建设部和北京市委市政府分别下发文件，在全国、全市推广东城区经验。

二、主要做法

（一）构建"卅"型治理结构

全模式社会服务管理体系由三大系统构成：专业化管理系统、监督指挥系统和社会协作系统。在此基础上，为避免传统社会服务管理中部门各自为政、沟通协调不畅的局面，朝阳区设置了城市管理监督指挥中心，独立于各部门之外，由区长直接负责，形成了"卅"型治理结构，强化了对部门权力的监督制约。

专业化管理系统，也称部门管理系统，包括"条条"和"块块"两种性质的机构，前者包括市级直属部门、区党委领导的相关机构、区政府各委办局、区属企事业单位以及 CBD 管委会、奥林匹克公园管委会、电子城管委会等，后者包括街道办事处和乡政府（地区办事处）。

监督指挥系统，也称网格化管理系统或数字化管理系统，是由区级和街道两个层次构成的"一级监督，两级指挥"管理系统。一级监督，即由区监督指挥中心负责对各类责任主体进行监督评价；两级指挥，是指对问题处置实行区、街（乡）两级指挥。此外，朝阳区综治维稳中心以及各行政部门的专业平台也作为指挥分中心而发挥作用。

社会协同系统，指政府与社会力量互联、互补、互动而形成的社会管理和公共服务网络。目前，参与协同治理的社会力量主要包括社区居委会、业主委员会、物业管理公司、社区企事业单位、公益性社会组织、各类市容环境维护主体以及居民个人。

在上述三大系统中，监督指挥系统是中枢机构，由区监督指挥中心（包括区监督中心和区指挥中心）、街（乡）指挥分中心和监督分队构成，担负监督、指挥和考评三大职能。区监督指挥中心下辖 35 个监督分队、1547 名监督员。监督员由区监督指挥中心统筹招募和管理，主要负责对各网格进行监督核查。与此同时，区监督指挥中心将社会服务管理领域划分为应急管理、城市管理、综治维稳、安全生产、社会事业、社会保障、社会服务、经济动态、法律司法、党建工作、网络社会 11 大模块，并围绕各大模块建立了人、地、物、事、组织全覆盖的数据库体系和相应的管理体制框架，建立了信息采集维护、任务协调处置和高位监督评价等工作机制，形成了指挥和监督双轴制衡的服务管理格局。

（二）建立无缝隙社会服务管理工作机制

全模式社会服务管理工作系统是一个闭环工作流程以区监督指挥中心为轴心，按照问题上报、案件受理核实、任务派遣、任务处置、反馈核查、监督评价等六个步骤来工作。每一个步骤的具体工作如下：

问题上报：通过网格监督员、社会公众（96105 热线、短信和微博）、电子探头等渠道来完成；

案件受理核实：区监督中心收到上报的问题信息后，对信息进行核查立案，移交至区指挥中心（若是街乡自行发现的问题，则由街乡指挥分中心直接受理并处置，若无法处置则上报至区级平台）；

任务派遣：区指挥中心根据职能划分和管理权限，将任务批转至责任单位(若属责任单位权限之外的问题或重大问题，则移交至区领导或市级平台)；

任务处置：责任单位收到派遣的任务后，根据内部科室职能分工，将案件派遣至相应部门，由各该部门在规定的时间按标准进行处置；

反馈核查：任务处理完成后，责任单位将处置情况反馈至区监督中心。监督中心派遣监督员到现场核实案件处理情况，并将核查结果传回监督中心；

监督评价：监督中心根据信息系统自动形成的数据资料，对各责任部门进行考核评价。

在全模式系统中，朝阳区整个区域被划分为 237 个监督网格和 8070 个技术网格。网格监督员是最基层的管理人员，由分队长率领，分驻在各个社区。监督员分为网格监督员和单位监督员两类，前者负责网格内公共地域的监督，如暴露垃圾、无照摊贩、小广告、道路指示牌等，后者负责单位内部的监督，如饭店内的消防设施、蔬菜农药残留，住宅区内的乱拉电线、楼道垃圾等等。网格监督员每天轮班在自己的"管片儿"巡查，确保发现问题即时上报。

全模式社会服务管理的另一种工作方式是通过公共服务平台（包括96105平台和在96105服务热线基础上建立的81890000区政府热线和微博），为公众提供投诉、咨询等服务。以电话投诉为例，通过区监督指挥中心座席员受理、通知网格监督员核实、提交责任单位处置、责任单位处理并反馈结果、座席员将结果反馈给投诉人五个环节来完成整个流程。如果投诉人对结果不满意，则启动二次处理流程；第二次处理不满意则启动调研流程，直至最终解决问题。

为了更好地为居民提供服务，区监督指挥中心还依托96105社区服务网，建立了"掌上朝阳"服务平台，以社区居民楼为单元，把居民楼周边的服务企业分类纳入系统，居民可以通过社区服务网，轻点鼠标，任意选择。该系统共纳入居民楼9015栋，单位楼19107栋，平房10748处，服务企业共123676家，分为20大类，253小类，483细类，大大方便了居民生活。

通过以上措施，全模式社会服务管理工作已形成了严密的责任确定和问题处置机制，建立了政府与社会、部门与部门、部门与街乡之间责任清晰、关系明确的协作治理格局。

（三）建立全方位社会服务管理监督机制

突出指挥和监督双轴制衡，是全模式系统的关键特点与核心功能。朝阳区目前的做法是：制定各项运行管理制度，明确了各级平台、各个网格、各个岗位的工作职责、工作流程和工作标准[①]，并把各项制度标准嵌入全模式

---

① 这些标准共分四类，包括立案结案标准、复查核查标准、处置流程标准、考核评价标准。其中已建立的立案结案标准共118大类，577小类，3537细类，共涉及法律法规396部，政策206部。这些标准均由43个街乡和32个职能部门共同参与制定，监督员、座席员按标准进行作业，系统自动生成评价结果。

系统，通过系统平台对各责任主体的工作数量和完成情况进行记录，实现对各网格、各岗位精确、科学的考核评价。与此同时，通过区级高位监督与多渠道社会监督，对社会服务管理的全过程进行监督、评价与考核，并将各项考评结果在朝阳区政府办公大楼的电子大屏幕上公布。电子大屏幕每天实时更新89家政府职能部门、43个街乡以及5万余家社会单位"门前三包"、应急管理、安全生产等监测数据，并按照得分高低进行排名，居民可以随时查看。同时，为了督促责任单位及时处理问题，已在43个街乡安装了大屏幕监测评价系统，在30个社区、23个行政村、物业小区设置了室外大屏幕，展示运行及评价情况。

区监督指挥中心全面负责社会服务管理监督评价工作，具体工作则由监督员负责执行。监督员不直接与街乡、社区发生联系，独立履行监督职能。监督分队的分队长和监督员实行定期交流制度，分队长每年轮换一次，交流分队；监督员每两个月在分队内部进行一次小交流，交换网格，每年与其他分队进行一次大交流，交换分队。具体交流方案由系统根据规则自动生成，由区监督指挥中心组织实施，以确保队伍廉洁。

对监督员的监督，也是整个监督机制的一个部分。区监督指挥中心制定了《监督员案件质量考核制度》、《案件质量考核实施细则》等，每月根据上报的案件数量和质量对监督员进行排名。同时，每月对每名监督员上报的案件进行质量抽查，对错报漏报案件的个人和分队分别进行处罚，这样既能解决漏报和不作为问题，也能有效防止可能发生的权利寻租问题。

除了区级高位监督外，全模式系统还通过社会力量对监督主体的工作进行再监督。具体地说，就是通过人大、政协，各级领导、各职能部门，街乡、社区（行政村），社会单位，媒体，公众等，对监督主体工作中存在的问题进行信息反馈或投诉。主要渠道包括政府热线、手机短信、社区服务网、系统平台、微博、信函、媒体等等。监督指挥中心各级领导、科室、分队及监督员必须按规定的标准接受社会监督，避免权力不作为或滥用职权。

三、主要成效

全模式社会服务管理系统经过多年的实践和发展，取得了以下几项突出成效：

一是形成了责任清晰、关系明确的社会服务管理格局。全模式系统通过明确责任主体、管理主体、执法主体各自的责任，实现了责任确定的无缝化，将以往相互分割的城市管理部门联为一体，最大限度地避免了重复、推诿现象，明显地提高了社会服务管理水平。

二是提高了社会服务管理的智能化水平。目前，全模式系统以十大综合数据库为依托，一方面通过信息管理系统对各类信息进行综合集成，另一方面通过"81890000"、"掌上朝阳"等平台为居民提供服务，社会服务管理的智能化水平明显提高。

三是提高了社会协作能力。在全模式系统中，各街乡注重发挥社会协作和社区自治作用，逐步改变了以前全部由街乡政府主管的方式，推动了政府职能的转变，促进了社会责任的回归。

四是能够迅速发现问题并在第一时间内解决。一些发生率较高的问题，如道路保洁问题，90%以上都得到了及时有效解决；一些长期未得到根治的难题也得到了解决，促进了市容市貌和城市秩序的改善，得到了居民的高度认可。

朝阳区在数字化城市管理系统的基础上，大胆进行管理机制变革和流程再造，建立了具有信息集成、动态监督、绩效评价和决策支持功能的社会服务管理系统，其理念和实践走在了全国的前列。朝阳区作为住建部数字化城市管理专家组的成员单位，也是智慧城市建设专家组的成员单位。全模式被住建部推选为全国推进数字化工作的范例，并获推荐前往天津、重庆、成都、南宁、昆明、石家庄等试点城市介绍经验，得到了广泛的认可。

四、分析与启示

全模式社会服务管理系统最突出的特点是"全"。通过建立科学的治理结构、无缝隙工作机制和全方位监督机制，实现了社会服务管理空间的全覆盖、资源的全整合、业务的全集成以及主体的全参与。全模式社会服务管理体系是转型时期城市社会管理和服务体系建设的一种有益探索，其管理理念、运行机制及经验对现代城市社会治理具有启发意义。

第一，进行有效的社会治理必须建立监督和管理相分离的机制。监管分离是管理学中组织设计的一项基本原则，目的是为了避免监督者与被监督者利益上趋于一体化，使监督职能名存实亡。在传统行政管理模式下，街道办事处和各委办局分别承担城市社会管理和服务职能，缺少专职的监督部门。由于信息不对称，这些主责机构即使行政不作为，也不容易被发现追责。全模式系统通过建立监管分离的工作机制和评价体系，明确了职能边界。监督指挥中心"掌舵"而不"划桨"，各街、乡、委办局和专业机构"划桨"而不"掌舵"，各司其职，无缝对接，可以最大限度地减少人为障碍。此外，依据系统平台积累的统计数据，全模式系统还对社会单位和相关个人进行信用评价，对于履行责任较好的社会单位和个人，政府给予表彰和奖励，对履行责任不力的社会单位和个人，则给予批评、教育和必要的处罚，促使社会单位和个人自觉承担社会责任。

第二，"大社会、小政府"是实现城市"善治"的基本途径。治理主体的多元性是"善治"的基本特点之一。"大社会、小政府"既是目前行政体制改革的目标，也是实现"善治"的一个重要手段。朝阳区面积大、人口多，单纯依靠政府力量提供完善细致的服务，其难度可想而知。全模式系统通过制度化流程，推进了"三个转变"，即社会服务管理主体由以政府职能部门、街乡为主逐步转变为以社区和社会单位为主；监督主体由以政府为主逐步转变为以社区为主；监督方式由以政府内部监督为主逐步转变为以社会公众监督为主。通过利益诱导、组织协调，促使社区组织、社会单位和个人参与社会服务，逐步建立社会管理和服务体系，是城市社会服务管理可持续发展的必由之路。

第三，"大管理、小执法"是城市社会治理的发展方向。以往的城市管理模式存在"重执法，轻管理"倾向，由此而引发了大量城管人员与执法对象之间的冲突和矛盾。而且，在政府转变职能、精简机构的大背景下，城市普遍存在执法力量不足的问题。全模式系统一方面通过建立独立的监督体系，在政府内部做到监督、管理、执法完全分离，逐步改变了传统的以执法代替管理、执法者既负责日常管理又负责执法的被动局面；另一方面确立了以监督员天天发现和上报问题为切入点的"六个天天"①管理流程，充分调动各类责任主体依法履行责任。由于街乡、社区加强了基础性管理，许多隐患通过日常管理工作得以消除，不再由政府部门通过执法手段来解决，既提高了行政效率，也提升了居民的满意度。

社会服务管理好不好，最终还是群众说了算。全模式根本上是要把社会管理与社会需求对接起来，用更加科学化、人性化的服务管理，不断提升群众的安全感、幸福感和满意度。朝阳区下一步社会服务管理工作的思路是：以促进各类责任主体落实法定责任为基本目标，以智能化为基本手段，以城市管理为重点，进一步整合各方面资源，形成合力，促进朝阳区社会服务管理水平不断提高。由此可以期待，朝阳区全模式社会服务管理体系将进一步得到健全，这对于朝阳区建立可持续、协调发展的城市经济社会运行模式将具有重要意义。

思考题

1. 朝阳区全模式社会服务管理体系有哪些值得借鉴的经验和做法？
2. 如何充分发挥"社会"的协同作用？

---

① "六个天天"是指产权主体和维护保洁责任主体天天维护，监督员天天监督，相关职能部门、街道办事处、社区天天管理，执法部门天天执法，系统平台对五类主体天天评价，区政府内网和外网及其他媒体天天公布。

以机制创新夯实农村基层
社会管理基础

——丽水市松阳县"民情地图"创新实践的案例分析

（中共浙江省丽水市委党校　赵剑红）

人均 GDP 达到 5000 多美元时，根据发达国家和地区的经验，这个阶段是各种矛盾的多发期。城市化进程中的社会矛盾，改革胶着期的期待与焦虑，各种因素交错影响，使我们面临许多新情况新问题，有些情况和问题的复杂程度甚至是以前没有遇到过的。社会结构发生了深刻的变化，利益格局进行着深刻的调整，思想观念呈现出多样化特征。新经济组织、新社会组织大量涌现，人口结构、家庭结构、就业结构、城乡结构、区域结构、阶层结构都发生着广泛而深刻的变化，人口的异地流动性持续增强。随着信息化的发展，互联网的普及，虚拟社会影响力不断扩大，这一切都给社会管理带来了新的挑战，提出了更高的要求，带来了加强和创新社会管理的"外在压力"。丽水市松阳县"民情地图"机制的探索和推行，正是面对现实社会需要，主动应对挑战的创新实践成果。

一、松阳县"民情地图"创新行动背景和路径

社情民意不明了，服务管理不到位，诉求渠道不畅通，矛盾化解不及

时。这是处于社会转型期的我国基层社会管理面临的困惑。地处浙南山区的松阳县是浙江6个最不发达县之一，一些乡镇山村地处偏僻，管理和服务不便。另外，一方面，部分干部工作作风飘浮、脱离群众、不深入调查研究、不掌握基层工作情况、不了解群众需求、不解决实际问题，执政方式难以适应群众日益增长的服务需求，成为当前基层社会管理存在的最大缺陷。而另一方面，松阳经济社会加快发展、县域开放不断深化，农村基层社会形态也发生了深刻变化，农村人口加快流动，外来人口大量涌入，土地、房屋征迁等利益纠纷增多，群众利益诉求多元化等新情况带来的社会矛盾纠纷、社会问题呈上升趋势，群众信访也呈上升趋势。在这样的背景下，松阳县进行了以"手绘民情地图"为载体的加强和创新农村基层社会管理的创新探索。

根据省委、市委关于建立"网格化管理、组团式服务"的有关要求和工作部署，松阳县委县政府不拘泥于一种模式，结合自身实际，因地制宜地创新工作方式方法，在推行"网格化管理、组团式服务"工作的基础上，在全县推行"手绘民情地图"、信息化动态管理制度，进一步健全和完善农村基层社会管理的长效机制。"手绘民情地图"揭开了丽水市松阳县基层社会管理和服务的创新一页。

二、"民情地图"主要做法

松阳县千名干部在走村串户、实地走访的基础上，绘制出联系村"民情地图"。20个乡镇的401个行政村完成了2406份。一套"民情地图"必须包括《村情民情图》、《产业发展图》、《组织体系图》、《重点人员图》、《结对帮扶图》、《防灾避险图》6张地图，每张地图各有侧重，组合起来则形成全面、直观、准确反映村情民情的综合体系。其中，《村情民情图》综合反映村庄地形地貌、村容村貌、乡情民情；《产业发展图》主要标注产业发展和农户从业情况；《组织体系图》主要标注村级组织和基层管理服务体系建设情况；《结对帮扶图》主要标注需要结对帮扶的各类农户情况；《重点人员图》

主要标注需要重点管理服务的人员情况；《防灾避险图》主要标注自然灾害隐患区域及避灾抢险线路等情况。尤其是《重点人员图》，不仅标注本村在外工作的知名人士、外出创业人员，同时详细标注流动人口，信访、计生、宗教重点对象，刑释解教人员，社区服刑人员，精神病人等情况。

　　"民情地图"更是动态的工作过程，它的绘制、维护和使用，实际就是排查矛盾、化解纠纷，体察民情、服务群众的过程。在绘制环节，坚持把"干部手绘、人人参与"作为制作"民情地图"的第一要求，县级领导带头，乡镇干部和网格服务团队成员人人参与，通过亲手绘制所联系负责村的6张"民情地图"，促使广大干部对村情民情进行再了解、再认识，对矛盾纠纷和不稳定因素进行再摸排、再梳理，使干部手绘地图的过程成为村情民意入心入脑、矛盾纠纷及时掌握的过程。

　　在维护环节，建立信息化网络平台、实行动态维护。全县401个行政村2406张"民情地图"统一录入松阳县"网格化管理、组团式服务"信息管理服务平台，广大干部随时可以登录平台，轻点鼠标就可以调出使用。同时，明确规定村情民情一旦发生变化，必须马上更新，促使广大干部及时掌握基层动态。在操作环节，狠抓"应知应会"能力的培养和考核。要求每位乡镇干部、网格服务团队成员必须掌握基层社会服务管理应知应会能力，做到"五知五会"，即"知社情民意、知班子建设、知经济状况、知工作重点、知村务政策，会排忧解难、会协调管理、会出谋划策、会督促落实、会指导服务"。专门建立应知应会能力考试平台，每个季度对乡镇干部、网格服务团队成员考查一次，重点考查运用"民情地图"开展群众工作、化解矛盾纠纷、加强服务管理的能力，考试方式一般是电脑随机抽取"民情地图"标注的部分农户，要求被考查者准确无误地说出农户基本情况、存在问题，提出帮助农户发展生产、加快增收和解决问题的对策建议，达到百分制的70分为合格，不合格的需进行补考，考试结果与乡镇目标责任制和乡镇干部、网格服务团队成员年度工作考核挂钩，促使广大干部真正沉入基层、走进农户，全面掌握社情民意，做好基层社会服务管理，及时排查化解矛盾纠纷。

三、"民情地图"制度实施的主要成效

（一）为做好新时期群众工作搭建了新桥梁

在基层社会管理服务体系与满足群众日益增长的多元化需求之间，架起了一座对接沟通的新桥梁，成了做好群众工作的长效之举。群众工作是中国共产党的传统优势，群众工作与社会工作密切相关，在特定意义上可以说，社会工作是党的群众工作的重要组成部分，是基础性、根本性工作。手绘"民情地图"机制使党员干部主动深入群众、深入基层，倾听群众呼声，了解群众所需，将党的声音和政府的管理服务延伸至社会最末梢，方便了群众、服务了群众，而群众也知晓了党委和政府的政策，理解了党委和政府的做法，进一步密切了党群干群关系，夯实了我们党执政的群众基础。

（二）为整合基层社会管理资源构建了新平台

因缺乏沟通协作而处于分散状态下的基层社会管理服务资源得到有机整合。这一机制有效地整合了县、部门、乡（镇）、村层面的组织资源，整合了县领导、各部门干部、乡镇干部、组团服务成员、村干部、党小组长、全体党员等主体资源，整合了培训教室、电教网络等各类党务资源。基层执政工作资源从条条为主向条块结合转变，提升了基层党委、政府的管理水平和执政能力。使参与主体更加多元，层次更加丰富，实现了农村基层社会管理服务的全方位覆盖。

（三）为提升基层社会管理和服务效能创制了新载体

手绘"民情地图"制度实施过程，全新的体制、机制使得基层社会治理的工作理念和工作重点，实现了"从管理为主向服务为主"的转变，基层干部的执政理念在一次次走访服务中，潜移默化地改变着。基层执政的工作格局从相对封闭向更为开放转变，基层执政的工作决策从经验为主向民主科学转变，基层执政的工作方式从粗放向精细转变。服务内涵得以丰富、服务品质得以提高、服务效能得以提升，为促进地方经济发展和社会和谐稳定提供了可靠的组织保证、奠定了坚实的群众基础。

（四）为有效化解社会矛盾促进社会稳定创造了新抓手

通过"民情地图"这个抓手，广大干部对基层情况的了解更加深入，哪里有矛盾、是什么矛盾、该怎么化解，哪里有问题、是什么问题、用什么方式解决，哪些农户需要服务、需要什么服务，等等，心里都有了一本明细账，社会管理服务的触角伸向了每一个村、每一个农户、每一个人。实现了群众工作由"被动管理"向"主动服务"的转变，着眼于为群众排忧解难，为群众干实事，党群干群关系得到改善，基层干部能力得到提高。促进了矛盾纠纷排查化解方式从"定期排查化解"向"即时掌控化解"、"事后处置"向"事前化解"的有效转变，实现了矛盾纠纷的源头控制和及时化解，有效促进了社会和谐稳定。

四、"民情地图"管理创新的经验启示

松阳县手绘"民情地图"管理机制的有益探索，不仅在具体工作层面成效明显，而且这一工作机制创新本身，也蕴含多方面的实践意义和经验启示。

（一）凸显了社会管理创新的时代价值

在现阶段经济、社会结构转型调整的矛盾高发期，社会的稳定和谐，不仅要靠恰当的公共政策作为支撑和保障，同时也需要适时有效的社会调适来加以实现。这就要求我们地方各级党委政府，在推动本地区经济发展的同时，要勇于面对社会生活中的重大结构变化、利益格局调整和社会矛盾冲突，加快更新头脑中的观念和认识，凸显社会管理创新的重要性和价值，自觉提高自身从事社会管理的能力和水平，强化政府在构建社会主义和谐社会中的公共服务职能。

"民情地图"管理机制的推行，向地方各级党委政府及相关职能部门、广大党员干部有效传递了社会管理创新的意义和价值。其在实际运作过程中，逐步促成了基层执政理念和执政方式的深刻转变。广大干部深入了解群众的生产和生活状况，确保群众反映的问题件件有回音、事事有落实，使乡镇干部、网格服务团成员真正成为社情民意调解员、矛盾纠纷化解员、政策法规宣传员、民主制度监督员、惠民便民服务员。科学执政体现在基层，就是要努力实现由过去的靠行政命令向注重服务转变，由僵化教条的工作模式向主动适应、及时跟进、超前谋划转变，由浮在上面抓宏观向深入基层分类指导转变，由注重一般化指导向注重以点带面、典型示范、整体推进转变，由重形式向重成效转变。就是要着眼于实际问题，切实解决人民群众关心的热点、难点问题，树立责任意识，提高服务群众的能力，转变干部工作作风，夯实党的执政基础。

（二）彰显了党的组织力整合社会管理资源促进社会稳定

党的基层组织遍布社会各个层面乃至每一个角落，作为中国各项事业的领导核心，党的组织客观上融入各级、各类社会组织中，"横向到边、纵向到底"是对党的组织设置的形象而真实的写照。相对于其他社会组织，党的组织系统对各种社会资源有较强的整合能力和便利条件，可以促进社会建设、社会管理的进步。无论从宏观层面来看，还是从微观层面来看，都是如此。党组织充分发挥服务社会、服务群众的作用，是中国共产党历来强调的党的宗旨和先进性的要求，也与社会管理的要求相吻合。在市场经济的背景下，党员社会身份复杂化，党员来自社会各个不同利益群体，有的直接处于各种不同的社会矛盾之中。党组织可以充分利用自己的组织力，使工作于不同岗位的广大党员干部在维系稳定方面起到带头作用。

（三）创新了农村基层社会管理工作的运行机制

一是建立了对群众诉求的快速反应机制。在6张"民情地图"的绘制环节，坚持"干部手绘、人人参与"，促使对村情民情进行再了解、再认识，对矛盾纠纷和不稳定因素进行再排摸、再梳理，使村情民意入心入脑、矛盾纠纷及时掌握。同时"民情地图"统一录入松阳县"网格化管理、组团式服务"信息管理服务平台，实行动态维护，明确规定村情民情一旦发生变化，必须马上更新，促使广大干部及时掌握基层动态。广大干部随时可以登录平台，轻点鼠标就可以调出使用。信息化手段的应用和基层工作流程的再造，使党委政府做到了对基层矛盾纠纷第一时间知情、第一时间解决，从而有效建立了应对群众诉求和社会矛盾纠纷的快速反应机制。

二是形成了党员干部经常受教育机制。手绘"民情地图"机制把服务阵地设在最前沿，把广大干部推到最一线的、最繁杂、艰苦的地方去担当责任，联系群众、服务群众，这将有助于提高他们落实政策的能力，应对突发事件的能力，调和各种矛盾的能力，提升个人素养。"应知应会能力考试平台"、"应知应会能力大比武"等载体设计，倒逼干部掌握社情民意，提高群众工作能力和水平。

三是健全完善督查考核机制。通过集中检查、暗访抽查等方式，加强督查指导，把握工作进度，发现问题解决问题，确保取得实效。每个季度对乡镇干部、网格服务团队成员考查考试一次，达到百分制的 70 分为合格，不合格的需进行补考，考试结果与乡镇目标责任制和乡镇干部、网格服务团队成员年度工作考核挂钩，切实增强党员干部服务基层的自觉性和主动性。促使广大干部真正沉入基层做好社会服务管理，及时排查化解矛盾纠纷。

思考题

1. 基层社会管理理念转变？

2. 新农村建设社区化管理及其运行机制？

3. 加强农村社会管理的现实路径？

4. 基层社会治理现代化？

坚持为民亲民爱民
构建新市民管理新模式

——无锡市广瑞新市民亲情理事会有效促进外来人口服务管理

（中共无锡市委党校　姚忠伟）

一、案例背景

无锡市崇安区广瑞路街道广瑞一村社区位于崇安区东北角的城乡接合部，由9个居民小区组成，现有住户4019户，居住人口9817人，其中新市民4613人，占社区总人口的46%以上。

改革开放以来，随着城市化进程的加速，我国出现了大量的城市外来人口。广瑞路街道广瑞一村位于无锡火车站地区，外来人口比较集中，老居民成分也比较复杂，历来是无锡一个难以管理的区域。大量的外来人口给政府管理工作带来了极大的挑战。同时，户籍制度造成了我国城乡二元经济结构的长期存在，而在城市化进程不断加速的过程中，这种原本为地域间的城乡二元结构逐步演变成城市中的外来人口与城市居民的二元分割，进一步表现为"二元社区"，外来人口难以融入，这给做好外来人口的服务工作也带来严峻的挑战。

2004年5月，无锡市崇安区广瑞路街道广瑞一村社区成立了全国首家新市民亲情理事会，积极探索新市民的服务管理工作。十几年来，社区始终坚持"为民、亲民、爱民"的工作理念，以创建和谐社区为主线，以新市民亲情理事会为引领，以新市民综合服务中心为载体，以社区扁平化管理为依托，积极探索新市民社会化服务管理新机制，取得了显著成效，在全市、全省乃至全国掀起了一股城市社区流动人口服务管理创新的热潮，也成为了无锡"民本化"管理流动人口模式的实验田和样板点。

二、主要做法

回顾新市民亲情理事会的成长史，大致可分为五个阶段：

1. 试点探索期。2004 年年初，市公安局将一批机关中层干部派驻到部分流动人口聚居的社区开展平安共建活动，积极探索流动人口服务管理的新机制。一时间，全市各社区流动人口服务管理改革试点如火如荼，创新亮点精彩纷呈。新区南站街道（现江溪街道）东风村的流动人口服务站作为全市最早建立的专门服务于流动人口的社会组织，引起了各方关注。但 10 天后成立的广瑞一村新市民亲情理事会则以其新颖的名称、先进的理念、独特的模式和丰富的内涵成为社会广泛关注的新焦点。尽管如此，对于刚刚诞生的新市民亲情理事会来说，依然处于起步摸索阶段，这个模式到底能运作多久，能起到多大的效果，只能让时间去检验，靠实践去证明。

2. 高速成长期。经过了一年多试点后，新市民亲情理事会的工作取得了显著的成效，帮助 60 多名新市民解决了子女入学、求职、租房等困难，小区案件和矛盾纠纷数量急剧下降，人居环境不断优化，人际关系更加和谐，吸引了越来越多的新市民到这里安居乐业，新市民数量从理事会成立初的600 多人增加到 1867 人。理事会细致入微的工作也深深打动着新市民，许多人积极参加社区志愿服务，用自己的实际行动回报社区和社会的厚爱，后来还成立了由 160 多名新市民组成的亲情志愿服务队，并成长为全市知名的优秀志愿服务集体。

3.全面推广期。2005 年起，新市民亲情理事会模式成为全市各流动人口服务管理相关政府部门争相推广的样板，也成为全国各地争相学习的管理创新典型。2006 年上半年全市流动人口工作现场会在广瑞一村召开，当年全市类似的新市民自治社会组织数量已达到 495 个，几乎覆盖了全市所有的城市社区，基层社会管理创新的热情空前高涨，无锡也成为 2004 年"农民工满意城市"和 2008 年"最受农民工欢迎的十大城市"之一。这也同样进一步激发了亲情理事会的创新热情。2006 年 12 月，新市民亲情理事会党支部成立，吸纳新市民党员 14 名，真正实现让新市民党员"融入组织"，切实加强对新市民党员的教育管理，通过新市民党员广泛联系社区新市民，倾听他们的呼声，了解他们的需要，维护他们的权益，帮助他们解决实际困难，进一步增强了党组织的凝聚力。

4.发展障碍期。随着社区新市民数量的急剧增加，部分城市老新村社区新市民数甚至已经超过了实际居住的户籍人口数，来源分散、流动性大、异质性强。新市民亲情理事会自治组织建设和发展遭遇了现实性障碍，自治组织所能提供各种救急救难服务已远远不能满足大量新市民的现实需要，凝聚力和影响力逐步减弱，相当一部分新市民自治组织因为缺少经费支撑、缺乏领袖人物、缺少政府支持而难以为继，偃旗息鼓，自动解散。广瑞一村新市民亲情理事会同样面临着这样的挑战，但依然顶着压力，在困境中艰难前行，寻找改革发展的出路，通过培养领袖人物、拓展经费来源、提升服务能力、增强活动魅力、强化自身建设、激发组织活力等一系列举措保持了良好的发展态势。

5.转型升级期。2010 年年初，为了切实解决大量新市民进入城市社区生活遇到的特殊问题，广瑞路街道投资 10 余万元在新市民亲情理事会基础上建立了全省首家街道级新市民综合服务中心，安排专用办公场地 30 平方米，配备 7 名专兼职人员，以"亲情引领、温馨服务、促进融入、共创和谐"为宗旨，向辖区 1 万多名新市民提供十项亲情服务。中心注册登记为民办非企业单位，通过房屋中介等项目的低偿收费不断完善自身"造血"功能，逐步摆脱对政府"输血"的依赖，实现长期可持续发展，并将所有盈余经费反哺亲情理事会等自治组织公益活动。服务中心的创建有效解决了新市民早期入口治安管理缺失、特殊需求服务平台缺失、与社区间沟通缺失等问题，实现了亲情服务常态化、人口管理精细化和自身发展可持续化。2012年，广瑞路街道又在3000多名新市民聚居的广益新村建成了新市民综合服务站，成为街道新市民综合服务中心的第一家连锁门店，并实现统一规范的服务流程、财务管理、信息共享模式。后来几年，广瑞路街道又按照"百名新市民聚集市场建服务点、千名新市民聚集社区建服务站"的思路，加快推进新市民特殊服务平台运转的社会化、连锁化和规范化。

新市民亲情理事会在组织名称、工作理念和运转模式、服务内涵上彰显出其独有的特色和魅力，主要表现在四个方面：

1. 组织名称创新：从"农民工"到"新市民"。广瑞一村社区经过市、区政法、综治、公安系统的精心指导，在全国最早提出了变"农民工"称谓为"新市民"，得到了全国各地的纷纷响应。

2. 工作理念创新：从"重管理"到"重服务"。新市民亲情理事会在全国率先提出"亲情化服务、民本化管理"的先进工作理念，将流动人口工作重心从"管理农民工"转为"服务新市民"，寓管理于服务之中，提出了"四同"、"三有"、"四自"的工作原则（"四同"即同一家园、同等待遇、同等服务、同等权益；"三有"即事有人办，难有人帮，怨有处诉；"四自"即自我教育、自我服务、自我管理、自我完善）。这些理念也成为后来无锡市流动人口服务管理创新各项政策、制度、规范的核心理念。

3. 运转模式创新：从"被动式"到"参与式"。传统的管理模式中，流动人口始终"被动式"地执行流入地政府提出的各种管理要求，没有任何的"话语权"。而新市民亲情理事会不仅吸纳街道、社区、学校等与新市民社区生活息息相关的职能部门人员，还吸纳了来自五湖四海、各行各业的新市民领袖作为其理事，有机将政府管理与新市民自治管理结合起来，下设维权、服务、互助、维安四个组，并制定了理事会章程、工作制度和岗位职责，建立了完整的自治服务组织网络和高效的意见诉求表达渠道，全方位推进新市民"参与式"自治管理，科学系统地化解了社区对新市民教育、服务、管理中遇到的一系列难题，有效促进了新市民融入组织、融入社区、融入服务、融入管理。

4.服务内涵创新：从自我服务到反哺社区。亲情理事会最初是新市民的自治组织，是以新市民为服务对象，是新市民的自我服务。新市民党员"融入组织"、新市民融入社区以后，新市民积极反哺社区，165名新市民组成的亲情服务队，平均每人每年志愿服务时间超过90小时，45名新市民志愿者与社区残疾人、孤寡老人及困难家庭结对，落实结对帮困资金3万多元。

三、主要成效

1."广瑞"样本新市民服务成效显著，居民一致好评。亲情理事会成立以来为新市民办了大量的实事、好事，赢得了民心。提供法律帮扶，维护新市民权益；落实关爱举措，真心服务新市民；积极化解矛盾，融洽邻里关系；组织文体活动，丰富精神生活；开展普法教育，强化法制意识；开展就业帮扶，提升生活品质。

2."广瑞"样本新市民管理也年年进步，社会众口赞誉。新老市民之间的矛盾纠纷量以平均每年30%的速度递减，有效促进了社区的和谐稳定。

3."广瑞"样本社会影响深远，各地争相推广。新市民亲情理事会以及在此基础上建立的自我服务平台特色活动、创新经验曾被各级新闻媒体几百次宣传报道。

四、分析与启示

"党委领导、政府负责、社会协同、公众参与"，是我们社会管理的"顶层设计"。增强社会的协同性、激发公众的参与感，是做好社会管理的重要环节。新市民服务管理创新的"广瑞"样本，开启了新市民自我管理的窗口，"演练"了社会管理实践的新模式，也启发着社会管理理念的新探索。新市民服务管理创新的"广瑞"样本具有多方面的实践价值。

1."广瑞"样本有效弥补了外来流动人口入城初期阶段的社会管理空白点。作为无锡市区流动人口居住集中程度最高的区域之一,广瑞路街道首家新市民亲情理事会成立以来,一直致力于开拓创新流动人口服务管理方式。将管理端口前移,在新市民流入辖区的第一时间将其纳入管理视野,弥补原有模式在新市民治安管理和人口信息管理、法制宣传教育等方面的空白。

2."广瑞"样本深入探索了"参与式"的基层自治和社会管理新模式。面对经济社会发展,政府要承担的社会管理责任越来越多,"全能型"政府管理力量明显不足,但却不能通过不断扩张人员机构、增加财政支出来弥补。唯一的选择在于转变职能、自我限权,将一部分社会管理职能向社会公众,尤其是社会组织转移,形成共建共治的良好局面。社会管理,包括新市民服务和管理,社会力量不仅有"全覆盖"的广泛性,而且有"点对点"的针对性,比政府机构更有力,也更有效。新市民亲情理事会在新市民、常住居民和政府三者之间,建构了有效的合作协商的议事平台,对三方信任关系的健康建构,作出了积极的探索,摆脱了信任困境及其诱发的社会冲突,不仅有效促进了新市民融入城市,也增强了新老市民之间的认同感。更重要的是,激发了新市民的自主活力,达到自我管理、自我服务的效果。

3."广瑞"样本积极尝试了社会组织自身运行的新机制。广瑞路街道新市民综合服务中心通过提供房屋租赁等中介服务项目不断完善自身"造血"功能,逐步摆脱对政府"输血"的依赖,实现长期可持续发展,并将所有盈余经费反哺新市民亲情理事会等自治组织开展公益活动。新市民综合服务中心开设的新市民子女代管服务项目被区政府列为首批出资购买的6项社会服务项目之一,获得了项目经费支持。

4."广瑞"样本初步尝试了消除"二元社区"的新路径。改革开放以来,随着城市化进程的加速,我国出现了大量的城市外来人口。大量的外来人口在城市中不断地积累和增长,既对城乡经济社会的发展起到了积极的正效应,又给城市的发展带来了诸多的尖锐矛盾和问题,同时也给政府管理工作带来了极大的挑战。户籍制度造成了我国城乡二元经济结构的长期存在,而在城市化进程不断加速的过程中,这种原本为地域间的城乡二元结构逐步演变成城市中的外来人口与城市居民的二元分割，进一步表现为"二元社区"。"广瑞"样本积极打造多种载体，开展各项丰富多彩的活动，为外来人员创造良好的工作、生活环境，培养本地居民的"多元包容意识"和外来人员的"家园共建意识"，从思想、情感、生活等多方面实现无缝融合。外来人员顺利实现由"流动"向"安居"的转变，由"边缘"向"融入"的转变，由"社会人"向"社区人"的转变，外来人员与本地居民的融合程度不断提高。

---------- **思考题** ----------

1. 相比政府机构，新市民亲情理事会在外来人口服务管理与融入中具有哪些天然优势？

2. 如何充分发挥社会组织在外来人口服务管理与融入中作用？

指尖上的社区治理现代化

——上海市徐汇区天平社区网站的实践探索

（中共上海市徐汇区委党校　张旭东）

一、案例背景

社区是社会的细胞。加强社会治理，重心在基层，基础在社区，尤其在思想观念多元化的大背景下，社区作为城市管理的主阵地，在弘扬主旋律、引导社会舆论方面发挥着基础性作用。改进社会治理方式，坚持系统治理，加强党委领导，发挥政府作用，鼓励和支持社会各方面的参与，实现政府治理和社会自我调节、居民自治良性互动。自上海市徐汇区天平社区（亦称"街道"，以下统称"天平社区"）通过健全社区媒体网络，尤其是社区网站，创新信息发布机制，拓宽服务居民群众、凝聚社区各界的有效途径，取得了较为显著的成果，为实现指尖上的社区治理现代化提供了动力。

天平社区位于上海市徐汇区东北部，东起陕西南路，西抵天平路、华山路，南临肇嘉浜路，北依淮海中路、复兴中路，面积 2.68 平方公里，地域狭长，现有居委会 21 个，居民小组 895 个，户籍居民 27 956 户、86 005

人，来沪居民 14 788 人。由于上海的社区主要是指与街道这一行政区划相对应的区域，而这样的社区，其居民构成是多元化的。天平社区虽然处于中心城区的中心位置，但分为东西两个差异显著的区域。西部以欧式洋房为主，东部以老式石库门里弄居多，东西两部居民的平均收入、职业构成、受教育程度等都是大不相同的，可以说，社区内部区域之间存在一定差距。

2011 年社区网站改版时，天平社区党工委提出了"天平家园"的建设理念。这个理念的提出有着深刻的背景。在如今城市"社区意识"① 较为缺失，居民之间缺乏互动，社区认同度不高的条件下，想要在天平这样一个地域狭长，区域间发展不平衡的社区培养"社区意识"和"家园"理念并不容易。运用新载体、新手段、新方式搭建与居民建立更密切的联系的新平台，推动生活居所逐步向"居民生活共同体"转变，促进社区事务的处理和社区服务治理水平的提升，成为社区探索新媒体发展的初衷。

天平社区新版门户网站正式上线运行后，21 个居民区的网站也陆续正式上线运行，包括社区事务受理服务中心、社区文化活动中心、社区卫生中心的网站均改版上线，天平社区网站形成了"1+3+21"的网站群格局。各网站形成了"走进天平"、"社区新闻"、"社区政务"、"社区党务"、"社区服务"和"企业服务"等六大板块，下设 80 余个二级、三级目录。网站及时、准确、生动地反映了社区居民、基层站所、社区单位等多方面的动态情况，以及每天居民区建设的新情况、居民中的新风貌、基层站所工作的新进展，使网站成为交流经验、启迪思路、弘扬先进、推动工作的重要平台，21 个居民区网页都个性鲜明、各具亮点，体现了家园自治的精髓，成为在职居民与居委会沟通互动的"直通车"和动态实时反映居民生活情况的"新视窗"。

---

① 社区意识是居民对社区的一种特殊情感，它是指居住在一定地域范围内的人们，基于自身生活和发展的需要，在相互沟通、相互交往、互帮互助的基础上，所形成的心理上的依恋和归属。

二、主要做法

天平社区网站的建设，紧紧围绕建设"天平家园"的理念，着眼于唤醒社区意识和社区认同，强化社区共同治理，凝聚社区各方力量，培育社区核心价值。

（一）运用党建平台，发挥党员力量

天平社区网站之所以能够做得有声有色，与党建平台的使用和党员干部力量的发挥密不可分。天平社区党组织在社区网站筹办、推广、建设过程中充分发挥了政治优势、组织优势和群众工作优势。党建平台统领、协调、推进了网站的发展进程，党员干部则是推广网站的中流砥柱。

一是理念先行，在社区网站改版之初，社区党工委便高度重视网站建设，提出"天平家园"的建设理念，以此来指导指尖上的社区治理。这种顶层设计避免了政府运用新媒体时常出现的"随意化"、"形式化"、"空心化"、"名利化"等倾向。

二是统筹协调。社区网站与"3个中心"和"21个居民区"网站协调组合，形成天平社区网站群，充分发挥了平台的集群优势，既增强了内容针对性，又强化了深入密切联系基层群众的触角。

三是推进扎实。天平社区推进网站建设的力度是巨大的。社区领导班子对通过网站平台实现社区治理，构建"居民共同体"期望高，抓手实。

从社区领导到党员干部都密切关注着网站发展的最新动向，维护着网站的品质。每篇信息文章的选题、结构和遣词造句都体现和凝聚着集体智慧。部分领导身先士卒，积极参与网站具体议题的讨论。党员干部在向基层群众推广社区网站时主动靠前，全心投入，扮演了宣讲家的角色，大会小会到处讲，逢人必讲，报台网宣全覆盖，还利用各种公益赠品打出广告，抓住一切机会、一切手段进行宣传。在硬件资源上，社区党工委通过与市级机关和区教育局、区统战部、区体育局协调，将这些单位更换的电脑引进到居委会，解决了基层推进网站运营的燃眉之急。在知识技术培训上，通过社区学校普及互联网操作基本知识。针对一些行动不便的人群，居委干部甚至主动上门为其调校计算机，帮助居民将社区网站设为浏览器首页，以提高参与网络社区治理的便捷性。

四是党建先行。在社区网站中，专门开辟了党务专栏，公开党的文件、党建共建、居民区党建、两新党建、站所党建等内容，让党建事务更公开、透明、受监督，起到了率先垂范的作用。

（二）立足社区治理，关注社区事务

说"社区话"、讲"社区人"、评"社区事"是天平社区网站"社区性"特征的鲜明体现，也是网站的生命力和价值所在。为了在实践运营中彰显"社区性"，社区网站从以下几方面深下功夫：

一是说社区话。社区网站用群众语言传递信息，回应社区居民所关切的问题，还原居民生活现状，反映了群众诉求。针对老年人等特殊人群，社区网站开发了"无障碍语音导读"和"社交分享"等功能，并延伸到居民区网站群，让老年居民也能轻松地"听新闻"，不断扩大社区媒体的覆盖面。社区的每一位居民能够通过网站上的"走进天平"、"社区新闻"、"社区政务"、"社区党建"、"社区服务"等栏目找到自己所关切的社区问题。

二是讲社区人。天平社区网站没有过多地将聚光灯聚焦到明星大腕、高官名流，而是给社区里各行各业的行家里手、道德模范、标兵家庭提供了展示自己的平台。通过"劳动模范"、"名家荟萃"、"优秀园丁"、"三八红旗手"等一系列栏目，将社区里的杰出人物挖掘出来，培养起来。已相继挖掘和宣传了以社区好人、平安卫士、"孝老爱亲"好媳妇等一批社区先进人物和道德模范的事迹，弘扬先进，塑造典型，让居民们看到身边的真、善、美。激发居民的兴趣和积极性。

三是评社区事。发动群众关注社区事务、社区发展，让群众通过社区网站更好地实现自治与共治。

（三）充分发动群众，推动社区共治

要想办好社区网站，光靠领导和党员干部的"一头热"不够，关键还得充分发动群众，鼓励群众参与到社区的共治中来。天平社区在发动群众参与积极性和群众力量上举措得力。

从网站内容的采编队伍来看，社区在部分单位和居民区建立了一支兼职报道员队伍，依托居民"摄影爱好者沙龙"建立起兼职新闻摄影者队伍，社区网报编辑部的4—5位专职采编人员，采取年轻社工轮岗挂职的方法配备，以此保证"草根"气息。另外，社区还有意在居民当中发现和培育一些网络社区的"居民草根带头人"，让其在指尖社会治理中发挥对社区的自治领导作用。

从网站的内容来源看，"群众性"是社区网站的活力之源。社区网站为老百姓搭建了一个展示自我的舞台，例如：襄南居民区网站为小区一位80岁热心老党员开辟了专栏，每月刊登三期他亲手绘制的系列漫画《郝爷爷的一天》，受到网友关注，还有了固定的粉丝。嘉善居民区网站有"自我展示"栏目，专为辖区共建单位徐汇区第一中心小学的同学们提供展示画作的平台。

从网站的力量来看，依靠居民群众的力量，形成一定的公共舆论场、监督和互助平台。例如：永康居民区在整治车棚脏乱状况时，把活动进程及时上网公布。从整治前的告示及希望居民自行搬走杂物的通知，到整治行动及整治后的成果都搬上网，引得互动点评里居民的热议，大家都积极响应居委会号召，舆论一边倒地支持居委会的行动。

（四）提供订制服务，满足居民需求

社区网站要为社区居民和单位服务，起到信息交互、双向沟通、资源共享、各取所需的作用，从而使社区居民和单位在信息发布、"触网"的过程中有所乐、有所获。天平社区通过网站，及时将街道举办的活动"送"到居民面前，让更多人身临其境，例如：首届上海市民文化节"文化服务日"系列活动报道。天平社区利用社区网站，及时公布以"名家进社区"为主题的一系列文化活动，内容包含了图书嘉年华、电影赏析、文学讲座、亲子阅读、笑侃百味等一系列缤纷多彩的项目，为广大居民提供了差异化、个性化的文化服务。面对公共事件，天平社区网站也能够及时提供相关服务，为正确的舆论树立了正确的导向。

（五）树立价值导向，培育社区文化

价值引导和文化培育是社区网站的重要目标。天平社区网站以传播社区正能量为己任，以打造生活共同体和建设共有精神家园为使命，通过弘扬社区真善美、抨击假丑恶，使一批优秀居民成为社区"名人"，让一批感人事迹在社区传扬，在社区居民中树立正确的价值导向，形成健康、积极、向上的社区文化氛围。

在价值导向方面，主要通过对好人好事给予宣传、报道与表扬，让行善成为一种光荣、一种时尚。例如：嘉善居民区制作学雷锋专题报道，介绍了居民身边 18 位活雷锋（包括队伍）的先进事迹，给人强大的正面引导。通过正面报道先进事迹，天平社区"小老帮大老"的"晚情关爱"志愿服务行动等都成为街坊弄堂里的名人。

在社区文化氛围营造方面，天平社区网站将"富强、民主、文明、和谐，自由、平等、公正、法治，爱国、敬业、诚信、友善"的社会主义核心价值和"海纳百川、追求卓越、开明睿智、大气谦和"的上海城市精神置顶，时刻提醒社区居民，要在社区内部形成"仁义礼智信"的开明文化氛围，行仁义之事，扬文明之礼，学习进取，恪守诚信，让社区成为真正意义上的"居民共同体"。

三、主要成效

天平社区的做法在实践过程中取得了较为显著的成效，从指尖上解决了社区治理的一些问题。

（一）网络平台让年轻人回到了社区

如何让年轻人融入社区，积极参与社区事务是现代社区治理的一大难题。有居委干部坦言："现代人生活压力大，无暇关注社区的事。年轻人讲究私密空间，他们的家门很难进，对社区事务经常处于不了解、不关心的状态。"天平社区网站让向来只做"线下工作"的居委干部们转入线上空间，摸索网络社区的交流门道。如今网上社区的日均访问量从最初的300多人次上升到2600人次。网络社交和年轻人的习惯很对路，有了这个平台，他们又回到了社区，形成了一定的"社区意识"。上班族喜欢在晚上"刷网"，社区和居委干部们便在下班后上网和他们互动。年轻人自有一套"网络语系"，社区官网和网上居委会的气氛就热了起来。

（二）反映问题和解决问题更便捷高效

社区网站已经成为天平街道加强社区管理重要而有效的手段。居民只需动动手指，就可以将社区治理中的问题反映到社区，由于网络平台的开放性、透明性、监督性，往往比传统方法更为高效。

（三）公共事务讨论氛围日渐浓厚

网络公共空间培养了居民参与社区事务的热情，居民不仅上网查看信息、表达诉求，也乐于参与其他看似"事不关己"的公共事务讨论。网上居委会开通后，社区干部们明显感觉到社区"民主议事"的氛围日渐浓厚，培育了社区自治的意识和能力。

四、分析与启示

天平社区网站改版后的建设时间不长，在实施指尖上的社区治理方面已经取得较为显著的成绩，其背后的原因比较多。总结和分析天平社区的做法，可以得到以下几点启示：

第一，利用网络平台等创新方式实施社区治理必要且重要。

时代的发展、人口的自由流动等因素让居民"社区意识"、"社区认同"受到冲击，居民不再满足于传统社区治理方式，对社区事务的热情也有所消减。网络治理平台由于其开放性、透明性、监督性、互动性等特征，有利于鼓励和激发居民参与现代社区治理，形成社区共同体理念。

第二，网络社区治理需要充分发挥党的组织优势，发挥价值引导作用。

党组织在基层社区治理过程中有着政治优势、组织优势和群众工作优势。由党组织来推进网络社区的治理，一是有利于运用区域化党建平台发挥总揽全局、协调各方的作用；二是有利于发挥党组织的组织优势和群众工作优势，深入联系基层，发挥基层党组织的战斗堡垒作用；三是有利于实现价值引导，在社区培育正确的价值观念和健康、积极、向上的文化氛围。

第三，网络社区治理需要立足社区、服务社区、营造社区。

虽然网络媒体具有全球性、开放性等特征，但是利用网络媒体实施社区治理需要立足于社区，说"社区话"、讲"社区人"、评"社区事"。以社区需求为导向，提供社区公共服务。只有在"社区性"上做足工夫，才能获得较高的关注度。营造网络"社区意识"，需要充分激发群众积极参与社区事务的主动性和积极性，发现和培养"社区网站草根带头人"，促进线上线下的互动，形成"社区意识"和"社区认同"，依靠群众力量，实现社区自治与共治。

-------- **思考题** --------

1. 发展指尖上的社区治理挑战有哪些？
2. 如何进一步提高网络社区媒体实现指尖上治理的有效性？

拓展领域　拓展地域
实现网格化管理新优化

（中共宜昌市委党校　张国祥　杨成珍　高　青）

一、案例背景

随着中国经济转轨和社会转型，城市社会管理也在经历从"总体支配"到"技术治理"的结构性转换。城市化和城区的快速发展为管理研究带来了新的课题，繁杂的城市日常事务及突发公共事件均要求进行体制机制创新，网格化为城市管理的精细化提供了技术支撑。在这种大格局下，网格化管理顺势而生。

网格化管理并不是宜昌市首创，但宜昌把网格化和信息平台有机结合起来，创新了"一本三化"（以人为本、服务为先，网格化管理、信息化支撑、全程化服务）社会管理新体系，在国内开了先河。

二、主要做法

宜昌市网格化管理拓展的基本方向有两个，一个是领域拓展，一个是地域拓展。网格化管理领域拓展主要做法是：

1.实施"法务网格工程"。"法务网格工程"主要是由司法行政干部、律师、公证员、基层法律服务工作者按就近原则，定点定人定向负责法律服务工作。其主要目标是延伸司法行政工作服务体系，构建无事开展法制宣传、有事提供法律服务、有困难提供法律援助、有问题进行纠纷调解、有特殊人群依法服务管理的法务工作新体系；其主要任务为"4353"，即法务"四进网格"（法律服务、人民调解、社区矫正安置帮教工作、法制宣传进网格），建立"三级平台"（法务指导中心、法务工作站、法务工作网格）组织体系，建立法务工作"五支队伍"（人民调解员、法律服务专业人员、法制宣传员、特殊人群关照员、法律援助协办员），建立法务工作"三项机制"（法务诉求快速反应机制、"三级平台"管理机制、法务信息综合支撑机制），建立法务指导中心月例会制度、法务工作站"周碰头"工作制度和法务联络员"日排查、即处理"制度，把司法行政法制宣传、法律服务和法律援助三大职能整体延伸到社区网格（农村中心户），面向基层在第一时间、第一现场开展法律服务、人民调解、法制宣传、法律援助、社区矫正、安置帮教等司法行政工作，让百姓切实感受到"法律服务就在我身边"。

2.建立民族宗教事务网格化管理信息系统。该系统有10多亿条信息，利用空间地理信息技术，对人口基础信息进行空间化处理，在1∶500的电子地图上直观地展示"人、房、物"等各类基础信息和城市部件，具有自动统计、分类查询、实时管理等功能。信息系统设置了城区少数民族人口分布、清真"三食"网点、宗教活动场所、宗教教职人员等专题。少数民族人口信息来源于经社区网格员采集并与全国户政信息比对后的全市人口基础信息系统，信息真实有效，即时更新。根据宜昌市政府制定的《关于推进民族宗教工作网格化管理的实施意见》，明确了网格化管理的目标任务、组织领导体系，建立了由人社、卫生、司法、公安等14个部门组成的工作领导小组。各成员单位根据工作性质，服务、服从于民族宗教网格化管理工作，及时提供信息，主动加强管理，为推动建立网格化管理模式提供了制度保证。

3.实施"网格促廉"工程。中共宜昌市纪委会同市委组织部、市民政局联合下发《关于实施"网格促廉"工程，推进城市社区党风廉政建设工作创新的意见》。宜昌市城区按照"一网格一党小组一廉情监督员"的模式，建立网格党小组，聘请网格廉情监督员。具体做法：

一是实行网格廉情监督预警，构建社区党员干部监管新机制。明确网格管理员担任网格廉情预警信息直报员，重点收集、反映涉及网格内党员领导干部、机关事业单位工作人员、街道社区干部的廉情预警信息，形成"街道纪工委—社区纪检小组—网格廉情监督员（信息直报员）"的廉情信息监督反馈系统。按居住地划分，将党员干部和机关事业单位工作人员定位到相应的网格，将其单位、职务、家庭成员状况等资料，录入"网格化管理"信息系统。通过社区与驻网格单位签订党风廉政建设共建责任书，把机关党员干部作风纳入网格预警监督范畴，加强对其"八小时"以外活动的监督，从而消除监督"盲点"。网格廉情监督员和信息直报员实时采集和监控网格内党员领导干部和机关事业单位工作人员廉洁自律情况，搜集群众意见建议，及时上报社区纪检小组和街道纪工委，街道、社区两级进行廉情分析研判后，根据不同情况，以不同方式及时示警预警。

二是拓展网格宣教阵地，打造廉荣贪耻的精神家园。在现有的"一网格团队一宣传员"的基础上，组织社区在职党员、机关干部和热心文体活动的群众等人力资源，建立廉政文化宣传骨干队伍，开展廉政文化宣传教育活动。按照有廉政文化景观、有廉政文化宣传栏、有群众性廉政文化活动队伍等要求，全市共建成 87 个市级网格廉政文化示范点。利用网格信息服务平台，推进廉政文化进网格、进家庭。整合网格组团优势，以网格走访"进门入户"宣讲等形式，向网格内群众送廉政宣传资料和书籍；以网格会谈、楼栋会谈等形式，宣讲反腐倡廉形势和政策法规；挖掘、宣讲社区中的先进典型，并利用社区道德点评台开展勤廉兼优人物点评，发挥先进人物的示范作用。

三是创新民主监督制度，加强社区民主管理。主要是探索民主议事会进网格制度，完善"网格户代表会议"制度，健全居务监督委员会制度，从而听取网格居民的意见，让群众与街道、社区干部面对面地互动交流，做到决策公开、监督前移；全市 135 个社区全部建立居务监督委员会，覆盖面达到100%。

四是拓展社区服务领域，促进党员干部作风转变。建立以街道干部、社区干部、网格负责人等为核心，片区民警、楼道组长、社区医生、志愿者等为协同力量的服务团队，为居民提供就业指导、法律援助、医疗服务、信息咨询等多元化服务，努力实现网格服务团队联系服务社区居民的全覆盖、经常化。推行"一线工作法"，建立市（区）直部门、街道领导与社区、网格包干联系制度，由县级领导牵头，市（区）直部门"包片"，定期走访服务，着力解决社区群众的现实困难和具体问题。

4.建设宜昌市总工会参与社会服务管理创新网络平台。将工会工作和服务触角延伸到城区1203个网格。其具体做法：

一是"比对式"对接，创新信息综合支撑体系。它对接全市公安、人社、民政、房管、工商、税务等基础信息系统，推进与工会基础信息的关联比对、地理位置网格分布、动态信息及时采集，基本实现了工会基础信息与社会公共信息的"关联比对、综合集成、专业利用、交换共享"，为职工信息全掌握奠定了坚实基础，为服务职工群众提供了全新的信息支撑。

二是"扁平式"联动，创新职工矛盾化解体系。宜昌市总工会将全市职工劳动争议诉求来源分为六类，即职工来访、职工来信、12315维权热线职工来电、职工在线服务平台申请、宜昌市社会矛盾联动化解系统转办。各级工会工作人员在接待职工劳动争议诉求的同时，将相关诉求信息录入社会管理创新服务网络平台系统统一分派、处理。将各级工会职工服务中心主任作为劳动争议调处案件的审核、分派负责人，负责确认案件的紧急程度（分紧急、较急、一般三类）并提出相关处理意见后直接分派给相关责任单位和责任人，并负责对处理进程的协调、跟进、结果审核和投诉监督。平台系统中设置了短信提示、在线查询、亮灯提示（绿灯、黄灯、红灯）、痕迹管理、回复评价程序，确保案件得到及时有效处理。在案件办理过程中，工会组织无法解决的矛盾，由网络中心负责与相关部门进行联动对接或转办，实现职工劳动争议调处联动化解。

三是"一站式"服务，创新职工服务运行体系。职工在线服务平台将问题咨询、职业介绍、职业培训、家政服务、三峡职工服务卡、劳模服务、法律援助等7项职工服务内容和困难职工申请、生活救助申请、意外灾害援助申请、医疗救助申请、金秋助学申请等5项困难帮扶内容同时置于职工在线服务平台，职工足不出户就可以完成相关服务需求和申请，职工申请信息可在10秒钟内同步到社会管理创新服务平台系统，由专人对信息进行处理。平台系统对可以立即办理的服务内容进行即时信息配置和服务对接，并提供明确的办理"路线图"和限时服务承诺；对于需要相关部门联动办理的服务内容，启动联动机制；对于存有"不会办理"等实际困难的职工，由网络平台统一调度，"一竿子插到底"，实施"点对点"服务。

四是"网格化建会"，创新社区工会组织体系。它把工会建在网格、在网格中开展服务，解决了小微企业建会难、管理难、服务难问题，实现了社区工会组织的无缝覆盖。

网格化管理地域拓展主要做法是：

1.扩大城市（镇）网格化管理覆盖面。宜昌市在城市社区网格管理拓展方面创造了成功经验：信息共享、部门联动；两网对接、专群结合；统一指挥、扁平管理；痕迹管理、客观评价；制度跟进、机制创新。

2.统筹城乡，试点农村网格化管理。宜昌市在宜都、夷陵等地试点，以信息技术为支撑，初步搭建起农村信息化综合服务平台。以宜都为例：第一，一张专网运行，推动农村网络"全覆盖"；一个平台管总，推动信息系统"全覆盖"；一站服务到户，推动信息终端"全覆盖"。初步形成"网有服务站、格有服务员、户有对接点"的"三点一线"信息化服务管理格局。第二，"三化并进"探索运行机制：以组织网格化为基础，以自治规范化为动力，以服务综合化为核心。第三，"四务联动"整合信息资源：推行电子村务，集成电子学务，拓展电子商务，优化电子服务。"四务联动"有效解决了农民群众出门难、办事难、买卖难的"最后一公里"问题。围绕"衣食住行、业教保医"八大需求，将服务的触角前移到网格、到家庭，力促实现村民办事不出村。采取"村级受理、网上办理、全程代理、权力授理、审监分离"的服务模式，全面推进区行政服务中心、乡镇便民服务中心、村（社区）便民服务站三级网上服务。依托网格化管理将综治维稳、公共安全及自然灾害防范关口前移到网格、到农户，源头掌控信息，将矛盾纠纷化解在第一现场。

三、主要成效

宜昌市网格化管理的拓展，服务对象基数清楚了，群众诉求的渠道通畅了，部门反应处置速度加快了，综合协调效率提高了，监管责任落实了。它有效满足了人民群众"两个周期"的服务诉求，及时化解了一大批现实社会矛盾，实现了社会治理从条块分治向整体联动转变，从被动应对向主动服务转变，从传统方式向信息化管理转变，从末端处置向源头治理转变。

"法务网格工程"打造了"零距离"满足人民群众法务需求、"近距离"防范重新犯罪、"第一时间"排查化解矛盾纠纷的坚实平台，初步建立了以法务网格为基础的司法行政工作新体系，探索出了强化司法行政基层基础工作的新路径，实现了司法行政工作由层级式管理向扁平化网格化管理、由被动应对到主动出击、由孤军奋战到联合作战三大转变。

利用网格化管理，宜昌市实现了全市少数民族情况全掌握。网格员对网格内的少数民族群众都进行了走访，做到平时有人访、信息有人报、困难有人帮；利用宜昌市民族宗教事务网格化管理信息系统，对城区清真"三食"网点进行了准确定位，做到整体布局、从业人员全摸清，经营状况、人员动态全掌握。

实施"网格促廉"工程，实现了社区党风廉政建设与网格化管理的全面对接，形成了以网格为基本单元的城市社区党风廉政建设工作新格局。

总工会参与社会服务管理创新，其成效一是使工会基础信息更准确。通过与全市基础信息系统的关联比对，将原有困难职工的固定信息采集变为动态信息，全市人口基层信息的及时变化将实时反映到系统平台。二是使服务职工群众更快捷。改变了以往职工服务只能由职工到各级工会系统申请的状况，增加了职工寻求工会服务的途径，使得职工网上就能完成服务申请和困难帮扶申请。三是实现了干部作风大转变。平台系统内置的短信提醒、在线查询、亮灯提示、痕迹管理系统，对工会工作人员的办事效率提出了硬性要求，改变了以往工作"上下推，部门拖"的问题，增强了各级工会干部的责任意识。

　　拓展城市（镇）网格化管理覆盖面，进一步扩大了精细化管理的范围，完善了人口基础信息系统、房屋基础信息系统，提升了公共服务水平。

　　试点农村网格化管理，将信息平台建设与长效服务管理相结合，解决推动主体单一、综合效率低下的问题，建立起农村信息化长效机制，形成了党组织统领、村委会主导、社会协同、村民参与的村务管理服务格局，基本做到了村情民情全摸清、突出矛盾全化解、公共服务全方位，实现了村内和谐。

四、分析与启示

　　网格化管理的拓展，它是适应社会结构和利益格局的发展变化，加强和改进社会治理的重要途径；是推动基层社会建设、促进公平正义、实现社会和谐的现实需要；是巩固共产党的执政根基、实现社会长治久安和人民安居乐业的重要举措；也是基层社会服务管理领域的一场变革，社会控制与社区自治的结合点。

　　网格化管理的拓展，它是社会管理工作的科学化。它充分发挥现代信息技术在社会管理创新中的基础性、关键性作用，全面推进以网格为基础的整个社会管理服务信息数字化，建设"数字网格"和"电子地图"，构建地域统一、动态更新、联通共享、功能齐全的社会管理综合信息平台。它为相关各方及时准确掌握社会动态、推进服务管理、提高行政效能奠定了坚实的信息支撑。宜昌市原来只是建立了一些数字信息，主要是工作信息，现在就是在建立一个数字社会，在数字社会上进行管理，并和现行国家标准或国家数字管理标准相准融。然后，用网格管理员对现实社会进行管理，实现社会治理科学化。

　　网格化管理的拓展，是社会治理的重要创新。第一，它是社会治理方式的创新。网格化管理的拓展是在地方党委领导下进行的，"法务网格工程"、民族宗教事务网格化管理信息系统等体现了政府的主导作用，工会参与社会服务管理创新、主动融入网格化管理，是社会参与的重要标志。网格化管理领域和地域的拓展，在更大范围内实现了政府治理和社会自我调节、居民自治的良性互动。网格化管理既是一种依法治理，又是一种源头治理、综合治理，顺应了社会信息化的历史潮流，回应了人民群众的利益诉求。第二，它是预防和化解社会矛盾体制机制的创新。它推动基层社会服务管理由传统的"单位体制"向属地化、社会化的现代社区体制转变，充分发挥城乡基层自治组织服务群众、协调利益、化解矛盾和维护稳定的作用。它构建了一套社会矛盾联动化解机制（如推行"扁平化"社会矛盾联动化解机制，探索建立"信访代理"服务机制，建立"大调解"工作机制等等）。

网格化管理的拓展给我们的启示在于：

1. 党政合力共同拓展网格化管理领域，工会发力填补社会协同短板，城乡一体扩大网格化管理空间，这是宜昌市拓展网格化管理的基本经验，应当发扬光大。

2. 拓展网格化管理，要紧紧围绕社会治理中难点、热点和源头性问题，坚持治标与治本相结合，持之以恒、深入系统有序地推进，不断完善党委领导、政府负责、社会协同、公众参与、法制保障的体制机制，建立与中国特色社会主义市场经济体制相适应的社会治理体系。

3. 网格化管理的生命力，在于完善社会治理，为民众提供全方位服务，前者是政府和社会组织的生命冲动，后者是人们的幸福保障。

4. 宜昌市网格化管理的拓展，表明网格化管理是大势所趋，可以继续向纵深发展，有助于我们探讨网格化管理进一步拓展的相关问题，对创新社会治理也具有重要的理论价值与实践意义。

5. 从总体上说，网格化管理尚处于初创阶段，网格化管理的拓展有一个逐步探求真谛、摸索规律的过程；它涉及方方面面，是一个系统工程，不可一蹴而就；工业化中后期社会发育水平还不够高，人们对网格化管理还有不同认识，网格化管理的理论和实践还不够成熟。因此，网格化管理的拓展有一个逐步发展完善的过程，发展中的问题需要通过经济社会发展和社会治理创新来解决。

思考题

1. 怎样认识网格化管理与政府治理、网格化管理与社区自治之间的关系?

2. 如何进一步拓展网格化管理?

均衡配置资源　确保教育机会均等

——湖南省泸溪县民族教育调研分析

（中共湖南省湘西州委党校　龙延平　阙芳菲　姚海英）

泸溪县位于湖南省西部，是武陵山片区区域发展与扶贫攻坚试点县。全县辖8镇7乡150个行政村(社区)，总面积1565.5平方公里，总人口31万人，其中少数民族占总人口的60%。全县现有各级各类学校177所，其中教师进修学校和职业中学各1所，完全中学3所，独立初中7所，九年一贯制学校8所，中心完小9所，完小11所，村小89所，教学点48个。在校学生40871人，其中小学生21683人，初中生11442人，普高生5718人，职高生2028人。幼儿园37所，在园（班）学前儿童6282人。在职教职工2969人(农村教师2173人)，其中义务教育阶段教师2387人(农村教师2013人)，小学教师1441人（农村小学教师1200人），初中教师946人（农村初中教师813人）。

泸溪县大力实施"科教兴县"战略，强化教育优先，均衡配置教育资源，确保教育机会均等，全力推进义务教育均衡发展，达到了城乡和校际间教育发展、师资建设、教育质量"三个基本均衡"，实现了"最好的房子在学校，最美的环境在校园，最快乐的人是师生"的"三最目标"，打造了"泸溪民族教育"特色品牌。

一、政府重视，确保教育优先发展

自县委、县政府就明确提出："抓教育就是抓经济、抓教育就是抓发展"的主题思想后，发展教育就作为全县的工作重点之一，政策、经费、工作上给予教育最大的支持，全力确保教育事业优先发展。

（一）政策上优先保障

召开会议，下发文件，制定了一系列推进教育强县的重要措施，建立完善了优化教育发展环境的一系列制度。1. 落实"三项措施"，即县财政依法安排教育预算和实行教育预算单列、依法征收教育费附加、依法争取外援。2. 坚持"四个优先"，即教育工作优先部署、教育问题优先解决、教育项目优先建设、教育经费优先安排。3. 制定"五项制度"，即教育工作实行党政一把手负责制、目标管理责任制、党政领导定期议教制、党政领导和部门联系学校制、"控辍保学"工作专项评议制。4. 完善"六项机制"，即教育经费投入保障机制、教育工作目标责任考核机制、优秀教师重奖机制、教育安全责任机制、教育督导评估机制、教育发展环境优化机制。这一系列政策的出台，确保了义务教育教师绩效工资，提高了农村教师待遇，改善农村教师居住条件，为教师一心扑在教育上提供了政策措施保障。

（二）经费上优先落实

该县建立教育经费投入保障机制，确保义务教育健康发展。坚持义务教育经费"以县为主"管理，依法足额纳入财政预算，认真落实教育经费投入"三个比例"、"两个增长"，各项教育专项经费投入到位。在此基础上，县财政每年在预算内安排 100 万元教师奖励资金、100 万元提高高中教师待遇资金、20 万元县级学科带头人特殊津贴，每年安排 300 万元设立农村学校建设专项资金，每年安排 1200 多万元落实农村教师岗位津贴。县财政对教育的拨款逐年增加，并高于财政性经常收入比例。

（三）工作上优先安排

县委常委和政府领导加强教师队伍建设的课题调研，定期开会研究教育工作，重点解决办学机制、农村教师工资待遇及住房问题，深入基层，看望慰问一线教师。县人大、县政协定期视察教育，加强农村教师待遇调研活动，积极建言献策。全县上下形成了一心一意谋发展、齐心协力办教育的良好氛围。

二、均衡配置资源，确保城乡教育机会均等

泸溪县在谋划教育均衡发展的过程中，始终立足于城乡教育资源均衡配置的原则，着力构建和谐教育，努力实现让所有人都能接受良好教育的目标。

（一）实施"三个倾斜"，促进城乡师资水平均衡发展

为保证农村学校教师队伍待遇提高、数量充足、质量提升，泸溪县从三个方面向农村学校倾斜，着力建设一支高质量的农村教师队伍。

一是经济待遇上倾斜。坚持教师工资优先发放、教师政策性福利待遇优先落实、教师培训奖励经费优先保障的"三优先"政策，认真落实国家规定

的各项教师工资待遇。为了鼓励教师到农村任教，实行农村教师岗位津贴制度。为了充分发挥教师奖励性绩效工资和农村教师岗位津贴的激励作用，制定了严格的考核发放办法。在考核发放中，坚持"五项发放原则"，即坚持教育教学质量为核心的原则，坚持"多劳多得、优绩优酬"的分配原则，坚持"公正、公平、公开"的原则，坚持"在岗享受、不在岗不享受"的原则，坚持"照顾边远、拉开档次"的原则。根据农村教师德、能、勤、绩、艰苦程度等，结合每学期期末全面综合考核结果，分上、下半年拉开档次发放，真正做到了"三个不一样"：干与不干不一样、干多与干少不一样、干好与干坏不一样，充分发挥了教师奖励性绩效工资及农村教师岗位津贴的效益。这项政策的出台，有力的遏制了教师逆向流动，较好地稳定了农村教师队伍。

二是政治待遇上倾斜。评优评奖、职务评审向农村教师倾斜，在评选优秀教师、学科带头人时，将80%的指标投放到农村学校，中、高级教师职务晋升指标直接分配到乡镇，分解到学校，农村指标高于城区学校。每年都有300多名坚守岗位、淡泊名利、无私奉献的农村教师，受到各级政府和教育行政部门的表彰和奖励。

三是调配机制上倾斜。主要推行"四制度一模式两活动"：建立中小学教师定岗招聘录用制度。该县新进教师一律实行公开定校、定岗招聘，并按照全县中小学校教师的学科、学历、年龄、性别等结构进行均衡调配，重点向村片小学倾斜。实施职务晋升倾斜制度。教师中、高级职务晋升指标直接分配到乡镇，分解到学校，农村教师职务晋升的比率和机会超过了城区学校。严格执行"三项规定"：城镇学校教师晋升高级职务、参评特级教师和县级以上优秀教师，须在农村学校任教一年以上；中学、小学提拔学校中层干部、校长必须有在农村学校、农村村片小学一年以上的工作经历；小学教师职称晋升，评选国家级、省级优秀教师、先进教育工作者，评选省、州、县学科带头人，必须有在村片小学任教一年以上的经历，以此鼓励青年教师去村小任教。建立定期服务制度。每位乡镇中心完小的教师都要到本乡镇的村片小学锻炼一年，全县特级教师和学科带头人到农村学校服务时间不少于一年。建立跟班学习、挂职锻炼制度。每学期选派10—20名农村中青年骨干教师到教育发达地区的名校跟班学习，每年选派 3—5 名农村中小学校长到教育发达地区名校挂职学习。建立乡镇艺体教师无校籍制度。农村学校音、体、美教师只聘任到乡镇，不定点到校，实行走教制。推行"城乡换岗"模式。城区学校教师和乡镇学校教师按 10% 比例，中心完小学教师和片村小学教师按 30% 比例，以一学期或一个月为时间单位，互换工作岗位，结成伙伴关系，共同承担教育教学任务。开展"送教下乡"活动。组织州县学科带头人、优秀骨干教师，以"送教下乡"的方式，分片区对全县中小学校教师进行全员轮训，每学期 4 次。开展师德师风主题教育活动。每年确定一个活动主题，认真开展师德师风教育活动，先后开展了"五项活动"：即"爱岗敬业、幸福从教"师德教育活动，"办人民满意教育、做人民满意教师、育人民满意学生"为主题的"三满意"教育活动、"责任教育"活动、"炼三度、修三心、过三关"和"树三品、献三爱、创三优"为主要内容的"三三教育"活动、"强师德、提师智、练师能"的"三师教育"活动，着力增强了教师的为人之德、治学之德、从业之德。

（二）实施"八大工程"，促进城乡办学条件均衡发展

实施了农村义务教育薄弱学校改造工程、校安工程、义务教育合格学校建设工程、城区学校扩容建设工程、农村初中改造工程、农村中小学远程教育工程、农村村片小学提质改造工程、农村教师周转房建设工程等"八大工程"。全县中心完小以上的学校达到了合格学校建设标准，80% 以上的中心完小有了塑胶跑道，50% 以上的中心完小实现了"班班通"。

一是实施农村教师公转房、周转房建设工程。着力解决农村教师"住房难"问题。按照"政府统筹、个人垫资、产权公有、以息抵租、周转使用"的原则，全面实施农村中小学教师公转住房建设工程，将农村中小学教师住房纳入保障性住房建设中，实行"统一立项、统一规划、统一设计、统一招标、统一质量监管"的"五统一"管理办法。

二是实施中小学校舍安全工程。采取"统筹制定工程规划、统筹落实工

程专项资金、统筹协调落实有关优惠政策"的"三统筹"方式，大力实施中小学校舍安全工程，维修、新建教师宿舍。

三是实施农村村片小学提质改造工程。投入大量资金对全县村片小学校舍进行全面大检修，使村村有小学，校校无危房，极大地方便了农村孩子就近入学，极大地改善了农村学校的办学条件。

四是实施了城区学校扩容建设工程。为了适应城镇化建设的需要，切实解决城区学校"大班额"问题，泸溪县在3个方面下足了功夫。狠抓城区学校建设，不断提高城区学校的学位数和办学质量，切实解决大班额问题。狠抓对口援助工程。与株洲市结成帮扶对子，争取株洲市在县一中无偿援助了两栋教学楼，添设了1000多个学位。

五是实施农村寄宿制学校建设工程。投资3790万元，建设项目校33所，实施土建项目74个，完成建筑面积59130平方米，解决了2万多个学位，近1万名农村小学三年级以上的学生到中心完小就读，解决了农村小学三年级以上学生走读、初中学位不足、贫困学生入学难等问题，有效地缓解了城区学校的就读压力。

近年来该县着力实施了农村义务教育薄弱学校改造工程、农村中小学远程教育工程、义务教育合格学校建设工程等建设，极大地改善了农村的办学条件，极大地优化了农村教师的生活和工作环境。

三、均等教育喜结硕果

一是农村教师更加安心。目前，村片小学工作的教师绝大多数工作安心，95%的老师表示愿意在村片小学工作到退休为止，甚至有些在县城的老师都乐于流动到乡镇、村任教。

二是农村教师精神面貌变爽朗。由于实行农村教师岗位津贴，在村片小学任教的教师待遇有显著提高，他们不用再考虑去田间地头劳作或谋求第二职业来缓解生活压力。村片小学教师着装整洁，气质高雅，再也不是以前的

"农民"形象了，当地群众羡慕乡村教师，更加关心和支持教学工作，乡村教师的幸福指数大大提高。村小教师纷纷表示：一定要将自己的热情奉献给教育事业，一辈子扎根村小，做一名快乐、幸福的乡村教师。

三是教师更愿意到村片小学任教。实施农村教师岗位津贴后，农村片小学比中心完小教师津贴要高、乡镇比城区学校教师津贴要高，一些城区学校、乡镇学校主动申请到乡镇学校和村小学工作。

四是农村教学质量稳步提升。校园办学条件的大力改善，教师经济、政治待遇的不断提高，调动了全县广大教师的工作热情，教师安心从教、乐于从教，稳定了教师队伍，提升了整个队伍的凝聚力和战斗力，确保了教育教学质量稳步提升。据县教育局基教股的质量监测，目前该县村片小学与农村中心完小、农村中心完小与城区小学、农村初中与城区初中的差距越来越小。

五是义务教育普及程度稳步提高。随着农村教师工作积极性的普遍高涨，农村村片小学教育管理的逐步规范，该县义务教育的入学率和巩固率稳步提高。全县小学、残疾儿童少年入学率分别达 100%、81.42%，小学、初中年辍学率分别为 0.22%、2.97%；小学毕业生升入初中比例达到 99.3%，初中毕业生升入高中阶段学校比例达 92.47%。15 周岁人口初等教育完成率达 99.5%，17 周岁人口初级中等教育完成率达 88.54%，全县人口平均受教育年限和劳动力平均受教育年限进一步提高，极大地提高了全县人口的素质和科学文化水平，为全面建成小康泸溪提供了坚实的人才支撑。

六是高考质量显著提高。高考质量持续攀升，泸溪县连续九年高考应届生本科上线万人比居湘西州第一。

四、结语

国务院总理李克强指出：教育公平是社会公平的重要基础。深处大山的泸溪县，以开拓创新，求真务实，先行先试的吃螃蟹精神，探索了民族教育机会均等的宝贵经验，并赢得了社会各界、上级各部门、各级政府领导肯定与赞誉，值得推介以让大家共享。当然，推进教育均衡发展是一个困难的、长期的、动态的、不断提升的过程，笔者希望各界有志之士，进一步探索教育机会均等的有效途径，实现城乡教育一体化、均衡化发展，为民族教育事业可持续发展作出新的贡献。

思考题

从案例中看如何促进教育均等化？

后 记

　　本书由中国浦东干部学院中国特色社会主义研究院改革开放研究中心组织编写，从来自全国各地改革发展最新实践案例中精选了本书。这些案例均来自改革发展前沿，内容丰富、特色鲜明，有很强的参考借鉴价值。结集出版有利于加强对各地最新经验、最新案例的宣传和推广，发挥出更大的效应。

　　学院院务委员会委员、中国特色社会主义研究院执行院长刘靖北教授领导组织案例征集和编选工作，学院科研部副主任、改革开放研究中心主任王友明同志具体负责案例的编选并进行统稿，邹积超同志从征集联络、案例评选、文稿编选等方面做了大量工作，唐灿明、戴媛媛、沈建波等同志也参与有关编选工作。人民出版社张伟珍同志为本书的出版付出了辛勤的劳动。尤其是各案例的作者，深入调研、广收资料、认真梳理，提供了高质量的案例。在此，谨向所有对本书编写给予支持帮助的单位和同志表示衷心感谢。

　　由于水平所限，这些案例中可能存在这样那样的缺陷和不足，编选工作也难免会有疏漏和不当之处，敬请读者批评指正。

编者

2021 年 7 月 9 日

责任编辑：张伟珍

图书在版编目（CIP）数据

中浦院教学案例之改革发展篇 / 王友明 主编；邹积超 副主编 . —北京：
人民出版社，2021.8

ISBN 978 - 7 - 01 - 023467 - 0

I. ①中… II. ①王… III. ①干部学校 - 教学研究 - 案例 - 中国
IV. ① D630.3

中国版本图书馆 CIP 数据核字（2021）第 116237 号

中浦院教学案例之改革发展篇

ZHONGPUYUAN JIAOXUE ANLI ZHI GAIGE FAZHAN PIAN

王友明　主　编

邹积超　副主编

人民出版社 出版发行

（100706　北京市东城区隆福寺街 99 号）

北京建宏印刷有限公司印刷　新华书店经销

2021 年 8 月第 1 版　2021 年 8 月北京第 1 次印刷
开本：710 毫米 × 1000 毫米 1/16　印张：26
字数：394 千字

ISBN 978 - 7 - 01 - 023467 - 0　定价：86.00 元

邮购地址 100706　北京市东城区隆福寺街 99 号
人民东方图书销售中心　电话（010）65250042　65289539